本书是国家社科基金教育学青年课题"师生关系视角下我国研究型大学博士生培养质量研究"（课题批准号CIA150191）的研究成果

博士生导师学术文库

A Library of Academics by
Ph.D.Supervisors

在功利与放任之间

——基于师生关系视角的博士生培养质量

徐 岚 著

光明日报出版社

图书在版编目（CIP）数据

在功利与放任之间：基于师生关系视角的博士生培
养质量 / 徐岚著. --北京：光明日报出版社，2023.4
ISBN 978 - 7 - 5194 - 7127 - 9

Ⅰ.①在… Ⅱ.①徐… Ⅲ.①博士生—研究生教育—
人才培养—研究 Ⅳ.①G643.7

中国国家版本馆 CIP 数据核字（2023）第 064271 号

在功利与放任之间：基于师生关系视角的博士生培养质量
ZAI GONGLI YU FANGREN ZHIJIAN：JIYU SHISHENG GUANXI SHIJIAO
DE BOSHISHENG PEIYANG ZHILIANG

著　者：徐　岚

责任编辑：李壬杰　　　　　　　　责任校对：张慧芳
封面设计：一站出版网　　　　　　责任印制：曹　净

出版发行：光明日报出版社
地　　址：北京市西城区永安路 106 号，100050
电　　话：010 - 63169890（咨询），010 - 63131930（邮购）
传　　真：010 - 63131930
网　　址：http://book.gmw.cn
E - mail：gmrbcbs@gmw.cn
法律顾问：北京市兰台律师事务所龚柳方律师

印　　刷：三河市华东印刷有限公司
装　　订：三河市华东印刷有限公司
本书如有破损、缺页、装订错误，请与本社联系调换，电话：010 - 63131930

开　　本：170mm×240mm
字　　数：314 千字　　　　　　　印　张：17.5
版　　次：2023 年 4 月第 1 版　　印　次：2023 年 4 月第 1 次印刷
书　　号：ISBN 978 - 7 - 5194 - 7127 - 9
定　　价：95.00 元

序一

师生关系与博士生培养这个主题，我很有一些见解，并付诸实践。从 1980 年年初招收研究生开始，我就创造了家庭学术沙龙的方式，邀请学院里的研究生周末在我家里聚会。学院所有的学生、访问学者、教师以及国内外来访的朋友都可以自由参加。春夏秋冬、寒来暑往，家庭学术沙龙如今已持续 40 多载，形成一道亮丽的教育风景线，并以"情理交融中的人才培养实践"命名，获得了国家级教学成果奖。从这个沙龙走出去的我所指导的博士生达到 102 人。在人文学科的指导中，这种沙龙无疑是有效的创新的培养模式，既有贴近生活的教育性，又有问题导向的探究性，并且体现学术自由的平等性。后来，学院的许多老师也纷纷组织了各具特色的学术沙龙。

我第一次见到徐岚，便是她为博士论文进行田野调查来到厦大，我邀请她参加家庭学术沙龙。很高兴她在博士毕业后加入厦大教育研究院的教师队伍，成为我家庭沙龙的热情参与者之一，也参加了我所主持的大学教师发展等多项课题，使我有机会见证了她的成长。这本书是她主持的第一项国家社科基金的研究成果，同时也是她这么多年关注研究生教育领域所结的硕果。

她的研究见微知著，形成了自身独特的风格。既有别于着重理念结构、体制机制的宏观研究，又非着重于课程教学、学业发展的微观研究，而是以一种以小见大的方式，抓住公众关注的焦点问题，另辟蹊径进行解读，寓导师指导于评聘体系中，寓博士生培养于师生关系中，个性化又充满现实关怀。她对导师指导风格和师生关系类型的划分是基于对不同学科博士生的调查，附之以生动的案例，使几种类型不同的特征跃然纸上。她以专业伦理概念重新解读师德的内涵，并且在论述中引入人格的概念，我认为这是解决师德评价这一难题的可行之道。她的研究结论，如从根源上改变功利化的评价考核制度、使导师逐渐形成一套自己对道德标准理解的意义系统等是很有见地的。我们教育学科也可以探索导师组合作指导博士生的制度，徐岚老师也许可以沿着跨学科导师组培养的路径继续深入研究下去。

徐岚老师的基本功扎实，这从她掌握文献之丰富、梳理述评之清晰可见端倪。她在学院开设质性研究方法课程，十多年来深受学生欢迎。读完本书，我对质性研究有了更多认识。我毫不怀疑她有着对质性研究的深厚功力，方能自如地掌控访谈、把握如此鲜活的叙事，并避免主观研究因为"被设计"而失去客观立场。她对许多案例的剖析细致入微，虽然是针对典型个案，但其实某一类群体中个体的境遇是相似的，甚至在某种意义上是相同的。她的文字有温度，又不失严谨与规范。让我听到许多博士生的心声，也感受到她在研究中的真诚与使命感，这种阅读者、研究者、受访者之间通过文本达成的共鸣和交流，应该是质性研究最大的魅力所在。

我欣喜于学院诸多青年学者的成长，很高兴见到徐岚老师在研究生教育研究领域崭露头角。她做事精益求精，有理由相信她的研究潜力会在未来充分释放出来。希望她能保持自身独特的风格，戒骄戒躁、脚踏实地地走下去。

是为序。

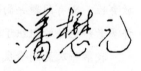

序二

在香港中文大学教育学院任教数十年，最大的欣慰是培育博士生，其中大部分是来自内地的博士生。同学间的"书斋文化"都会称呼导师为"师父"，递代传承。初指导学生时不明所以，反正叫得亲切，都"受落"（乐意接受）了。

徐岚便是我指导的博士生，按照我指导的惯例，我们每个月约见一次，每次约见会深入讨论一个有关论文的主题，并布置好下一个月的学习任务，然后她在下一次会面日的前一周，将准备好的书面报告给我。记得她每次总会在报告前写上一段话，而称呼总是用"师傅"一词。我就这样做了一年的"师傅"，直到有一次，我们在博士生工作室的下午茶中聊到"师父"的由来。她毕业后，有一次发信给我，说她新发表了一篇文章，题为"师父、师傅还是老板"，说她终于深刻领悟了"师父"和"师傅"的区别。几年前，徐岚对我说，她成功申报了国家社科基金课题，继续把她在博士论文中对大学教师学术职业的关注，延续到对导师与研究生师生关系的关注。

热爱总是能结出硕果，徐岚就是这样一个"感情用事"的人。她做事仔细到有些执拗，但这种执拗也使她能够沉下心来，用对学术的执着对抗浮躁与功利。但凡要把质性研究做好，除了细腻文笔，更重要的是能把访谈导向深处，打动受访者的心；亦能把故事讲好，打动读者的心。徐岚具备这些做好质性研究的条件。在质性研究的分析技术上，她固然已经驾轻就熟，但打动人心靠的不仅是技术，而是她在研究中投入的真诚、同情，乃至用生命去对话的灵性。

在这本书中，她系统梳理了导师指导的理论基础，从导师指导的内涵、组成要素和作用出发区分导师的指导模式，从导师扮演的不同角色出发去形塑不同的师生关系，综合构建了一个外部环境、导师指导如何影响学生体验和收获的理论框架。我认为这个概念框架对于整个研究开展发挥的统整作用是恰到好处的，能够体现徐岚扎实的学术训练和理论素养。

师生关系和培养质量是研究生教育研究中持续的热点话题，但研究要做出新意却着实不易。徐岚的探讨内容新颖、构思别致，从以往比较忽略的读博动机开始，到指导过程中的关注点，到人格影响和身教途径，都有别于传统的对博士生培养的研究。书中提出的讨论与建议也很有现实价值。例如，指导过程中对"人"的关注。导师把博士生当作人来培养本来是自然而然的事情，这也是为师者学术之路常青最值得的投入。我虽然很多年没有再带博士生了，但至今仍然坚持每两周与过去指导的部分学生以"study group"的方式在线上见面，大家轮流汇报各自最新的研究进展，讨论一如当年般热烈。如今他们遍布全国高校教育学院，也传承着作育英才的使命，这种传承，难道不是博士生培养最美妙的果实！

读完本书，我更是觉得，其实并没有一种关于完美师生关系的定义，也没有对所有人都适切的师生关系类型。树立崇高师德典型是重要的，但反思功利、放任的师生关系如何形成无疑也是重要的。

是为序，提醒她不必为追赶潮流所累，永远保持对学术的热忱和批判精神；提醒她不必为争名利走捷径，永远以学问精进、以深刻思考带来实践的至善为旨趣。教育可能在形式上是保守的，但在本质上是求变的，因为它要求人们往更好的方向迈进。因为不忘对教育、对社会的责任，心中有爱，眼中有光，笔下也有了远方。

卢乃桂

目 录
CONTENTS

第一章

引　论

第一节　研究缘起

一、研究缘起

博士毕业的时候，我觉得自己羽翼还不够丰满却要独自冲向风雨的天空，心情很是失落。记得导师当时对我说，"毕业了不等于师生关系的终结，你立志走学术之路，我仍会尽力扶助你、目送你，直到你真正独立"。这话不是空话，因为我真实地感受到基于师生关系建立起来的学术共同体在持续。即使在导师荣休之后，他仍每年举办一个小型研讨会，我的导师、指导委员会中其他几位教授，以及他们的毕业生或在学学生都会参与。虽然大家具体的研究领域不同，每次探讨的学术主题涉及范围十分广泛，但有一个闲聊的话题是共同的，那就是我们所经历的师生关系给学术生涯带来的影响，而当我们这些当年的博士生成了导师，又怎样把师生关系带到指导研究生的实践中去。结论没有定论，但大家一致认为指导本质上是一种关系的平衡，在什么之间平衡呢？最极端的例子莫过于太过功利化或太过放任，就像天平的两端，于是有了本书的标题——"在功利与放任之间"。

大家关注的这个共同话题使我反思了很多，师生关系也是社会关注的热点，对导师在指导中不当行为的曝光总能成为公众批评研究生教育的"痛点"。博士毕业后我一直在做大学教师学术职业的研究，我便在对大学教师的访谈中增加了研究生指导中的师生关系这个问题。随着探讨的深入，我觉得把研究对象从导师扩展到师生关系的另一个主体——博士生研究生，亦十分必要。恰好在研究生院兼职工作的经历，使我有机会亲历研究生教育政策的制定、培养活动的开展与成效评估，我的学术训练指引着我从政策制定者、研究生管理者、研究生导师和研究生等多元视角去倾听不同利益相关者的声音。我意识到，不同利益相关者看问题的视角各不相同，导师和博士生对指导过程的预期也存在较大差异，一些观点出乎意料，一些案例引人深思。实践经历让我对研究生教育有了更加深刻的认识，这成为我继续完善研究设计、开展这项研究的缘起和动机。

二、研究背景

在全球知识经济背景中，创新性研究对提升国家竞争力的作用日益凸显。《中华人民共和国国民经济和社会发展第十三个五年规划纲要》提出要"强化科技创新引领作用""改革院校创新型人才培养模式"，博士作为最高学历层次的人才，是该纲要所更加重视的"原始创新和颠覆性技术创新"的中坚力量，其培养质量关系一流大学建设和创新型国家建设。为实现立足国内培养高层次人才的战略目标，我国的博士生招生规模在1999年至2010年经历了迅猛增长，此后增长速度有所下降但仍保持着较稳定的增长幅度，快速实现了立足本国培养高层次人才的战略目标。然而学界和社会对博士培养质量产生很多质疑，如"中国成为博士工厂：盛产博士却不生产大师"，越来越多导师指导不力、师生矛盾冲突的例子被曝光，师生关系疏离和变异也成为博士生教育中一个讨论的焦点。为解决生均教育资源紧张问题并限制滥招，国家于2006年开始试点并推广"以科研为主导的导师负责制和导师资助制"，随着研究生的科研和生活条件改善日益依赖导师的科研经费，导师和研究生之间的关系也在发生变化（罗向阳等，2010）。许多调查也发现扩招带来师生关系冲突的增加是明显的，产生冲突的原因可归结为导师缺乏指导能力、导师太忙、学生数量过多、资源不足等，但已有研究很少关注这些表层现象背后博士生指导的行动逻辑以及师生关系的本质。

目前，我国的国家政策正转向提高研究生培养质量。影响博士生培养质量的因素是多方面的，其中导师指导起着最关键的作用（中国博士质量分析课题组，2010）。美国研究生院协会（Council of Graduate Schools，2008）把指导关系列为影响博士培养计划完成质量的六大因素之一。加拉格尔（Gallagher，2000）认为资源充足度、学生满意度、指导有效性是衡量研究生教育质量的关键。博士生教育的本质是科研训练，导师和学生之间的指导关系是博士生教育的核心（Wisker，2005）。2010年《国家中长期教育改革和发展规划纲要（2010—2020年）》中指出要大力推进研究生培养机制改革，建立以科学与工程技术研究为主导的导师责任制和导师项目资助制，推行产学研联合培养研究生的"双导师制"，实施"研究生教育创新计划"，不断提高研究生特别是博士生培养质量。同时把研究生培养和提升科学研究水平密切联系在一起，提出要充分发挥研究生在科学研究中的作用，完善以创新和质量为导向的科研评价机制。2013 年《关于深化研究生教育改革的意见》特别强调健全导师责权机制，改革评价监督机制，突出人才培养质量。2017 年"双一流"建设全面启动，《学位与研究生教育发展"十三五"规划》中指出要强化导师培养责任和能力。优化师生关系是研究生培养机制改革的关键。陈洪捷等（2010）认为博士质量培养的评价趋势正从产品视角向过程视角转变，基于过程视角（重视师指导过程和师生关系）对我国研究生培养质量进行系统研究显得非常必要。同时，他们提出对导师资格、指导方式、资助方式、淘汰制等方面的制度改革还需进一步加强（陈洪捷等，2011）。

过往国内的研究关注研究生的学位论文质量和学术贡献以及毕业后的职业发展状况，将其作为衡量培养质量的主要指标，注重产出结果而非侧重培养过程。对研究生个人而言，恰当的指导过程和良好的师生关系可以使其更顺利地获得学位、促进专业发展、增加就业机会，对其未来职业生涯成功有着深远的影响。然而师生关系涉及个人间的亲密联结，常被视为"黑箱"。肯尼迪（Kennedy，1997）就认为，导师和研究生之间的关系比一般的师生关系更具有私人性，导师的"指导责任"是其"学术责任"的一部分。师生关系的类型有哪些，导师指导的状况和模式风格如何，博士生期待的师生关系和实际经历有没有落差？指导过程和指导成效是一个已有制度没有明确规定又难以评价的模糊过程，需要对这一过程进行深入探究，通过量化研究和质性研究让利益相关者全面把握指导过程和师生关系的现状和普遍存在的问题，从而了解博士生对师生关系的经验性认知，并且可以为导师的指导提供详细的反馈，有针对性地提升指导质量。

第二节　研究问题

一、研究目标

本研究的目标是：第一，对发达国家一流大学的研究生培养体制进行比较研究，以辨认文化模式为主要目的，了解哪些问题是中国脉络背景下特有的，同时兼顾寻找规律，学习国外保障博士生培养质量的经验。第二，设计既能适应中国脉络又能与国际接轨的可用于实践操作的、有效度的测量工具。第三，通过科学设计的调查问卷、访谈和文本分析等途径，了解我国研究型大学博士生培养中导师指导和师生关系的现状，增进人们对"学术责任"中"指导责任"的意义理解。第四，认清存在的问题，提出可能的解决途径，帮助高校进行导师队伍建设，提高博士生培养质量，促进一流大学建设和创新型国家建设。

具体来看，实践改进上的目标可分为三个层次：第一，以丰富的数据性资料和描述性资料加深人们对师生关系现状的理解，分析导师和学生分别有哪些因素影响指导效果及影响程度如何，从而对可控因素加以改进。第二，从机构层面和制度实践出发，探讨导师指导在博士生培养质量中的角色和地位，设立基于科研训练和能力培养的评价标准，以及制定和完善导师指导的相关制度，从而构建一个有效的研究生教育质量保障体系。第三，从个人经验出发，通过对教师学术责任理念和学生对导师角色期待的探讨，为师生关系异化（功利化、冲突化、情感淡漠化）问题寻找可能的解释。对于教师发展而言，这种阐释有利于其对自身学术生涯的反思，明确指导在学术责任中的位置，发展出能够将教学、研究、服务等职能统一协调的专业发展路径。

二、研究问题

本研究的对象是中国研究型大学的博士生培养过程及其与导师之间的师生关系，关注导师和博士生在实践过程中形成的指导范式和交往行为。研究目的是了解博士生和导师师生关系的现状与问题，建立博士生培养过程和师生关系的评价指标体系，梳理师生关系的影响因素，归纳导师指导风格和师生关系类型，基于研究发现提出有针对性的建议，促进有效指导和培养质量提升。研究内容包括导师的角色和职责，师生关系类型、指导要素和指导模式，师生关系满意度及其影响因素。由于硕士阶段被日益定位为一个过渡阶段，专业学位研究生培养也有很大不同，本研究限定的对象为学术型博士，导师特指博士生导师，师生关系特指博士生导师和博士生的指导关系。

中国研究型大学导师角色和职责面临一些突出的挑战：面对对导师角色越来越多样化的要求和导师时间精力有限的矛盾，导师本身获得足够的帮助以发展他们的指导能力了吗？面对对导师职责履行越来越高标准的要求和具体规定模糊性的矛盾，导师清楚地知道与研究生指导相关的学术责任是什么，并且怎样做才是符合研究伦理和指导伦理的吗?

本研究把重点放在导师怎么看待和履行指导责任,以及博士生对导师指导和师生关系的满意度评价上。具体来看,研究的子问题包括:第一,从学术责任的视角出发探讨导师"指导责任"的概念建构,如"指导"包括哪些方面,是否涵盖学术指导之外的部分,尤其是否包含"伦理道德","指导"在教师多种角色责任中的地位和关系以及对教师学术职业发展的意义。第二,导师是怎样指导博士生的,其中哪些方面是影响博士生培养质量的薄弱环节,指导工作应当遵循什么样的外在标准,这些标准是如何被制定的,执行情况如何,指导效果如何衡量。第三,师生关系的本质是什么,存在哪些模式或类型,什么样的类型有助于学生成长。第四,哪些因素会影响师生关系,这些因素可做怎样的分类,哪些因素是可调节的,分别可做怎样的提高。在影响因素中我们特别关注导师人格对指导行为和师生关系的影响,关注导师身教在博士生培养中怎样发挥育人的功效。

本研究的难点在于:首先,博士生动机、能力和培养目标的匹配不是一件容易的事情。导师从学术成果要求出发狭隘地强调科研产出能力,这和研究生适应未来职业生涯所需的多元化能力并不符合,从而形成冲突和张力。如何平衡专业能力和通用能力,并判断导师指导对这些能力形成的影响成为本研究的一个难点。其次,对师生互动关系进行研究是一件具有较高难度的事情,因为博士生指导是一个高度精制化、专业化的活动,同时也是一个相对个人化的交流过程,导师和博士生的互动并非完全是自主、理性的平等对话。如何观察中国式师生关系中言传身教、潜移默化的作用方式,如何判断其中的权力关系影响,是研究的难点之一。因此,对于一些诸如导师学术责任观、指导理念、学生动机等具有解释性、情境性、过程性的问题,将采用质性研究的方法进行探讨。最后,师生关系可能是个敏感议题,尤其是导师人格、学术伦理等缺乏客观的标准来判断,学生的负面评价可能涉及师生之间的利益冲突,对此问题进行问卷调查可能会面临回收率低的问题,行政渠道的介入可以增加回收率但却可能使可信度受到质疑。因此,本研究将改进问卷发放的时间节点和途径,同时采取混合研究方法进行资料的三角验证。

第三节　研究意义

一、理论价值与实践价值

博士生教育中的导师指导和师生关系实际上涵盖了博士生培养的诸多方面，触及人才培养质量的核心。本研究的学术价值主要体现在：第一，通过比较研究梳理世界范围内研究型大学的博士培养质量保障机制和导师指导制度。第二，针对我国关于导师指导与研究生关系的研究缺乏共同量化工具基础的问题，发展出一套既能适应中国脉络，又能与国际接轨的成熟问卷，建立分学科的导师指导与师生关系质性研究概念框架。第三，推进研究生教育质量管理理论的发展，在中国研究型大学背景中建构和谐师生关系的理论基础。

本研究秉持政策研究既需要全球理论视野，又需要"政策即是一种实践"的本土化思维，注重研究结果的实际应用价值。具体体现在：第一，把对"指导"的理论研究与教师发展实践结合起来，开展提升导师指导水平的专业发展活动。第二，为研究型大学健全导师负责制和资助制、完善导师遴选制度和激励机制、加强对博士培养过程的监督提出有针对性的建议，从制度层面为博士生培养质量提供保障。第三，在今后创造条件，通过学术共同体方式推动跨校协同合作，进行较大范围的持续跟踪研究，为国家研究生教育宏观决策提供实证数据支持。

二、建立指标体系的工具价值

本研究中量化研究的部分旨在探究建立有关博士生培养过程和师生关系的评价指标体系，促进有效指导和培养质量提升。我们在文献综述中较为完整地整理了关于导师角色和职责、师生关系类型、指导要素和指导有效性、师生关系满意度及其影响因素等的国内外研究成果。围绕这些内容，本研究的任务之一是设计合适的研究工具。为此，我们经过比较研究选取和采用了国外已经发展得较为成熟的四份问卷作为我们问卷设计的基础。

工具一：角色期待问卷（Role perception rating scale，RPRS）最初是由摩西（Moses，1985）设计的，经过赖安和惠特尔（Ryan & Whittle，1995）的修订，最终定型为一个新的版本，被许多大学（尤其是澳大利亚的大学）用于高级学位研究生的入学指导测试中，如昆士兰科技大学的《追踪博士生指导》手册引用了 RPRS 问卷。我们的问卷中采纳了新版本的 RPRS 问卷。

工具二：理想导师模型问卷（The ideal mentor scale，IMS）是萝丝（Rose，2003，2005）设计并改进的一个量表，用来测量博士生对导师指导风格的期待，试图解决师生之间的不合适/不匹配问题，包含三个分量表：品格（integrity）[①]、指导（guidance）、关系（relationship）。我们在新生问卷和毕业生问卷中都使用了这三个因子，其中毕业生问卷的题项做了较大修改。

工具三：博士生研究经验问卷（Postgraduate research experience questionnaire，PREQ）最初是在 1996 年由澳大利亚研究生就业委员会（Graduate Careers Council of Australia）和澳大利亚教育研究委员会（Australian Council for Educational Research）发展出来的。马什等（Marsh, et al.，2002）通过澳大利亚的全国调查数据验证它的信效度，并对题项进行了调整。最终版本的 PREQ 问卷由六个因子组成：指导（supervision）、学生技能发展（skill development）、学术氛围（climate）、设施条件（infrastructure）、论文考查（thesis examination）和研究进程明晰度（clarity）。我们在毕业生问卷中采用了前四个。

工具四：导师博士生互动关系问卷（The questionnaire on supervisor-doctoral student interaction，QSDI）是由梅赫德等（Mainhard, et al.，2009）开发的用于测量导师指导风格和师生关系的量表。这个量表以亲近（proximity）和影响（influence）作为分析人际互动行为的两个维度，亲近指向两端分别为合作（cooperation）与对立（opposition），影响指向两端分别为统治支配（dominance）与服从（submission），从而划分为四个象限，每个象限均被分为两半，也即一共有八种类型的指导行为。我们的毕业生问卷在指导风格模型构建上采用了 QSDI 的部分题项，最终将八种类型合并为五种类型。

基于这四份问卷，我们发展了本研究的实证研究工具。通过预研究初步调整了问卷，然后通过追踪研究收集数据，通过数据分析来检验问卷的信效度，通过谨慎修订，最终形成一套既能适应中国脉络，又能与国际接轨的可用于实践操作的指标体系——博士培养质量与师生关系测量问卷，分为博士新生问卷和博士毕业生问卷，内容分别侧重预期和实际经验。

---

① Integrity 这个词较难直译，本意为"正直、诚实的品德"，这里我们翻译成"品格"。萝丝在解释这一概念时所指的是，导师作为学生效仿的角色模型（role model）是否能够展示其德行和行为准则。

该指标体系制定的意义在于：为导师的指导过程、指导成效和师生关系提供了一个评量工具，建立起导师指导与师生关系研究的概念框架和量化工具基础。这个工具将首先有助于学校从整体上了解研究生对职业发展和导师指导的期待，以此为基础有针对性地改善导师指导水平，构建和谐师生关系；更重要的是，这个工具还能监控研究生培养过程的质量，在一定程度上分类和规范导师指导行为，并有助于健全导师负责制和资助制、完善导师遴选制度和激励机制。

由于实际操作中的困难，本研究仅在一所大学收集了数据。未能比较多所大学的数据是本研究的遗憾和不足之处，对于这一遗憾我们也尽力通过质性研究部分资料来源学校的多元化进行了弥补。但研究者相信，这所案例大学作为综合性研究型大学的典型代表，在对测量工具的信效度分析上，已经可以有效地帮助工具的完善。接下来若能借助行政力量推动，科学测量工具的效用将能够得到更大的发挥，对于我国研究型大学博士生培养质量之大数据系统的建立也有所裨益。

第四节　研究方法

一、研究方法与研究设计

（一）文献研究

以文献分析的方法，对研究生教育中导师负责制及其相关制度（如资助制度、管理制度、导师资格制度等）的历史发展进行纵向梳理，对国外研究型大学研究生培养的改革实践进行横向比较，了解其在改善指导过程和提升关系质量上的做法。本研究通过图书馆多个中英文数据库搜集了丰富的文献资料，共筛选和阅读了相关期刊论文近500篇、硕博论文50余篇，尤其是对相关英文文献做了全面细致梳理。从文献中聚合的理论基础与研究发现，也为本研究理论框架、问卷编制、访谈提纲等的制定奠定了坚实的基础。

（二）比较研究

在第四章导师专业伦理的内涵建构与实施一章中，运用了比较研究的方法，对比了中美高校关于"师德""道德""伦理"之概念异同。我国与美国对高校教师角色的认识基础不同，我国侧重于教师内在德性和良心的"道德"层面，而美国注重外部社会规范要求的"伦理"层面，认识论的不同使两国对师德失范行为的监督方式有所差异。通过比较发现，为了更好地使导师"立德树人"职责落地，可借鉴美国高校有关教师专业伦理来建构与实施我国高校教师的行为规范：立足三大职责、根据"宁繁勿简"原则制定严谨和详细的教师伦理规范，尤其是对导师建立指导行为准则；实施保障教师道德得以落实的制度，包括设立专业性强的服务部门，提供层次丰富、类型多样的培训，完善对失范行为的处理制度。比较研究能够提供对情境与过程、结构与行动之间更系统和理论化的理解。

（三）量化研究

量化研究部分旨在以问卷调查的方式了解我国研究型大学博士生培养在导师指导和师生关系上的现状。本研究的一个重要特点是，为了保证问卷的科学性，增加了预研究的过程以修订问卷。在四份较为成熟的国外问卷的基础上修订了适用于中国研究型大学的博士生师生关系与导师指导质量问卷，分为新生卷和毕业生卷，内容分别侧重预期和实际经验。先经过一轮测试分析，调整两份问卷均达到高信效度，从而形成了科学有效的测量工具。因为希望侧重呈现调查研究发现，而问卷修订的过程非直接相关且篇幅很大，我们将其以论文方式单独呈现，因而对这部分仅在接下去的信效度检验中做简单说明。

（四）质性研究

除了量化研究，本研究还期望通过质性研究得到一些探索性的发现。质性研究是实证研究或称经验主义研究（empirical research）的一种，它特别强调对经验的理解，从而能够通过深描的方式从概念进入一个领域，"说之如其所见之"（Denzin & Lincoln, 2000），让读者得以了解发生了什么以及如何发生。质性研究取向是基于建构主义范式，认为"事实"是基于其所发生的社会背景脉络而主观建构起来的，因历史发展、地域、个人经验等因素的影响而呈现出多样性。"事实"是研究者与研究参与者（研究对象）共同建构的，采用现象学、阐释学和符号互动论等方法观察和解释社会想象，再通过研究者个人的辩证思维和语言文字呈现出来。与量化研究追寻规律的目的不同，质性研究以研究者本人为研究工具，以研究对象为研究过程的主体，目的是寻求"意义"，这种意义既存在于主观理解中，也存在于研究者与研究对象的关系中。因此，反思研究者的身份、立场以及研究者与研究对象的关系是非常重要的。本研究的质性访谈由课题负责人和指导的研究生一起完成，研究者对于博士生的学习和科研生涯有着直接的经验体会，很容易引起共情性理解，且研究者与研究对象之间没有权力或利益关系，有利于以一种既靠近又抽离的视角去看待受访者的观点。

搜集质性资料主要是通过访谈的方法，在量化研究问卷的基础上寻找需要深入探讨的问题，建立半结构化的访谈框架，以了解导师和博士生在个人认知层面对培养质量、师生关系、指导责任等主观概念的意义建构及其对指导过程的看法。采取理论性抽样的策略选择访谈对象，考虑受访者的学科、性别、年级、入学方式等主要因素，访谈对象是学术型博士研究生，特别涉及留学博士生群体。另外，增加了对一部分研究生培养和管理单位的负责人、博士生导师的访谈作为补充，但这部分主要是为了增进研究者对案例学校博士生培养改革背景或所在学科背景的理解，从利益相关者角度证明或完善博士生的看法，因此，没有呈现在本研究的质性资料编码和分析内容中。具体的抽样原则在案例选取中进行详细说明。质性研究的探究性策略有助于寻找一些可能被忽略的影响因素，同时也作为重要的辅助，帮助解释量化研究的调查结果，尤其是进行深入的原因分析。

二、案例选取与研究对象抽样

由于时间和经费的限制，以及资料搜集可能性的限制，本研究采取的是案例研究的策略。在量化研究中以一所研究型大学为案例进行追踪调查，在样本的选择上尽可能做到周期长、样本量大。案例高校是"双一流"建设高校，定位为研究型大学，同时也是多学科综合性大学，人文社科、理工科发展比较均衡。事实上，本研究中问卷的发放是通过校内研究生系统进行的，因此，回收率和有效问卷比例很高，这在某种意义上可以与涵盖面广但在每所学校问卷回收率较低的全国性调查形成互补。新生问卷对 2015 级新生发放 731 份，回收有效问卷 565 份（回收率 77.3%）；对 2016 级新生发放 769 份，回收有效问卷 730 份（回收率 95.0%）。共计回收新生问卷 1500 份，其中人工筛选有效问卷 1295 份。我们期望这个研究能够追踪新生的发展一直到其毕业，因此，新生问卷的搜集时间安排较早。2015 级和 2016 级新生正常是在 2019 年、2020 年毕业。当 2017 年、2018 年我们进行质性研究访谈的时候，这批次学生已经处于高年级，比较能够结合当初作为新生时的预期再反思博士期间的经历。毕业生问卷从 2016 年起，每年分三个批次在博士生获得学位后通过校内研究生系统向他们发放问卷，以减少其在填答时的顾虑，每批次问卷回收率均达到 95% 以上。经过连续三年的追踪调查，共回收博士毕业生问卷 1176 份，人工筛选出有效问卷 1108 份，只有极少量问卷中有缺失信息的情况，问卷填答质量很高。2015 年之前三年内毕业的博士生也通过邮件发放了问卷，回收有效问卷 267 份。但因为回收率较低，信息填写不完整，样本学科分布不均衡且无效问卷较多，因此最终决定放弃 2015 年之前的毕业生问卷数据，仅对 2016 年、2017 年、2018 年的博士毕业生数据进行分析。

质性研究根据分层目的性抽样的原则，选取了四所案例高校，他们均属于综合性研究型大学，是教育部直属高校，都进入"双一流"建设高校名单。选择案例高校时考虑三个维度：一是地域均衡分布，东西南北部地区都有涉及；二是学科优势上各有特色的标的学校；三是在"双一流"高校中形成一定层次差异（可以从四所学校的在学博士生规模中体现出来）。其中，B 校位于华北地区，以工科为显著优势学科，在学博士生规模约为 15700 人，在岗博士生导师约为 2900 人（学校情况介绍是根据 2020 年 8 月其官网显示的数据形成，下同）；N 校位于华南地区，以文理医科为主要优势学科，在学博士生规模约为 7000 人，在岗博士生导师约为 2600 人；X 校位于西部内陆地区，以理工科为传统优势学科，在学博士生规模约为 6200 人，在岗博士生导师约为 1400 人；D 校位于东部沿海地区，以人文社科、理科为主要优势学科，在学博士生规模约为 4300 人，在岗博士生导师约为 900 人。可见，B 校博士生规模最大，招生指标最多，生师比最高，平均一位博士生导师要指导 5.45 名博士生；N 校生师比最低，博士生导师资源显得最"宽裕"，平均一位博士生导师指导 2.67 名博士生；X 校的生师比为 4.43，D 校的生师比为 4.78。

随后在每所案例高校中进行访谈，选取访谈对象时主要遵循异质性抽样原则。首先考虑覆盖多学科，同时突出学校的优势学科；其次考虑尽可能为高年级学生，在学时间长可以提供较大信息量；最后考虑入学方式的多样性，涵盖本直博、硕博连读和普通招考入学等，以及性别比例均衡等。确定学生的多样性后，其导师也自然会体现出随机多样性，如性别、年龄层次、是否具有海外学位、是否担任行政职务和是否具有人才头衔等。本研究访谈了四所高校共计 108 名博士生，表 1-1 列出四所案例学校访谈对象的具体信息。

表1-1 B校访谈对象信息一览表

编号	学生专业	入学方式/年级	学生性别	导师性别	导师年龄	海外学位	行政职务/头衔	标识编码
1	哲学	硕博连读/第7年	女	男	57	有	无	B-人文-1
2	历史学	普博/第2年	男	男	60	无	无	B-人文-2
3	日语	普博/第2年	女	男	56	有	无	B-人文-3
4	管理学	直博/第3年	男	女	≈40	有	无	B-经管-4
5	社会学	普博/第2年	女	男	≈60	无	无	B-社科-5
6	教育	普博/第1年	男	男	51	无	无	B-社科-6
7	教育	普博/第3年	女	女	60	无	院级	B-社科-7
8	生物学	直博/第3年	女	男	≈50	有	无	B-理学-8
9	水利	直博/第2年	女	主导 男 副导 男	80+	无	院士	B-工学-9
10	化工	直博/第3年	男	女	80	有	院士	B-工学-10
11	电子	直博/第2年	男	男	≈50	无	系级	B-工学-11
12	电子	直博/第4年	男	男	60+	无	无	B-工学-12
13	通信	直博/第2年	男	男	40+	无	无	B-工学-13
14	通信	直博/第4年	男	男	50	无	系级	B-工学-14

编号	学生专业	入学方式/年级	学生性别	导师性别	导师年龄	海外学位	行政职务/头衔	标识编码
15	汽车	普博/第2年	男	男	58	有	长江学者，国重主任	B-工学-15
16	汽车	直博/第2年	女	男	61	无	无	B-工学-16
17	机械	直博/第2年	女	男	≈40	无	无	B-工学-17
18	土木	直博/第2年	男	男	48	无	无	B-工学-18

表1-2 N校访谈对象信息一览表

编号	学生专业	入学方式/年级	学生性别	导师性别	导师年龄	海外学位	行政职务/头衔	标识编码
1	中国文学	普博/第3年	男	男	60	无	无	N-人文-1
2	历史学	硕博连读/第3年	男	男	47	无	无	N-人文-2
3	历史学	普博/第3年	女	男	47	无	院级	N-人文-3
4	英语	普博/第2年	男	男	≈50	无	院级	N-人文-4
5	经济学	普博/第3年	男	女	≈60	无	无	N-经管-5
6	经济学	硕博连读/第3年	女	男	51	无	无	N-经管-6
7	会计学	硕博连读/3年	男	男	≈50	有	院级	N-经管-7
8	传播学	普博/第4年	男	男	39	无	院级	N-社科-8

编号	学生专业	入学方式/年级	学生性别	导师性别	导师年龄	海外学位	行政职务/头衔	标识编码
9	公共管理	直博/第4年	男	女	≈40	无	系级	N-社科-9
10	社会学	普博/第3年	女	女	54	无	无	N-社科-10
11	数学	硕博连读/第3年	男	男	50+	无	无	N-理学-11
12	地理学	硕博连读/第3年	男	男	42	无	百人计划、系级	N-理学-12
13	化学	直博/第2年	女	男	55+	无	千人计划	N-理学-13
14	生物学	硕博连读/第3年	女	主导 男 副导 男	50+ 35	有 无	长江学者、杰青的头衔和院长的行政职务 无行政职务、无头衔	N-理学-14
15	外科学	硕博连读/第3年	男	男	54	无	无	N-医学-15
16	药理学	硕博连读/第3年	女	男	54	有	无	N-医学-16
17	儿童卫生	直博/第5年	女	男	57	无	系级	N-医学-17
18	材料物理与化学	直博/第3年	男	男	63	有	无	N-工学-18
19	环境工程	硕博连读/第3年	女	男	55	无	系级	N-工学-19

编号	学生专业	入学方式/年级	学生性别	导师性别	导师年龄	海外学位	行政职务/头衔	标识编码
20	通信与信息系统	直博/第6年	男	男	57	无	无	N-工学-20

表1-3 X校访谈对象信息一览表

编号	学生专业	入学方式/年级	学生性别	导师性别	导师年龄	海外学位	行政职务/头衔	标识编码
1	美学	普博/第4年	男	男	78	无	一级学会会长	X-人文-1
2	马克思	硕博连读/第4年	男	男	60+	无	无	X-人文-2
3	经管	硕博连读/第1年	女	女	50+	无	无	X-经管-3
4	会计	硕博连读/第4年	女	女	53	无	无	X-经管-4
5	工商管理	硕博连读/第4年	男	女	≈50	无	无	X-经管-5
6	教育	普博/第5年	女	男	≈50	有	院级	X-社科-6
7	物理	硕博连读/第2年	女	男	31	有	系级	X-理学-7
8	物理	普博/第2年	男	男	≈45	无	无	X-理学-8
9	生物学	普博/第3年	男	男	42	有	院级	X-理学-9
10	药理学	硕博连读/第3年	女	男	60	无	无	X-医学-10
11	公共卫生	硕博连读/第5年	女	男	63	无	无	X-医学-11

编号	学生专业	入学方式/年级	学生性别	导师性别	导师年龄	海外学位	行政职务/头衔	标识编码
12	电机	硕博连读/第1年	男	男	40	有	无	X-工学-12
13	电机	硕博连读/第2年	男	男	51	无	无	X-工学-13
14	机械	普博/第5年	男	男	45	无	无	X-工学-14
15	计算机	普博/第4年	男	男	48	无	校级	X-工学-15
16	管理工程	硕博连读/第2年	男	男	50	无	无	X-工学-16
17	航空航天	硕博连读/第3年	女	女	≈40	有	院级	X-工学-17
18	材料	硕博连读/第2年	女	男	42	无	无	X-工学-18
19	能源	硕博连读/第2年	女	男	48	无	无	X-工学-19
20	能源	普博/第2年	女	男	51	无	无	X-工学-20

表1-4 D校访谈对象信息一览表

编号	学生专业	入学方式/年级	学生性别	导师性别	导师年龄	海外学位	行政职务/头衔	标识编码
1	历史学	普博生/第3年	男	男	61	无	无	D-人文-1
2	历史学	普博生/第4年	男	男	55+	无	无	D-人文-2
3	哲学	普博生/第2年	男	男	60	无	无	D-人文-3

续表

编号	学生专业	入学方式/年级	学生性别	导师性别	导师年龄	海外学位	行政职务/头衔	标识编码
4	哲学	普博生/第3年	女	男	63	无	无	D-人文-4
5	外文	普博生/第2年	女	女	40+	无	无	D-人文-5
6	经济学	普博生/第1年	女	男	40+	无	无	D-经管-6
7	经济学	普博生/第2年	男	女	40+	有	院级	D-经管-7
8	经济学	普博生/第2年	男	男	57	无	无	D-经管-8
9	经济学	普博生/第3年	男	男	60	不确定	无	D-经管-9
10	经济学	普博生/第3年	男	男	61	有	省（兼职）	D-经管-10
11	经济学	硕博连读/第4年	男	女	55+	无	院级	D-经管-11
12	经济学	硕博连读/第5年	男	女	50+	无	无	D-经管-12
13	经济学	直博生/第2年	男	女	37	无	千人计划	D-经管-13
14	管理学	普博生/第3年	女	女	58	有	无	D-经管-14
15	管理学	普博生/第4年	女	男	50	无	系级	D-经管-15
16	公共事务	普博生/第2年	男	男	59	无	无	D-社科-16
17	公共事务	普博生/第2年	女	男	54	无	院级	D-社科-17

编号	学生专业	入学方式/年级	学生性别	导师性别	导师年龄	海外学位	行政职务/头衔	标识编码
18	教育	普博生/第6年	男	男	58	无	校级	D-社科-18
19	教育	普博生/第3年	男	男	59	无	校级	D-社科-19
20	教育	普博生/第3年	男	男	57	无	院级	D-社科-20
21	教育	普博生/第3年	女	男	50+	无	无	D-社科-21
22	教育	普博生/第3年	男	男	50+	无	无	D-社科-22
23	台研	硕博连读/第5年	女	男	40+	无	院级	D-社科-23
24	南洋	普博生/第3年	男	男	54	无	院级	D-社科-24
25	数学	普博生/第2年	女	男	42	不确定	无	D-理学-25
26	化学	普博生/第2年	男	男	50	有	千人计划	D-理学-26
27	化学	普博生/第2年	男	男	50+	无	杰青	D-理学-27
28	化学	直博生/第2年	男	男	41	无	无	D-理学-28
29	化学	直博生/第2年	男	男	60	有	无	D-理学-29
30	化学	直博生/第3年	女	男	51	无	无	D-理学-30
31	化学	硕博连读/第4年	男	男	≈50	不确定	无	D-理学-31

续表

编号	学生专业	入学方式/年级	学生性别	导师性别	导师年龄	海外学位	行政职务/头衔	标识编码
32	海地	硕博连读/第3年	男	男	44	有	无	D-地学-32
33	海地	硕博连读/第3年	男	男	53	有	无	D-地学-33
34	海地	硕博连读/第5年	男	男	46	无	杰青	D-地学-34
35	医学	普博生/第4年	男	男	64	无	无	D-医学-35
36	医学	普博生/第1年	男	男	33	有	青年千人	D-医学-36
37	材料	硕博连读/第5年	男	男	52	有	无	D-工学-37
38	材料	硕博连读/第6年	男	女	52	有	院级	D-工学-38
39	信息	硕博连读/第4年	女	男	40+	无	院级	D-工学-39
40	信息	普博生/第5年	男	男	55	无	无	D-工学-40
41	机电	普博生/第3年	男	男	40+	无	无	D-工学-41
42	机电	硕博连读/第5年	男	男	60	无	无	D-工学-42
43	机电	普博生/第4年	男	男	52	无	无	D-工学-43
44	机电	硕博连读/第4年	男	男	50	无	院级	D-工学-44
45	能源	硕博连读/第6年	女	男	50	无	院级	D-工学-45

编号	学生专业	入学方式/年级	学生性别	导师性别	导师年龄	海外学位	行政职务/头衔	标识编码
46	外文	留学生/第3年	女	主导男副导女	50 37	有 有	有 无	D-人文-46
47	经济学	留学生/第3年	女	男	59	无	无	D-经管-47
48	生命科学	直博生/第3年	女	男	47	无	无	D-理学-48
49	教育	留学生/第3年	女	男	57	无	院级	D-社科-49
50	化学	留学生/第4年	男	男	≈40	无	无	D-理学-50

三、量化工具的信效度检验

新生问卷包括三大部分：第一部分为基本信息；第二部分根据工具一"角色期待问卷"（RPRS）的新版本翻译而来，题项未做修改，原文中没有提及该问卷编制的维度，因此我们也没有对其进行效度检验；第三部分是博士生对导师的期待，改编自 IMS 问卷，删除了部分题项，补充了部分题项，共分为四个维度。就第三部分来讲，导师品格（integrity）模型的因子负荷范围在 0.631～0.885，平均方差抽取量 AVE＝0.627，组合信度为 0.964；导师指导（guidance）模型的因子负荷范围在 0.651～0.842，平均方差抽取量 AVE＝0.642，组合信度为 0.950；师生关系（relationship）模型的因子负荷范围在 0.679～0.861，平均方差抽取量 AVE＝0.632，组合信度为 0.895；导师角色（roles）模型的因子负荷范围在 0.518～0.707，平均方差抽取量 AVE＝0.391，组合信度为 0.760。除最后一个模型的聚敛效度尚可之外，其余几个模型的聚敛效度良好。

毕业生问卷包括三大部分：第一部分为基本信息；第二部分分为对导师的看法和学习体验，根据工具二"理想导师模型问卷"（IMS）、工具三"博士生研究经验问卷"（PREQ）和工具四"导师博士生互动关系问卷"（QSDI）综合整理而成，修改了部分题项的表述，删除了部分题项，补充了部分题项；第三部分是实际经历的师生关系与理想类型的对比。其中，第二部分是主体部分，划分为指导风格（styles）、导师品格（integrity）、关系和影响（relationship & influence）、道德伦理（ethics）、导师指导过程（guidance）、学生技能发展（skill development）、氛围和基础条件（climate & infrastructure）七个维度，我们仅对这一部分检验效度。其中，对导师指导风格的分析形成了区分度良好的五因子模型，即可以把指导风格划分为领导型、友善型、理解型（自由型）、不满型（迷茫型）和严厉型五种类型，整体聚敛效度良好。在删除部分题项后，导师品格模型的因子负荷范围在 0.534~0.885，平均方差抽取量 AVE = 0.647，组合信度为 0.942，聚敛效度良好。在删除部分题项后，关系和影响模型的因子负荷范围在 0.460~0.962；平均方差抽取量 AVE = 0.602，组合信度为 0.919，聚敛效度良好。道德伦理维度可进一步划分为区分度良好的三个因子，即研究伦理、师生交往伦理和职涯支持，整体聚敛效度良好。导师指导过程模型的因子负荷范围在 0.723~0.924，平均方差抽取量 AVE = 0.667，组合信度为 0.960，聚敛效度理想。学生技能发展模型的因子负荷范围在 0.625~0.983，平均方差抽取量 AVE = 0.789，组合信度为 0.963，聚敛效度理想。氛围和基础条件维度可进一步划分为区分度良好的两个因子，整体聚敛效度良好。

第二章

导师指导的理论基础

第一节　导师指导的内涵、组成要素和作用

一、导师指导的内涵

就研究生教育的整体模式而言，当今世界占主导地位的一种是欧洲模式（澳大利亚也采取这种模式），另一种是美国模式。前者源自洪堡传统，没有修课的必然要求，而是完全由导师进行个性化的学徒式培养；后者则有课程学分、中期考核等规范性要求，较为倾向于规范化的合同制培养，这和研究生院制度在美国产生，从而开启了"批量化"生产博士的新时代有关。在德国式传统模式中，导师权力是决定性的，在美国式现代模式中，制度发挥了重要作用。无论在哪种模式中，导师指导都是非常重要的组成部分，指导被定位为"最高层次的教学"（a form of pedagogy），但又不同于常规教学活动，是在课堂之外提供的针对研究生个人的、结构化的学习活动，训练学生掌握与专业相关的知识和技能，也包括与未来职业生涯有关的软技能。这种"最高层次的教学"又和本科生导师制不同，因为它有一个学术内核。约翰逊和尼尔森（Johnson & Nelson，1999）提出导师的指导可能延伸到学术情境之外，是可以突破学术边界的，师生关系涉及伦理道德问题。王尔德和绍（Wilde & Schau，1991）也发现学生认为导师指导中有关心理辅导（psychosocial mentoring）和生涯发展（career-related mentoring）的内容十分重要。霍基（Hockey，1994）认为指导有两个维度，一个是涉及知识的，另一个是在生活方面提供咨询。

导师在英文中的表达一般有两种：一种是 advisor/supervisor，另一种是 mentor，分别对应指导内容上的专业指导和个人辅导两个方面。导师要指导专业是

毋庸置疑的，但导师指导不止局限于专业领域。博士生对导师特性和指导特征的正向描述主要包括：值得信任的（reliable）、信任学生（confidence in the student）、知识渊博见闻广博的（knowledgeable/informative）、善于鼓励（encouraging）、愿意分享（sharing）；在具体指导上导师应该愿意倾听、鼓励讨论与争辩、给予持续的反馈与支持，对学生热情，给予温暖和理解（Denicoli，2004）。可见，在专业指导的同时体现个人辅导的特征，能够促进师生之间的相互理解，增强学生的动机和社会技能。从社会心理学的角度讲，好的导师指导不仅提升专业知识水平和技能，促进职业生涯发展，并且可以增强学生的自信心和自我效能感（self-efficacy）。自我效能感是班杜拉（Bandura，1986）提出的重要概念，是激发动机和表现的决定因素，是人们做事能够坚持不懈，甚至在逆境中发展韧性的力量。帕格利斯等（Paglis，et al.，2006）通过长达五年半的追踪研究发现，导师指导对研究生的研究生产力和自我效能感都有明显的增值作用。尤其在如今这一代（"90后"）研究生耐挫力不足、"丧"文化流行的背景下，如何提升研究生的自我效能感就成为指导所要关注的重要目标。

二、导师指导的组成要素和作用

许多研究探讨了对导师指导组成要素和作用的看法，综合起来有几个关注点：会面方式与时间、指导方式、博士生社会化和能力发展结果的达成。

第一，指导形式，指正式或非正式的会面、频率和及时反馈。赫斯（Heath，2002）认为博士培养质量在很大程度上依赖于导师是否提供了时间（time）、专业知识（expertise）和支持（support）以帮助博士生提升研究技能与态度，确保作为最终产品的博士论文能够达到可接受的水准。他还发现至少每两个星期与导师会面一次接受指导的博士生在四年内获得学位的比例最高，但也强调了会面的质量和有效性是最重要的。在导师指导时间上，许多研究强调了接触频率和时间长短，但也有学者通过实证研究发现，博士生与导师交流的质量如何比见面多寡更为至关重要（Li & Seale，2007）。黑墨（Hemer，2012）进一步探讨了不同会面背景的性质和效果。在欧洲式的学科专家模式（expert-disciple model）或称学徒制（master-apprentice model）中，导师操控全局，会面指导一般是很正式的。但在后现代范式影响下美国式博士生指导中的师生关系是契约化的，导师通常扮演合作伙伴的角色，而不是专制独裁者，因此，会面指导也可以不必那么正式，咖啡文化就提供了不那么有压力和仪式感的空间（Barnes & Austin，2009）。无论正式或非正式指导，重要的是导师应提供及时反馈。用马纳汤加（Manathunga，2009）提出的术语"富有同情的严格"（compassionate rigour）来说，指导是一个具有争议性的空间，导师在情感上应共情和支持，在行动上应严格要求并给予反馈。

第二，指导方式，或称指导模式（models）、指导风格（styles）。一些研究将导师指导模式与博士生获得学位所需时间长短（time-to-degree）和博士完成率（PhD completion）联系起来，探寻之间的相关关系（Mc'Alpine & Norton，2006）。弗兰克和阿维德松（Franke & Arvidsson，2011）的研究发现，导师的指导大体上可以分为两种导向，一种是研究实践导向（research practice-oriented），另一种是研究关系导向（research relation-oriented），两者的主要区别在于导师和博士生是否参与共同的研究实践，从而分享共同的研究目标和方法。在前者（通常是自然科学、工程技术、医学等）中，导师通过博士生传递对某个研究领域的关注，为博士生开展研究提供条件，同时扮演专业指导者（supervisor）和课题负责人（project leader）的双重角色，通常有一个集体研究环境（teamwork），许多博士生在一个实践社群（a community of practice，通常为一个实验室）中共同学习。在后者（通常是人文学科）中，导师只是帮助博士生挖掘热点/知识增长点并说明研究的规范和标准，扮演辅导者（mentor）的角色，相比提供资源更多是提供社会情感支持或作为榜样模范，导师通过博士生传承的是某种内在的思想，指导相对没有那么官僚形式化，而是个人化的、超越对共同研究内容的关注。

第三，作为博士生社会化的重要中介（primary socialization agent）。比彻（Becher，1989）在其重要著作《学术部落与领地：知识探究与学科文化》中指出，导师指导在学科文化的形成过程中扮演重要角色，因为它是促进博士生专业社会化（professional socialization in order to become a researcher）、投身学术生涯和形成学科身份认同（identity）的桥梁。导师需要把学校、院系对于博士生培养的要求传递给学生并付诸实施，扮演"触媒"（interface）的角色，使博士生通过训练成为独立的研究者，或促进学生的专业发展使其具备在未来职场的生存能力，以及个人人格上的成熟和发展。导师也扮演"守门人"（gatekeeper）的角色，沟通行政部门（研究生院）、院系对博士生培养的政策、过程要求和期待，来把控院系、学科对博士生学习（学位论文）质量的标准，甚至是可以决定博士生是否要中途终止学业的关键人物。从这个角度说，导师和研究生之间在知识这个层面还是存在一种天然的、内在不平等的权利（权威）关系，但是又需要导师创造合作、协同创新的环境，在正式的科层体制的机构规范之外，营造一种个人间的社会信任关系。魏德曼等（Weidman, et al., 2001）将社会化划分为四个阶段，即预期的、正式的、非正式的、个人的，并概括了影响社会化的三个核心要素，即知识获取、资源投入和参与程度。奥斯汀和麦克丹尼尔斯（Austin & McDaniels, 2006）认为博士生要顺利完成社会化需要发展特定的能力，包括概念理解能力、特定学科领域的知识技能、人际交往能力、专业态度和习惯。

第四，在跨学科博士生培养上导师指导体现出学术导向和职业导向共存的特点。《IGERT 跨学科研究生应具备的基本能力报告》[①] 将指导教师和学生共同认可的跨学科核心能力概括为六项：（1）对某一学科或研究领域形成深度认知的能力；（2）识别多学科优势和劣势的能力；（3）运用多学科的方法和工具解决问题的能力；（4）在由多种学科背景的个人组成的跨学科研究团队中工作的能力；（5）将某一学科或领域的研究传达给其他学科的学术研究者的能力；（6）将跨学科研究传达给非学术研究者（外行人）的能力（Gamse, et al., 2013）。跨学科人才培养模式的转变使得博士生社会化呈现朝向更加复杂的跨学科能力发展的趋势。万斯通等（Vanstone, et al., 2013）认为，导师指导会形塑研究生的学科身份认同，跨学科指导关系则遇到独特的挑战，即来自不同学科的导师要如何把研究生训练成具有跨学科身份认同的学者，这需要导师们对指导采取一种更加协同、灵活的方式。在跨学科研究项目的资助增多、师生从事跨学科热情增长的背景下，最困难的问题其实潜藏在跨学科研究生指导中：如何在质量评价上就知识的深度和宽度之平衡达成共识，如何进行有效的交流以消融不同学科知识间的间隙，解构和重建一个新的知识体（Gardner, et al., 2012）。因此，导师自身的跨学科身份认同也需要增强，其跨学科指导能力影响着跨学科博士生社会化。而跨学科研究生可能在其中扮演连接器/联结者（connector）的角色，甚至处于这个跨学科项目研究团队网络的核心位置。跨学科博士生社会化既是学术导向又是职业导向的，导师要帮助博士生掌握可转移技能，实现就业上的跨学科能力优势；同时也具有历史性、政治性导向，要考虑人才培养中个人和社会标准的交互。

---

① IGERT（Integrative Graduate Education and Research Traineeship）是美国国家科学基金会（National Science Foundation, NSF）于 1998 年开始启动的研究生教育与科研训练一体化项目，以竞争的方式鼓励高校申报跨学科研究生训练项目，通过经费资助来影响研究生培养模式的转变，促进跨学科创新文化氛围的形成。NSF. Integrative Graduate Education and Research Traineeship Program ［EB/OL］. National Science Foundation, 2020-05-18.

第二节　导师指导模式与导师人格

一、导师指导模式

导师指导模式最初是从临床医学及咨询心理学实践中演变而来的，经历了很长的发展历史。大约在 20 世纪 80 年代，学者们才开始探讨导师的多元角色问题。例如，埃利斯和德尔（Ellis & Dell, 1986）探讨了导师对指导的概念和导师角色的维度，定义了九个促进因素；斯托尔滕伯格（Stoltenberg, 1981）提出了咨询复杂模式（counselor complexity model），将指导分为四个层次，提出每个层次被指导者的特点和合适的指导环境；安德森（Anderson, 1988）提出的连续模式（continuum model）具有更清晰的目标，是基于个人的不同发展阶段做出灵活安排，允许导师反思自身的指导观点、识别自身的行为以及决定自己想要做出的改变。但连续模式描述的是有经验的导师对学生指令性的指导，忽略了以学生为中心的发展。总的来说，早期学者提出的指导模式比较抽象，不利于实践者操作。

阿克等（Acker, et al., 1997）认为指导模式大致可归为两类：一类将指导看成是技术理性（technical rationality），目标是在研究实践中训练学生，注重过程和技术的发展；另一类将指导看作谈判过程（negotiated process），允许双方进行协商和改变。格兰特（Grant, 1999）批判了技术理性指导模式，认为利用工具和技术管理指导过程实际上是高估了其避免误解和失败的潜力，而谈判过程指导模式具有非通用性和对学生需要的高应答性，对不同的学生、项目以及条件的改变能够灵活应对，更符合实践中指导所具有的不确定性、独一无二性和价值冲突，以及"以学生为中心"的价值观转变。

古尔（Gurr, 2001）和加菲尔德（Gatfield, 2005）在格兰特之"吊桥（rackety bridge）"隐喻的基础上分别提出了师生一致性模式（supervisor/student alignment model）和动态概念模式（dynamic conceptual model），其核心都认为师生关系是随着时间变化发展的过程。师生一致性模式指出，随着学生学术的成长，导师的指导风格要朝着自由的方向进行相应的调整，以发展学生的自治能力。而动态概念模式则基于管理方格理论，基于结构（structure）和支持（support）这两个维度将指导模式划分为四个象限（见表 2-1），他仅辨认两端，结

构的两端是控制和自由,支持的两端是引导和责任自负,但不测量行为密集的
程度和处在什么位置。四个象限对应的四种类型分别为自由放任型(laissez-faire
style)、田园生活型(pastoral style)、合同契约型(contractual style)和导演指挥
型(directorial style)。导师适用哪种指导风格要看学生的态度和反应,当出现不
适时可随时更换风格,并且风格转换在不同阶段存在一定规律。

表 2-1 加菲尔德提出的四种类型指导模式的特征

田园生活型(pastoral style)	合同契约型(contractual style)
• 低结构,高支持 • 学生的个人管理能力低,但是充分利用所有的支持设施 • 导师为学生提供较多关心和支持,但不提供以任务为驱动的指导	• 高结构,高支持 • 学生非常有动力,并能够掌控自己的方向且独立进行个人的研究项目 • 导师能够把控方向,锻炼好的管理能力及发展良性人际关系 • 对导师的时间要求严格
自由放任型(laissez-faire style)	导演指挥型(directorial style)
• 低结构,低支持 • 学生的动力和自控能力有限 • 导师不对学生的个人互动进行指导 • 导师可能不在意及不插手	• 高结构,低支持 • 学生的动力很足,认为有必要充分利用高结构性的活动,如设定目标、在没有学校支持的情况下按时完成并提交作业 • 导师和学生有亲密的和定期的互动,但避免非任务的交谈

资料来源:GATFIELD T. An investigation into PhD supervisory management styles:Development of a dynamic conceptual model and its managerial implications[J]. Journal of Higher Education Policy and Management,2005,27(3):311-325.

从国内文献看,学者对导师指导模式、风格、形式、方法存在混同理解。
许克毅等(2000)认为导师的指导方法实际上指的是一种管理的宽严尺度,太
紧是把研究生当作科研劳动力,太松是对研究生完全放任自流。包水梅等
(2019)借鉴领导风格理论,根据"定规行为"和"关怀行为"两个维度,将
导师指导风格分为贫乏型、指令型、牧师型、协作型四种。不过,国内学者对
导师指导模式或指导风格的划分比较少是基于实证研究,而多数基于经验观察
和思辨分析。彭湃(2019)运用情境互动模型作为导师指导行为的解释框架,
根据研究生感知的属性对导师指导行为进行细致多维的类型划分,但强调所有
分类都不是绝对二元的,类别划分一般也不带有价值判断。指导行为是由导师

和学生互动所决定的，具体包括导师个体特征（个人能力、个性心理、学术地位及道德水平）、指导观（学生观、学者观及学术观）、外在情境（学术环境、学科特征、资源条件）和研究生志向、学段、个性心理。如果导师在指导行为上履行了其作为导师的职责，那么指导风格类型的确没有好坏之分，在此基础上应该考虑的就主要是导师与博士生风格匹配和相互期望的一致性问题。但事实上这只是理想状态，基于导师扮演的不同角色，我们对师生关系类型还是有价值判断的。

二、导师指导模式对学生的影响

以上对指导模式的探讨较少着眼于指导模式对学生的影响。李（Lee，2008）的研究侧重弥补这一不足，试图从研究生如何维持研究能力发展和就业力发展的平衡以及学习过程和学习结果的平衡出发，提出了六种指导模式。一是功能模式，通过任务完成来促进学生进步，导师的主要职责是指导和管理项目，学生一般比较顺从。二是批判思维模式，导师不断向学生提问并提供分析，要求学生展开争论并评估挑战。三是文化适应模式，要求学生适应学校和学科环境，导师的主要任务是促使学生社会化和建立学科身份认同，需要诊断学生的缺点并修正。四是自立模式，要求导师通过赋权给予学生反思实践的机会，促进学生个人成长。五是发展质量关系模式，要求导师支持学生情绪智力的发展，主要是通过经验指导唤醒学生的情绪智力意识。六是女性主义模式，使女性获得更多与导师互动的机会和帮助，也建立在反思的基础上，帮助女性学生重新建构知识。

关于指导模式的研究结果是多样的，但并没有哪种是最优的结论，不同导师指导模式的有效性还有待更多经验研究的验证。没有对所有人皆有效的指导模式，对于某个博士生合适的指导对于他人不一定合适，博士生期待的导师指导与实际不一定一致，并且导师也不一定有能力提供所有帮助。总体说来，指导模式与导师的性格倾向（dispositions）有关，与其专业指导能力和生涯发展、社会心理等指导能力有关，与导师自身在研究生阶段所经历的指导有关，也与被指导学生的需要、师生之间的个人关系等有关。通常指导风格处在两个极端之间的某点：一边是"完全操控"模式（hands on approach），导师过多干涉，学生缺乏自由；一边是"完全放任"模式，博士生自己掌舵，或随波逐流。导师既不能包办操控，也不能放任自流。范皑皑等（2013）认为学科差异对导师指导模式有重要影响，人文学科的博士生更适宜"协商秩序"模式的指导，工学博士生则更适合"技术理性"模式的指导。鲍恩等（Bowen, et al., 1992）指出，博士生自己掌舵、随波逐流的指导模式可能是很危险的，必须定期监管和给予时间安排，尤其人文社科研究的本质是孤立的，学生可能花费数月在文献阅读上而不得要领，缺乏导师指导会使学生产生消极的心理状态，甚至导致放弃学业。王茜等（2013）研究了导师指导风格对研究生创造力的影响，发现支持型和控制型指导风格均会正向影响研究生创造力，在高支持高控制组合型指导风格下研究生的创造力水平最高。吴杨等（2018）的研究也得出类似的结论，当个人主动性较高时，支持型指导风格对研究生群体创新思维和创新行为的影响都很大，当个人主动性较低时，控制型指导风格对创新思维和创新行为的影响相对较大。

导师的个性特征影响指导模式和风格，进而影响博士生能否顺利完成学业，欧波拉（O'bara, 1993）对博士完成率的研究发现，在顺利完成学业和中途流失的学生之间，其导师人格特征的差异是特别明显的，完成学业的博士生其导师一般更能给予学生帮助和理解，而未完成学业的原因往往来自学生期待与导师风格之间的错配。进一步分析导师的性格特质，巴奈斯等（Barnes, et al., 2010）的研究发现，从博士生的视角来看，正向的导师特质包括易接近的/找得到人的（accessible）（会面的灵活性与反馈的及时性），有帮助的（helpful）（指为研究计划的完成提供资源和实用的信息等），能促进学生社会化的（socializing）（拓展学术网络、鼓励专业发展），关怀的（caring）（专业指导和个人辅导）；而负面的导师特质包括不易接近的/找不到人的（inaccessible），无甚帮助的（unhelpful），不感兴趣的（uninterested）/冷漠的（cold）/肤浅的（superficial）。为建立起健康、正向的师生关系，首先导师应反思他们通过态度、行为传递给博士生的信息；其次要通过与学生的对话使学生了解关于导师角色和责任履行的观点，最后应发展学校层面的交流平台，改善师生交流策略，关注冲突的解决和学生满意度/学业完成率的提升。

从国内文献看，学者们主要关注导师指导风格对研究生科研绩效、创造力的影响，但较少关注对学生心理健康、人格发展和社会化的影响。宋晓平等（2012）发现，当导师与博士生互动关系处于"高度合作+一定程度强势指导"和"高度合作+一定程度尊重学生观点和意见"时，更有利于博士生科研能力、创新能力的培养，有利于推进博士生的科研和学位论文进展。侯志军等（2016）发现，不同学科类型存在不同的导师指导风格、知识共享及创新特征。理工科研究生较多感受到控制型导师指导，这种指导风格更多通过影响研究生的专业认同进而影响知识共享及创新；文科研究生则较多感受到支持型导师指导，这种指导风格更能有效预测研究生知识共享及创新。蒙艺等（2015）发现，学术导师领导力是影响研究生创造力的一个重要因素，两者是正 U 形曲线相关关系。马永红等（2019）的研究发现，学术兴趣在师生关系对博士生创新能力影响的过程中起到了部分中介作用，师生关系通过学术兴趣对博士生创新能力的间接影响大于直接影响，在师生关系三维度中，认知维度对创新能力的总效应最大。王雅静等（2016）也发现，导师自主性支持对博士生科研产出具有正向影响，构想自我效能感在上述关系中起完全中介作用，创造性人格对自主性支持与构想自我效能感之间的关系起正向调节作用。综上所述，这些研究几乎都发现，高科研产出既需要导师提供高结构化和高支持性的指导，也需要导师充分激发研究生独立、自主的持续发展。

三、导师人格对其指导行为的影响

导师的人格是影响研究生选择导师的关键因素之一，研究生科研能力受到师生关系的影响显著，同时也与研究生的主动性人格、严谨性人格有关（巩亮等，2014）。此外，导师的情绪特征也会对指导质量产生影响。导师的情绪能力在社会意识、社会技能维度上的表现远高于博士生（O'Meara, et al., 2013）。导师的情绪正向积极，能给予研究生支持、鼓励和理解是优秀导师的重要特质（Denicoli, 2004）。

人格是通过社会化过程获得的，博士生社会化指博士生通过与导师的交往掌握从事学术职业所需要的社会经验和行为规范，从而获得对学者身份自我认同的过程。社会化是一种文化和行为模式，博士生就是在导师指导的过程中树立对学术职业的志向和态度（Austin, 2002）。导师在指导过程中需要遵守规范：一方面是学术道德，把学术共同体必须遵守的基本价值观、科研行为准则和社会关系规范教导给学生，另一方面是个人关系中的伦理准则。李海生（2019）通过探索性因素分析提取了导师指导不当行为的主要表征，即"学术规范教导失责""师生关系异常""科研训练与管理失当""不尊重研究生的学术劳动成果"等，并对此做了具体化的阐释和求证。

导师与研究生指导相关之人格的形成也受到社会浮躁氛围和急功近利环境的影响。郑爱平等（2017）通过实证研究发现，高校师德师风存在的问题主要包括重科研、轻教学的倾向，学术功利化现象和师生关系淡漠等。导师的双重人格最容易使博士生产生"学术圈就是这个样子"的想法，或者产生挫败感不选择学术职业，或者努力去适应"潜规则"而同样成为"说一套、做一套"的人。《礼记·中庸》中提倡的"博学之，审问之，慎思之，明辨之，笃行之"最终指向"知行合一"，教师在指导学生的过程中也应当遵循这样的为学之序，在教给学生专业知识的同时，鼓励其思考求证、明辨是非，并且学以致用、身体力行。周光礼等（2010）的研究发现，在学生看来导师治学态度和道德修养的影响甚至大过专业知识。

第三节　导师角色与师生关系

一、导师角色和责任

导师指导是建立在导师的角色和责任基础上的。关于导师究竟应扮演什么样的角色，美国研究生院协会（Council of Graduate Schools，1995）给出了一个比较全面的总结：顾问/咨询者，有丰富的经验并愿意分享知识；支持者，能给予情感支持和精神鼓励；辅导者/引导者，能根据学生的个人表现给出具体的反馈；教练/师傅，带着弟子或学徒掌握职业所需技能；赞助者，能够为学生提供经费支持，帮助学生获取发展机会；模范，通过身份认同形成学术上成功的榜样；聆听者、观察者及问题解决者，试图去了解、鼓励、接受和尊重学生的目标和兴趣。安德森和香农（Anderson & Shannon，1988）认为导师的核心功能包括五个方面：教学（teaching）、资助（sponsoring）、鼓励（encouraging）、咨询（counseling）、扶助（befriending）。路娜和卡伦（Luna & Cullen，1998）从学生的视角提出博士生最期望导师履行的职责，即作为楷模、指导和支持、倾听、提高学生的自信以及给予职业生涯建议。墨菲等（Murphy，et al.，2007）认为导师应扮演评审员（assessor）与引导者（guide）的双重角色。巴奈斯和奥斯汀（Barnes & Austin，2009）分析了影响导师角色和职责履行的要素，包括学生的需要和特点、其关注的研究问题与导师研究专长的吻合，导师自身被指导的经历和研究兴趣，其性格特征、人格倾向和对指导伦理的理解，机构文化尤其是涉及评价体系和奖励制度中对教学（含研究生指导）和研究职责的平衡等。

导师指导中专业指导对应的是专业关系（professional relationship），这是师生关系中最重要的组成部分，最能体现专业关系的是导师对学生学位论文的指导，包括提供方向、设定框架、设置标准、使学生明了问题和解决问题的限制所在等；个人辅导对应的是导师与研究生在个人层面的关系（interpersonal rela-tionship），不少研究发现，个人关系如何对博士培养计划的完成也起到重要作用，好的个人关系能够推动研究生生涯的顺利进展，增加学生的满意度（Golde，2000；Ives & Rowley，2005；Kam，1997；Marsh, et al.，2002；McAlpine & Norton，2006）。师生关系在本质上应该是一种相互支持的互惠关系。总体来说，一方面导师要在专业营造上给予专业性、支持性的帮助以使学生达到特定的学术目标，顺利进入特定的专业研究领域，包括培养或塑造对学术的态度、价值观、思维方式和个人的社会特质等，这种认知技能方面的指导关系具有优先性；另一方面要在个人上营造关怀的、愉快和谐的氛围，为学生提供社会心理方面的支持和职业生涯发展的指导，这一指导关系包含一种情感投入，例如树立榜样、设置为人处事的标准、帮助学生激发潜力，通常是自发的，难以衡量的，也较难通过制度规约来强制执行。

我国也制定了高校教师职业道德规范，但没有对研究生导师的职责和行为做出明确规定。国内的研究一般认为导师的职责涵盖专业指导（教书）和非专业关怀（育人）两个方面，具体来说包括学术引导、生涯规划、心理辅导、人格塑造、学术规范等，涵盖学术、生活和道德各个方面。陈晓梅（2016）认为，规模化培养造就了"师生科研共同体"，在这种新情况下导师面临新的角色承担，除了扮演好专业角色外，亟待加强"科研共同体"团队管理者角色，同时也应该扮演好研究生思政教育首要责任人的角色、与辅导员协同扮演研究生人生导师的角色。姚琳琳（2018）指出，各高校出台的一系列政策文本虽然涵盖了导师对研究生思想道德素质、科研、生活、就业、心理等多方面的职责，但规定相对模糊且停留在原则性层面。她将导师职责具体分类为共识性职责、倡导性职责和争议性职责，并提出不宜过分扩大非学术事务的职责范围。有的研究者进一步在师德方面进行探讨，例如，刘志（2019）分析了导师师德建设举步维艰的三个原因，分别是主体人性需求与职业身份约束的矛盾冲突、尊严体验需求与情感支持乏力的矛盾冲突、规范要求提升与评价激励不足的矛盾冲突。

二、师生关系类型

影响研究生学业成功的关键因素是师生关系，师生关系受到导师和学生个人特征（包括性格、兴趣、经历、知识等），导师角色以及指导风格等因素的影响（Orellana，2016）。对师生关系的分类多是按导师角色划分的。泰勒等（Taylor, et al.，2005）划分了四种指导类型：放任型、放养型、导演型和契约型，这与加菲尔德（Gatfield，2005）提出的四种类型指导模式是对应的；赫兰（Holland，1998）通过质性研究发现有五种博士生师生关系类型，即正式的学术顾问型、学术指导型、学术导师型、准学徒制型以及职业辅导型；巴特利特等（Bartlett，et al.，2000）从导师和博士生之间不平等的权力关系出发，对导师的指导角色和风格提出三种有趣的隐喻，即厨中烹饪、花园挖掘和丛林漫步，认为师生之间只有开放、真诚平等地交流才能避免失败，并特别强调家长式、操控式的关系模型是有问题的。相对来说，国外对导师职责的要求注重专业能力。李（Lee，2008）提供了一个分析导师和学生指导关系的概念框架，认为个人亲密关系和情感支持不是研究生专业和个人成长的必要条件，但却会影响专业指导的效果。

关于研究生教育中师生关系性质较早和较普遍的提法是导学关系，定义为以学会做学问和学会做人而形成的一种教学关系（林伟连等，2003）；另一种提法是和谐关系，认为师生关系是一种多维结构的，包含导学关系、人际心理关系、管理关系和伦理关系等在内的有机关系体系，受诸多因素的影响和制约，和谐的关键在于以教师为主导、以学生为主体，形成双向的"互为主客体"的师生关系（张静，2007）；将师生关系发展到亲如父母与子女的关系，是较体现中国特色的，与中国传统的师承文化有关。高鹏等（2007）将师生关系划分成普通师生型、良师益友型、家长子女型和老板员工型四类；许克毅（2000）则将师生关系分为权威型、和谐型、松散型、功利型；徐岚（2013）通过质性研究，根据教师在师生关系中的角色认同将其划分为三种类型：试图超脱市场和官场的清高者、信奉适者生存的现实主义者、视大学如官场的操控者；林伟连等（2003）提出师生关系中两种异化的现象，即从属型/雇佣型师生关系和放羊型师生关系。梁社红等（2018）总结了导学关系困扰的常见类型，认为导师主导类困扰主要可以分为剥削型、放任型和专制型导学关系，学生主导类困扰主要可以分为逃避型、应付型和对抗型导学关系，复合原因类困扰主要可以分为专业迷惘型、品德不端型导学关系。总体来说，在中国文化背景下，期待平等如朋友或同事的关系缺乏广泛的文化基础，师生关系不对等的问题较为显著，因而容易表现出从属性过强（老板员工型）或过于强调亲密关系（家长子女型）的偏差。

一些学者提出改进师生关系的建议，但总体来说因为实证依据不足，其建议往往脱离具体情境而缺乏有效性。例如，李春根等（2016）提出了导师与研究生命运共同体的理念和路径，认为"共同需要、平等互信、优势互补、教学相长"是导师与研究生命运共同体的内涵，而构建的路径则是以制度建设保障师生共同需要，以平等对话实现身份平等，以自身发展促进师生共同提高。但导师和研究生本身的身份地位不同，脱离权力关系的绝对平等不可能实现，其扮演的角色和任务不同，所谓的"共同需要"也缺乏现实基础，这一建议过于理想化而难以实现。徐水晶等（2016）则认为，师生关系冲突的主要原因是一些导师对师生关系主体定位问题、研究生与科研助手之间的关系问题存在认知偏差。其提出：师生关系应以生为本，学生是唯一主体；研究生的角色一旦定位为导师的科研助手，双方就是劳动雇佣关系；要赋予研究生更多选择权，同时就要严格限制导师权力；改革导师评价机制，就要减轻导师的科研压力，以培养研究生为核心指标；改革研究生培养机制，就要取消导师资助制，消除导师和研究生之间的经济联系；要避免导师侵占研究生的成果，就要明确禁止导师与研究生联合发表学术论文等科研成果。但这些建议又未免矫枉过正，脱离了研究生培养的学科情境。

第四节　研究的理论框架

一、理论框架

划分导师的指导模式、风格类型需要维度，许多学者通过科学研究方法探讨了有效的维度，为我们的研究提供了微观上的理论框架。加菲尔德（Gatfield，2005）通过德尔菲法对专家一致同意的因素进行反复聚敛分析，将其分为"结构性的"（structural）、"支持性的"（supportive）和"外生的"（exogenous）三个类别，动机和成熟度等有关的外生因素纳入最后的坐标体系。X轴的"结构"维度意味着导师对产品/结果的关注（concern for production）由低到高，Y轴的"支持"维度意味着导师对人的关心程度（concern for people）由低到高。墨菲等（Murphy, et al., 2007）也提出了一个四象限模型，其中"指导过程"维度分为控制导向（controlling beliefs）和引导导向（guiding beliefs），"导师关注"维度分为任务导向（task-focused beliefs）和个人导向（person-focused beliefs），这和埃米尔森和约翰松（Emilsson & Johnsson，2007）所划分的问题导向（problem-oriented）侧重于任务完成，过程导向（process-oriented）侧重于个人间的指导关系发展是一致的。巴奈斯等（Barnes, et al., 2012）以量化方法比较了四个学科的导师指导，结果发现共性大于差异性，即当导师的专业指导还附带有情感支持的辅导（mentoring）要素时，博士生的满意度更高。

梅赫德等（Mainhard, et al., 2009）编制了一份导师—博士生互动关系量表（QSDI）。这个量表侧重于师生关系，导师个人的指导风格是通过两个要素来彰显的：一是交流方式，二是与指导关系有关的导师行为模式。导师行为是可观察的，通过行为传递出有关指导内容和指导关系的信息，与学生产生交往。一段时间之后，这种师生关系和指导风格的不同类型就会慢慢被辨识出来，师生之间相互的角色期待也发展起来。在这个量表中，行为的关系层面有两个维度分别作为横坐标和纵坐标，即"亲近"（proximity）和"影响"（influence），这是分析人际互动行为时常用的指标，两个维度是相互独立的。亲近指向的两端分别为合作（cooperation）与对立（opposition），影响指向的两端分别为统治支配（dominance）与服从（submission）。四个象限的每一个均被分为两半，也即一共有八种类型的指导行为：领导型（DC leadership）、友善型（CD helping/friendly）、理解型（CS understanding）、放任型（SC student responsibility/freedom）、迷茫型（SO uncertain）、不满型（OS dissatisfied）、告诫型（OD admonishing）、严厉型（DO strict）。我们在问卷工具中借鉴并发展了不同题项来测量这些类型。

导师的指导模式可能与许多因素有关（Kam, 1997）。一是导师自身所处的职业生涯阶段。职业生涯初期的导师迫切需要研究成果，因而更期望研究生扮演研究助理的角色，最好有独立自主的工作能力和创新想法，导师指导更多的是任务导向；而职业生涯成熟期的导师则较关注研究生的专业发展，包括非学术的可转移技能的发展，导师指导更多是个人导向的。袁康等（2016）通过实证研究发现导师年龄、担任行政职务情况，尤其是学术地位（百人计划、杰青等）对博士生科研绩效有显著影响，导师主持国家级项目数量、项目经费和近年来学术成果与博士生科研绩效呈显著相关。因此，我们把导师年龄、担任行政职务情况、学术头衔、博士生参与导师课题数量等作为主要因素纳入搜集人口学信息资料的范围。二是学科差异，尤其是硬、软学科的区分。自然科学、工程技术等硬学科导师的指导更偏向任务导向，高度结构化；人文社会科学等软学科导师的指导更偏向个人导向，缺乏结构化。同时，由于硬学科的研究范式常是团队合作的，更多面对论文署名时的知识产权纠纷和认可不同研究者贡献的问题。王东芳（2014，2015a，2015b）关注博士生教育中目标的学科差异，师生科研合作的学科差异，以及不同学科文化视角下对师生关系的不同解读，认为学科文化在一定程度上决定了师生关系的权力结构和紧密程度，而不同学科师生关系的结构也对博士生教育实践提出了不同的挑战。三是性别差异。埃尔库特和摩克洛斯（Erkut & Mokros，1984）发现，男性学生更多期待导师以地位和权力给予他们在职业发展上的直接帮助，女性学生则更在乎导师的个性特质、价值观、生活方式，及其能否树立展现其如何成功协调专业发展和个人生活的榜样。柯林斯（Collins，1983）发现，导师对男性学生更注重领导力和冒险精神的发展、指导方向和提供信息等，而对女性学生则重在给予鼓励和支持、树立信心、提供展现自我的成长机会等。但施罗德和迈纳特（Schroeder & Mynatt，1993）也发现，女性学生容易受到男性导师的忽视和随便打发。沙利文和奥尔洛夫（Sullivan & Ogloff，1998）指出，不公平对待和性骚扰是师生关系中最常出现的伦理不恰当行为。国内文献关注博士生指导性别差异的研究很少，我们在问卷的题项设计中重视性骚扰问题，在问卷分析中重视性别差异。

从导师师德和人格上看，师德（teacher's ethics）指教师受到价值观、人生观、世界观的影响而形成的思想和品德。Ethics 一词源于希腊文 ethos，本意是品质、人格（雅克·蒂洛等，2008）。人格（personality）是个体在内心与环境相互作用下形成的相对稳定的行为模式，以及对个体特征性行为模式有影响的独特的心理品质（Larsen & Buss，2005），如态度、情绪、意志、理智等。奥尔波特（Allport，1937）认为，人格侧重于个人对环境的适应，个性特质决定行为倾向。伯吉斯和鲍格（Burgess & Bogue，1967）则侧重于个人对他人的影响，认为人格只存在于与他人的关系之中，体现为给予他人影响的刺激作用和社会性作用。人格体现了人们对现实和周围世界的态度，并表现在行为举止中，能反映一个人的道德风貌。道德品质（Moral Character）是从人格概念中延伸出来的。人们愿意遵守规则、服从指令是出于在所属群体中维持良好声誉的动机，学生道德品质与其在学校教育中的表现密切相关，这是因为学生对教师权威角色的认同有助于帮助其社会化（Derlega，et al.，1991）。奥尔波特等（Allport，et al.，1921）也是最早提出人格特质概念和测量方法的人，他们将人格结构划分为个人特质和共同特质。卡特尔（Cattell）则编制了著名的《卡特尔 16 种人格因素测验》。艾森克（Eysenck）提出了三因素模型：外倾性（extroversion）、神经质（neuroticism）和精神质（psychoticism）。从奥尔波特到卡特尔再到艾森克，几代人格特质流派的心理学家通过语言学方法分析描绘人格的词汇，高德伯格（Goldberg，1981）在前人一致性研究发现的基础上提出大五人格理论（five-factor theory），认为开放性（openness）、可信性（conscientiousness）、外倾性（extroversion)、宜人性（agreeableness）和神经质（neuroticism）这五种特质构成了一个描述人格的主干框架。许多其他心理学家通过搜集跨文化证据反复验证了大五人格理论的合理性，使其成为被广泛接受的人格特质模型（Ellis, et al., 2009），亦被形象地称作"人格之海洋"（根据大五人格理论五种特质首字母将其缩写为OCEAN）。本研究以此作为"导师人格与身教"部分分析框架的重要理论依据。

从导师角色和责任上看，莱丘加（Lechuga, 2011）提出的三个隐喻：同盟、师傅和使者，可以作为一个基本的理论框架。在同盟角色中，导师的责任是促进学生的全面发展，既包括专业技能训练也包括心理健康和情感支持；在师傅角色中，导师的责任是给学徒指出方向，训练他们成为独立的研究者，此种关系中把握互惠原则非常重要，否则就存在导师极端地将学生视为雇员的现象；在使者角色中，导师的责任是作为中介帮助研究生完成学术标准和价值观的学科社会化过程。导师的不同角色和责任实际上常常是交织在一起的。从已有的研究来看，合作伙伴或契约式的平等关系在北美比较流行，导师多把博士生当作年轻的同事看待（Clark, 1995）；而在具有深厚学徒制传统（master-apprentice training model）的欧洲大学，导师对博士生拥有的"生杀"权力是很大的，师徒关系的权威性更为普遍。因师生间权力作用机制的客观存在，朋友关系可遇不可求，且友谊的界限在此种背景中很难把控，因而朋友关系被认为是不明智的，同样，在中国语境中，期待平等如朋友或同事的关系也缺乏广泛的文化基础。我们据此设计了题项，来判断导师各方面角色和责任的履行状况，以及提出和验证师生关系类型的假设，即科研合作伙伴关系、师傅和徒弟关系、老板和雇员关系、朋友关系、父母与子女关系。

二、本研究的概念架构图

研究生教育质量包含系统质量、培养质量和质量保障的文化和制度三个层面。质量的内涵一方面是本质质量，体现为所生产产品或服务的特性或特征，即博士生的科研产出、能力发展、就业状况等；另一方面是评价质量，体现为用户认为产品或服务是否满足了其需求，即博士生对所受教育的满意度。本研究探讨的博士生培养质量侧重于培养过程质量，但也需要把系统质量涉及的输入质量（招生制度、入学动机、选择导师的影响因素等）和结果质量、质量保障的社会文化环境和组织制度环境考虑在内。研究生质量评估是研究生教育质量保障的重要手段。虽然本研究并非旨在对博士生培养质量进行评估，而是探索导师指导和师生关系对博士生培养质量的影响，但是，从评估的角度审视质量之体现，有助于我们反观指导的过程。王战军等（2012）提出研究生质量的三角模型，包括知识、能力和潜力三个维度，并在此基础上设计了研究生质量评估框架，其特点是突出能力评估、重视学术绩效、关注职业发展，为我们提供了一个宏观上的理论框架。在这个质量评估框架中，对博士生而言，权重最大的项目是个体能力维度的科研能力、创新能力和学术实践能力，学术绩效维度的参与科研项目状况，学位论文维度的创新性和学术伦理。权重居其次的项目是个体能力维度的学习能力、工作实践能力，学术绩效维度的学术论文和学术会议；学位论文维度的选题与综述、写作水平。权重较低的项目包括学位论文维度的知识结构，学位后发展维度的工作状况、职业发展状况和反思式评价。

　　本研究主要在高等教育机构的场域内部进行，研究者建立的理论框架是体现组织与个人层面的（见图2-1）。这一层面采取个案研究的方法，通过调查问卷及访谈等途径多角度阐释导师和研究生对指导责任、师生关系的含义及其内在结构的相关性，外部环境和氛围条件是连接这两个主体的桥梁。此外还要确定影响因素，除了性别、年龄等基本信息，一些影响因素可能是特别重要的，例如学科，学生的读博动机和选择导师的标准，指导方式（单一导师、双导师或导师组），导师指导的学生数量、主持课题情况、是否担任行政职务等。在师生关系影响因素的构成中，一些比较客观的因素如指导行为/能力水平、指导风格/互动关系、指导效果/能力发展、外部环境/氛围条件等，可以通过问卷进行调查；一些比较主观的因素如学术责任观、动机等，则需要通过访谈来了解。教师的学术责任观受绩效责任主导的评价和报酬体系影响，因此特别需要对组织制度环境进行分析说明。最终目的是建立研究型大学博士生培养的实际指导模式和师生关系类型，与理想导师模型和导师/研究生角色期待做对比，寻找实然与应然的差距，然后针对现实问题提出对策和建议。

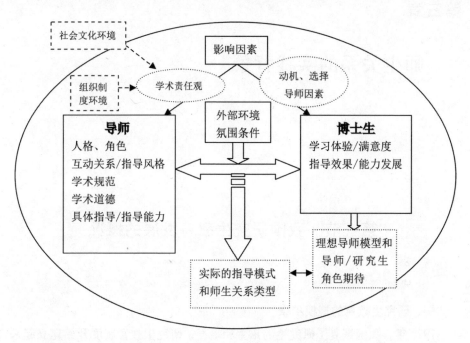

图 2-1 本研究的概念架构：外部环境、导师指导如何影响博士生的体验和收获

第三章

师生关系的实践背景

第一节 我国研究生教育发展的概况

一、研究生教育的规模扩张

1978 年,我国恢复了研究生的招生和培养,研究生教育制度开始建立起来。1981 年,我国开始授予博士学位,当年授予学位的博士毕业生仅 13 人。10 年后的 1988 年,我国的博士授予数突破千人,达到 1682 人。再经过 10 年,到 1999 年,我国的博士授予数突破万人,达到 10098 人。正是从这一年开始,我国的高等教育开启扩招模式,走上大众化历程,研究生教育的规模也发生了急剧扩张。从 1987 年至 2017 年的 30 年,我国博士招生数、博士毕业生数、授予博士学位数的变化如图 3-1 所示。

由图 3-1 可见,我国研究生教育的发展大致可以划分为三个阶段:恢复发展期、快速增长期和内涵发展期,每个阶段各有不同的特点。在 1998 年以前的恢复发展期,博士招生数增长缓慢,个别年份甚至负增长。1998 年至 2010 年,博士招生人数快速增长,这 12 年的平均增速为 13.56%,尤其以 2004 年之前的增长最为迅猛,这六年的平均增速为 23.82%。1996 年,我国的博士学位授予规模超过韩国,2000 年超过了印度和法国,2002 年又超过了英国和日本,2005 年超过了德国。我国对这些发达国家或发展中国家之高等教育大国的赶超基本发生在快速增长期。2010 年之后,国家提出高等教育内涵发展的战略,博士生招生规模也随之趋向平稳增长。2011 年至 2017 年,这 7 年的平均增速为 3.79%。

相应的,导师的数量也有了快速增长,图 3-2 展示在校博士生数量和导师数量的比较。《中国教育统计年鉴》从 1991 年开始分为"博士导师数"和"博士、硕士导师数"两部分对导师数量进行统计，图中将两部分合并为"共计博士生导师数"。高校教师中具有博士学位的比例快速提高。

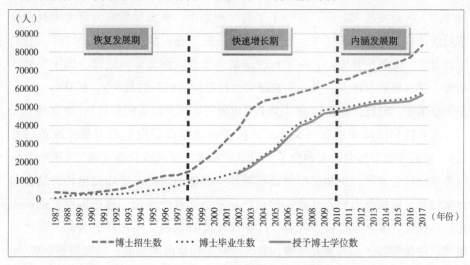

图 3-1　1987—2017 年我国博士生数量变化图

资料来源：1987—2017 年每一年的《中国教育统计年鉴》，教育部发展规划司编，中国统计出版社出版。

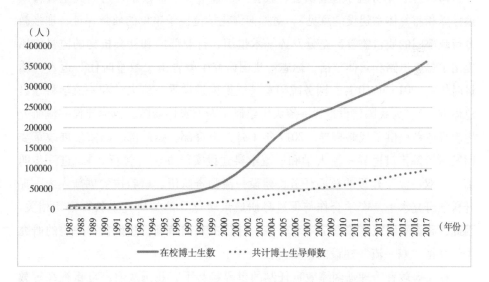

图 3-2　1987—2017 年我国在校博士生数和共计博士生导师数比较

资料来源：1987—2017 年每一年的《中国教育统计年鉴》，教育部发展规划司编，中国统计出版社出版。

二、研究生教育质量的提升

进入内涵发展期之后，在"十二五"规划中，提高质量成为研究生教育改革发展最核心和紧迫的任务，是贯穿"十三五"建设的主旋律。2013年，研究生教育综合改革拉开大幕，一系列改革措施出台。例如，财政部、国家发展改革委、教育部联合印发《关于完善研究生教育投入机制的意见》，教育部、国家发展改革委、财政部联合印发《关于深化研究生教育改革的意见》，教育部、人力资源和社会保障部颁布《关于深入推进专业学位研究生培养模式改革的意见》。研究生教育综合改革确立了"以服务需求、提高质量为主线""更加突出服务经济社会发展，更加突出创新精神和实践能力培养，更加突出科教结合和产学结合，更加突出对外开放"的总体思路，通过改革招生选拔制度、创新人才培养模式、健全导师权责机制、改革评价监督机制、深化开放合作、强化政策和条件保障等一系列重要举措，推动研究生教育内涵发展，以实现到2020年基本建成规模结构适应需要、培养模式各具特色、整体质量不断提升、拔尖创新人才不断涌现的研究生教育体系的目标，为我国进入人才强国和人力资源强国行列提供有力支撑。

2014年，国务院学位委员会、教育部颁布《关于加强学位与研究生教育质量保障和监督体系建设的意见》，对如何强化学位授予单位的质量保证，加强教育行政部门的质量监管，充分发挥学术组织、行业部门和社会机构的监督作用提出了总体思路和具体举措，标志着我国研究生教育由"数量时代"迈入"质量时代"。2015年10月，国务院印发《统筹推进世界一流大学和一流学科建设总体方案》，为我国建设世界一流大学绘制了新的宏伟蓝图，也为建设一流研究生教育体系提供了战略指导。2017年1月，教育部、财政部、国家发展改革委印发《统筹推进世界一流大学和一流学科建设实施办法（暂行）》，进一步明确了"双一流"建设的核心任务，建设一流师资队伍、培养拔尖创新人才、提升科学研究水平、产学合作与促进科研成果转化等都与研究生教育密切相关。因此，高水平研究生教育是"双一流"建设的突出特征，建设世界一流的研究生教育是"双一流"建设的重要内容。

在高等教育治理强调绩效责任制的世界趋势下，我国政府高度重视高等教育质量评价，发展负责任、专业性的第三方评估，以回应公众的期盼。在此背景下，由教育部学位与研究生教育发展中心主导的学科评估从2002年正式拉开序幕，目前已经完成了四轮，第五轮学科评估正在开展，随着参评院校的普及化，其公信力和影响力得到了极大的提升。学科评估贯彻研究生教育综改精神，服务"建设研究生教育强国"，对接国家和地方"双一流"建设战略发展需求。学科评估虽然旨在建立有区分度的学科发展水平排名指引，但其指标体系始终把人才培养质量放在首位，非常重视"培养过程质量"，从而希望引导高校在对排名结果的追求中"淡化排名"，把目光聚焦于培养过程，同时健全立德树人机制，扭转不科学的教育评价导向。同时，各高校加强研究生教育的内部质量保障体系建设也成为一种趋势，通过开展自我评价来提升培养质量是高校治理能力的体现。2017 年印发的《学位与研究生教育发展"十三五"规划》中特别强调要强化培养单位质量保障的主体地位和责任，完善研究生教育质量自我评估制度，建立与本单位办学目标和定位相一致的质量标准，创新研究生教育管理机制，实现管理服务重心下移，提高管理服务精细化水平，并定期发布研究生教育发展质量报告。

可以说，推进培养机制改革是全面提高研究生教育质量的前提，各研究生培养单位深入开展内部培养体制与机制的改革迫在眉睫，成为改革的突破口。具体来讲，培养机制改革主要包括几个方面：第一，完善导师负责制，加强导师的立德树人能力，鼓励导师组指导和跨学科合作指导；第二，学术学位研究生导师主要通过科研任务提高研究生的科学研究和创新能力，尤其是学术型博士生培养与高水平研究紧密结合；第三，专业学位研究生导师主要通过产学研结合，培养研究生的职业能力，并与职业资格紧密衔接；第四，健全研究生培养过程管理体系，完善课程教学、中期考核、开题报告、预答辩、学位评定等各个环节的考核评价机制，推动分流淘汰机制的建立。本研究的四所案例大学都在"十三五"开局的四年期间（2016—2019）经历了重要的培养机制改革，例如，都在改革博士生招生方式，实施直博、硕博连读的长周期培养模式改革，都在完善博士生资助体系，提高资助力度，使博士生能够安心科研，使招生名额向有科研项目的导师倾斜。四所学校都在 2017 年入选为"博士研究生教育综合改革试点单位"，从而拥有更大的自主权以深化改革。

第二节 政策文本中的师德与师德建设

一、"师德"的概念

在英文中很难找出一个词与中文"师德"的概念完全对应。大体上对所有教师而言，师德是指其职业道德，是教师在从事教育活动中必须遵守的道德规范和行为准则，以及价值观层面的思想政治水平、道德观念和道德品质等。但对大学教师而言，其职责从教学拓展到研究，而研究活动需要遵守学术道德；对研究生导师而言，其职责又从教学、研究拓展到指导研究生，在指导研究生的过程中综合教学、科研、服务、培育人才等多项职责，师德的内涵更为复杂化。

在上位法——1994 年颁布的《中华人民共和国教师法》（以下简称《教师法》）中，"师德"一词虽未被明确提出，但在其表述和要求中已经有所体现。《教师法》提出，"教师是履行教育教学职责的专业人员，承担教书育人、培养社会主义事业建设者和接班人、提高民族素质的使命"，并且提出"要建设具有良好思想品德修养和业务素质的教师队伍"并进一步具体到教师应当履行的义务有："遵守宪法、法律和职业道德，为人师表"……"关心、爱护全体学生，尊重学生人格，促进学生在品德、智力、体质等方面全面发展"，"制止有害于学生的行为或者其他侵犯学生合法权益的行为，批评和抵制有害于学生健康成长的现象"，"不断提高思想政治觉悟和教育教学业务水平"。我国实行教师资格制度，1995 年发布的《中华人民共和国教师资格条例》规定，当教师"品行不良、侮辱学生，影响恶劣"，应由所在学校、其他教育机构或者教育行政部门给予行政处分或者解聘，由县级以上人民政府教育行政部门撤销其教师资格。

1999 年开始施行的《中华人民共和国高等教育法》中指出，高校应当对教师的思想政治表现、职业道德、业务水平和工作实绩进行考核，考核结果作为聘任或者解聘、晋升、奖励或者处分的依据。法律与道德的关系复杂且微妙，彼此有区别但又密切联系，法律义务具有法定的强制性，而道德是靠舆论、习惯和社会成员内心自觉的信念来履行的。有时会出现当事人行为在法律上处于边缘地带无法定罪，而只能通过社会舆论对当事人进行道德谴责的事例。因此，把"遵守职业道德"列为教师应当履行的"义务"是否存在将强制性扩大到道德范畴，道德又如何衡量等问题，一直是讨论的热点。但在一般情况下，法律和道德的要求是基本一致的。例如，2011年颁布的《高等学校教师职业道德规范》所列举的六条规范，即爱国守法、敬业爱生、教书育人、严谨治学、服务社会、为人师表，与《教师法》规定的教师的义务是相当一致的。该规范在内容上突出了高校教师工作的特性，体现在人才培养、科学研究、社会服务和文化传承创新方面，并在层次上丰富了对职业道德理想的追求。

具体到研究生导师的职责，2013年教育部颁布的《关于深化研究生教育改革的意见》提出，导师负有对研究生进行学科前沿指导、科研方法指导和学术规范教导的责任，并应发挥对研究生思想品德、科学伦理的示范和教育作用。2018年中共中央、国务院《关于全面深化新时代教师队伍建设改革的意见》把"突出师德"作为一项基本原则，指出落实立德树人的要求，关键在于加强教师队伍建设，"把提高教师思想政治素质和职业道德水平摆在首要位置"。2018年教育部《关于全面落实研究生导师立德树人职责的意见》进一步明确了研究生导师职责。该意见除思想政治引导、学术能力指导外，还提出导师应关爱学生，加强人文关怀，建立良好的师生互动机制；提出要创新研究生指导方式，全过程育人、全方位育人，把导师的师德师风摆到和业务素质同样重要的地位。由此可见，导师职责范围既包括学术事务也包括非学术事务。

综上所述，中国式师德的概念具有以下几个特征：第一，师德包括思想政治素质、职业理想、职业道德和业务能力，涵盖了教师各项工作的准则和规范，范围非常广泛；第二，师德注重高位引领与底线要求结合；第三，教师专业道德与伦理道德相结合；第四，师德建设具有时代特性，是全社会道德体系的组成部分，因此，师德建设是一个涉及多方面的系统工程。

二、我国政策文本中高校教师"师德"内涵的变迁

选取我国12份重要政策文本梳理其中师德相关的表述和内容（见表3-1），选取的标准一是发文主体为中央政府，以保证所分析的政策文本有权威性和统领性；二是与"德"密切相关，或为"学术道德（规范）""职业道德"，或为"师德师风""立德树人"。文本分析有四个基本发现：第一，在2006年之前，对高校教师道德的理解较局限于学术道德、学术规范，比较忽略大学教师在科研之外其他方面的职责履行需受何种伦理规约。第二，2005年国家首次在教育政策文件中提出师德建设，尤其自 2014 年再次强调师德建设起，遵守"职业道德"的提法转向强调修身垂范的"立德树人"。第三，2018 年政策频发，成为一个重要的"分水岭"。2018 年之前的师德规定较为笼统、抽象，2018 年之后逐步提出"立德树人"相对具体的标准，这是师德转向专业伦理的体现。第四，关于高校教师队伍建设，2018 年的文本相比 1999 年的在指导思想、举措途径上发生了一定的变化。一是越发强调党掌握意识形态工作领导权，提升教师思想政治素质的措施更具体。把师德师风建设与基层党组织建设结合起来，特别注重对青年教师、海归教师的思政教育和党员发展工作，特别提出为青年教师提高师德提供物质保障，体现了分学段、分类管理的思维。二是推动教师队伍管理和师德建设的法制化。一系列规范性文件出台，如《新时代高校教师职业行为十项准则》《研究生导师指导行为准则》《关于加强博士生导师岗位管理的若干意见》，体现出"负面禁止、底线要求"的特征，加强师德治理力度。三是严格师德考核。在 1999 年提出的"师德一票否决"基础上进一步明确师德出现何种不端情形时可能被否决，推行师德考核负面清单制度，建立教师个人信用记录，完善诚信承诺和失信惩戒机制。2020 年《深化新时代教育评价改革总体方案》还提出建立师德失范行为通报警示制度，对出现严重师德问题的教师，探索实施教育全行业禁入制度。四是建立培训制度。例如，严格教师职业准入，将新入职教师岗前培训和教育实习作为认定教育教学能力、取得高等学校教师资格的必备条件。

可见，我国在加快高校教师职业道德建设、推动社会公德的发展上已取得了不小的成效，但师德建设的途径上依然最为强调"立德修身""理想信念""道德情操"，在如何专业化、具体化上仍有可完善的空间。教师职业道德是社会对教师这一职业特定的伦理规范要求，是从特定阶段教育活动特殊利益关系中引申出来的，以规约教师的专业行为，教师通过遵守行为准则产生道德惯习、建立道德品质，它更接近前述"伦理"的概念。而"立德树人"倾向于教师的政治意识、道德观念与道德品质，途径上更强调通过宣传的榜样作用产生修身效果，更接近于前述"道德"的概念。两者也是密切联系的，都属于师德的范畴，职业道德偏重知能（知识和能力）、责任、纪律，立德树人偏重人格、态度、信念。

表 3-1　我国政策文本中的师德内容

年份	政策文本	与师德相关的表述	师德内容
1999	《关于新时期加强高等学校教师队伍建设的意见》	职业道德	思想政治素质、业务素质、教书育人
2002	《关于加强学术道德建设的若干意见》	学术道德	增强历史使命感和社会责任感；坚持实事求是的科学精神和严谨的治学态度；树立法制观念，保护知识产权；认真履行职责，维护学术评价的客观公正；为人师表、言传身教，加强学术道德教育
2004	《高等学校哲学社会科学研究学术规范》	学术规范	对学术引文、学术成果、学术评价、学术批评做了具体的规范要求
2005	《关于进一步加强和改进师德建设的意见》	职业道德、师德/情操高尚、师德修养、职业理想、道德风范	思想政治素质、教书育人、爱岗敬业、热爱学生、公平对待学生、乐于奉献、团队精神、严谨治学
2006	《关于树立社会主义荣辱观进一步加强学术道德建设的意见》	学术道德	学术道德是科研基本伦理规范，要实事求是、严谨治学，行使学术权力，开展学术批评，加强学术自律
2011	《高等学校教师职业道德规范》	职业道德、师德高尚、自身修养、崇高职业理想	爱国守法、敬业爱生、教书育人、严谨治学、服务社会
2014	《关于建立健全高校师德建设长效机制的意见》	师德/情操高尚、师德修养、崇高理想、内在信念、行为品质、专业化	理想信念、扎实学识、仁爱之心、业务精湛、教书育人

续表

年份	政策文本	与师德相关的表述	师德内容
2018	《关于全面深化新时代教师队伍建设改革的意见》	职业道德、高尚师德、理想信念、师德师风、立德树人	思想政治素质、爱国守法、教书育人、潜心问道、关注社会、学术规范、学生的引路人
2018	《新时代高校教师职业行为十项准则》	道德情操、自我修养、立德树人、职业行为、师德底线	坚定政治方向、自觉爱国守法、传播优秀文化、潜心教书育人、关心爱护学生、坚持言行雅正、遵守学术规范、秉承公平诚信、坚守廉洁自律、积极奉献社会
2018	《关于全面落实研究生导师立德树人职责的意见》	职业道德、师德师风高尚、道德情操高尚、立德树人	提升研究生思政素质、培养研究生学术创新能力和实践创新能力、增强研究生社会责任感、指导研究生恪守学术道德规范、优化培养条件、注重人文关怀
2019	《关于加强和改进新时代师德师风建设的意见》	职业道德、师德/情操高尚、师德师风、立德树人、职业行为、师德底线	思想政治素质、敬业立学、教书育人、甘于奉献、改革创新
2020	《研究生导师指导行为准则》	立德修身、理想信念、道德情操	坚持正确思想引领、科学公正参与招生、精心尽力投入指导、正确履行指导职责、严格遵守学术规范、把关学位论文质量、严格经费使用管理、构建和谐师生关系

资料来源：作者根据我国 12 份师德相关政策文本整理。

二、师德建设的途径

在 2016 年全国高校思想政治工作会议上，习近平总书记对师德师风建设做出了精辟论述，他指出高校教师是学生健康成长的指导者和引路人，教师要以德立身、以德立学、以德施教，坚持"四个相统一"，即坚持教书和育人相统一、言传和身教相统一、潜心问道和关注社会相统一、学术自由和学术规范相统一。政策文本中与师德建设相关的内容梳理如下。

首先，教师师德与其德育能力是密切联系在一起的，所谓"立德树人"，指的是树立教师的职业道德，把德育渗透于教育教学的各个环节，从而影响他们所培养的学生。1999 年教育部颁布《关于新时期加强高等学校教师队伍建设的意见》，提出师德建设仍是高校教师队伍建设的薄弱环节，因此，要加强教师思想政治工作，提高教师职业道德水平。2005 年《关于进一步加强和改进师德建设的意见》指出，应以提高教师思想政治素质、职业理想和职业道德水平为重点，弘扬高尚师德，力行师德规范，强化师德教育，优化制度环境，不断提高师德水平。2010 年颁布的《国家中长期教育改革和发展规划纲要（2010—2020年）》中明确指出，要加强教师职业理想和职业道德建设，增强广大教师教书育人的责任感和使命感。要坚持德育为先，把社会主义核心价值体系融入国民教育全过程，引导学生形成正确的世界观、人生观、价值观；加强理想信念教育和道德教育，坚定学生对中国共产党领导、社会主义制度的信念和信心；加强以爱国主义为核心的民族精神和以改革创新为核心的时代精神教育；加强社会主义荣辱观教育，培养学生团结互助、诚实守信、遵纪守法、艰苦奋斗的良好品质；加强公民意识教育，树立社会主义民主法治、自由平等、公平正义理念，培养社会主义合格公民。近些年，由"思政课程"向"课程思政"的变化，体现了对提高教师德育能力的要求，使专业课教师和研究生导师都加入大学生（包括研究生）的思想政治教育工作中。从这个角度去理解，导师指导本身就是融入德育的过程，导师意识到职责中的这部分内容有助于增强德育工作的针对性和实效性。

其次，作为科研人员的高校教师的师德还体现出特殊性，师德与学术道德密切联系在一起，即包含遵守学术道德、维护科研诚信的要求。2002 年颁布的《关于加强学术道德建设的若干意见》，针对学术风气不正、学术道德失范现象，提出学术道德的基本要求：增强献身科教、服务社会的历史使命感和社会责任感，坚持实事求是的科学精神和严谨的治学态度，树立法制观念，保护知识产权、尊重他人劳动和权益，认真履行职责，维护学术评价的客观公正，为人师表、言传身教，加强对青年学生进行学术道德教育。2004 年教育部颁布的《高等学校哲学社会科学研究学术规范》进一步对学术引文、学术成果、学术评价、学术批评做了具体的规范要求。2006 年出台的《关于树立社会主义荣辱观进一步加强学术道德建设的意见》指出学术道德是科学研究的基本伦理规范，重申学术道德要"实事求是、严谨治学""正确行使学术权力""积极开展学术批评"，并强调加强学术自律。2012 年颁布的《教育部关于进一步规范高校科研行为的意见》则侧重于科研项目的规范，包括实事求是申报项目、合理真实编制经费预算、严格按照项目合同目的和要求完成各项研究任务等。

再次，加强对教师师德的培训，以崇高师德的要求树立榜样。《国家中长期教育改革和发展规划纲要（2010—2020 年）》中对加强师德建设的要求是崇高师德层面的，要求教师"关爱学生，严谨笃学，淡泊名利，自尊自律，以人格魅力和学识魅力教育感染学生，做学生健康成长的指导者和引路人"。这一层面以教师自律为实现途径，难以进行精确衡量和惩罚，因此管理上主要通过培训而不是考核来进行。2005 年颁布的《关于进一步加强和改进师德建设的意见》指明师德建设的主要任务涵盖思想政治素质、职业理想、职业道德三方面，提出的主要举措有：强化师德教育，建立和完善师德培训制度；加强师德宣传，树立典型。2011 年颁布的《高等学校教师职业道德规范》提出要将学习师德规范纳入教师培训计划，作为新教师岗前培训和教师在职培训的重要内容；积极探索典型宣传和警示教育相结合的有效形式，如通过定期开展评选教书育人楷模和师德标兵等活动，大力宣传和表彰奖励优秀教师，激励广大教师自觉遵守师德规范，树立高校教师良好职业形象。

最后，改进和完善师德考核，要求教师达到基本的师德标准，不能违反纪律，触碰底线。光靠道德约束缺乏效力，因此，在《高等学校教师职业道德规范》中提出要将师德纳入教师考核评价体系，并作为教师绩效评价、聘任和评优奖励的首要标准，严格执行"一票否决制"；完善师德考核办法，将教育教学规范、学术研究规范、校外兼职兼薪规范等各项规范作为师德考核的基本要求，结合教学科研日常管理和教师年度考核、聘期考核全面评价师德表现；建立健全师德考核档案，对师德表现突出的予以重点培养、表彰奖励，对师德表现不佳的要及时劝诫、督促整改，对师德表现失范的要依法依规严肃处理。2014 年颁布的《关于建立健全高校师德建设长效机制的意见》提出建立教育、宣传、考核、监督与奖惩相结合的高校师德建设工作机制。该意见较为详细地介绍了师德监督办法，如高校要建立师德状况调研、评议和师德舆情快速反应制度；构建高校、教师、学生、家长和社会多方参与的师德监督体系；建立师德投诉举报平台等。此外，还建议要健全教师主体权益保障机制，如完善教师参与治校治学机制、构建完整的职业发展体系等，以此激励教师加强师德建设的自觉性，将师德规范转化为稳定的内在信念和行为品质。2018年，教育部印发的《新时代高校教师职业行为十项准则》将师德要求具体化，通过建立负面清单明确师德底线来规范教师职业行为。同年11月，教育部颁布《关于高校教师师德失范行为处理的指导意见》。2019年，教育部颁布的《关于加强和改进新时代师德师风建设的意见》，重申把师德师风建设要求贯穿教师管理全过程：严格招聘引进、考核评价、师德督导和违规惩处。2020年，《研究生导师指导行为准则》专门针对研究生导师提出了全过程覆盖的行为准则，对象的针对性和规则的具体化程度不断加深。

第三节　新闻媒体报道中的高校师德事件

一、相关事件梳理

在研究生教育领域，师生关系引起的矛盾冲突走入公众视野主要不是通过研究，而是通过新闻媒体的报道。虽然媒体报道可能在数量上仅是冰山一角，在内容上也未必能客观严谨地还原事件始末，但是，反观这些事件对我们分析师德问题的类型和解决途径还是有所帮助的。本节对近十年新闻媒体报道中的师德事件进行梳理和总结，仅选取部分权威媒体的报道（见表3-2）。另外，需要说明的是，一些事件本身并非直接与研究生指导相关，如导师自身的学术不端，但因其博士生导师的身份，此种行为必然影响到对研究生的指导，因此，也被纳入关注的事件范围之内。一些事件涉及的对象不一定是博士研究生，也包括硕士研究生，因其在师生指导关系上存在一些共性，所以没有严格区分博士或硕士研究生。

表 3-2 2010 年以来新闻媒体报道中的高校师德事件

时间	事件概要	特点	处理结果
2010 年	Q 大学教授博士论文（成名作）涉嫌抄袭	学术不端行为，"偷意"不注释	抄袭还是引文不规范存在争议
2012 年	P 大学教授著作涉嫌抄袭	学术不端行为，引用错误，变相抄袭	作者认为非学术性科普读物不必严格遵守学术规范
2014 年	X 大学教授威胁利诱女研究生与其发生性关系	师生关系前提下利用权力性骚扰、发生不当性关系	开除党籍，撤销教师资格，取消导师资格，从教学科研岗位调离
2015 年	Z 大学研究生自杀，留遗书控诉导师故意为难、要求其延期毕业	言语过分苛责、不公正对待学生	处理结果未知。该导师已不再担任学院领导职务
2016 年	N 大学研究生因导师言语侮辱、不让其毕业而自杀，其他研究生亦曝光该导师的压榨行为	对学生人格侮辱，收取学生实习劳酬，将学生交付的版面费报销后据为己有	撤销专业技术职务，取消导师资格，撤销教师资格
2016 年	D 大学研究生在导师为实际控制人的工厂做试验时因爆炸身亡	研究生沦为"廉价劳动力"帮导师干私活，导师将精力过多投入办企业而非培养学生	因危险物品肇事罪被判处有期徒刑 2 年、缓刑 3 年
2017 年	A 大学研究生因"学术无果、出国无望"轻生，生前常被导师要求处理私人琐事	导师滥用权力，交往越界，指使学生处理私人事务，不关心学生学业	取消研究生招生资格
2017 年	D 大学副教授逾越意识形态管理红线，长期在网络上发表错误言论	违反政治纪律，发布不当言论，与主流价值观不一致	解除聘用关系

时间	事件概要	特点	处理结果
2018 年	W 大学研究生因导师精神压迫自杀，导师存在与学生认义父子关系等精神控制行为	导师滥用权力，交往越界，指使学生处理私人事务，干预学生升学就业	停止研究生招生资格。经法院调解，导师向家属支付抚慰金
2018 年	B 大学教授被举报性骚扰多位女研究生	师生关系前提下利用权力实施性骚扰	撤销行政领导职务，取消研究生导师资格，取消教师资格，撤销"长江学者"称号，解除"长江学者"特聘教授聘任合同
2018 年	S 大学教授被举报性骚扰多位女学生及教师	利用权力实施性骚扰	取消研究生导师资格，停止任教资格，撤销"长江学者"青年学者称号，终止"长江学者"工作合同
2018 年	D 大学教授被举报性侵女研究生	师生关系前提下利用权力实施性骚扰	留党察看，免去行政领导职务，停止招收研究生
2018 年	J 大学教授百余篇过往论文被撤，涉嫌学术不端，教学中存在失职和不当言行	为追求学术荣誉表现出极端功利主义行为，不尊重教学，对学生毫无责任心	行政记过，党内严重警告，取消研究生导师资格，撤销教师资格，调离教学科研岗，撤销"长江学者"青年学者等人才称号
2018 年	T 大学研究生因发表论文受挫，毕业及直博受阻，不堪压力而自杀	导师过分压榨学生，不关心学生身心健康	处理结果未知
2019 年	H 大学研究生因在导师公司打杂影响学业，实验室老师刁难，导致延毕、就业不顺而自杀	导师要求学生在其公司打工，疏于学业指导	导师停止研究生招生资格两年，对团队负责人进行批评教育

续表

时间	事件概要	特点	处理结果
2019 年	N 大学研究生因导师长期谩骂及压榨，被迫延毕，在实验室点燃试剂自杀	导师对学生人格侮辱，要求学生在其公司打工，频繁以罚款进行惩罚	撤销专业技术职务，取消导师资格，撤销教师资格，解聘
2019 年	C 大学副教授被举报性骚扰女研究生	利用权力实施性骚扰	撤销专业技术职务，取消导师资格，撤销教师资格，解聘

资料来源：作者根据各大网站新闻整理。

二、师德事件中涉及的师生关系特征

综合以上新闻媒体报道中的师德事件，可以概括出师生关系冲突的一些类型和特征。

第一类涉及导师自身的学术规范行为，在科研方面体现为是否有引注不规范、抄袭、剽窃、数据作假等学术不端行为，是否有不遵守合作协定、违反学术伦理等不道德行为。遵守科研诚信和学术道德是教师的专业素养。这些学术规范行为虽然并不直接与学生相关，但可能通过言传身教对其指导的研究生产生重要影响。例如，导师的急功近利行为，不尊重他人知识产权的行为，都会对博士生的科研价值观和态度产生影响，或者使学生也成为急功近利的利己主义者，或者使学生对学术产生极度负面的看法，甚至丧失对科研工作的兴趣。

第二类涉及导师自身的教学规范行为，在教学方面体现为课堂上的言行是否得当，是否存在违反政治纪律、发布不当言论的行为。遵守教学规范是教师的职业素养。"学术研究无边界、课堂教学有纪律"，课堂言论是否符合主流价值观似乎是比学术不端更加难以准确判断的，但是教师必须具有言论边界意识。教师作为知识传播者的身份使其在作为私人说话或行动时，公众会不自觉地根据教师的话语来评判教师职业和所属机构，因此，教师应有责任心，以避免自己在课堂、讲座，甚至网络等公开场合的不当言行对自己的学院或大学产生不良影响。

第三类涉及导师在研究生指导中的不当行为，如言语过分苛责、人格侮辱、故意刁难、不公正对待学生、在经济上剥削学生等。这一类冲突在新闻事件中

是最普遍的，因为它直接涉及学业指导。导师在研究生指导中的不当行为与导师的人格特征有很大关系，负向人格特征例如总是批评、过分苛责特别容易导致学生的不满、抗拒，甚至产生心理健康问题。指导中的不当行为与导师对利益的过度索取也有很大关系，如压榨学生的劳酬、向学生索取财物，甚至以罚款作为对学生的惩罚方式。此外，导师处理人际关系不当也会造成冲突，如不公正对待学生（常体现在论文排名上）、无正当理由地迫使学生延期毕业等。

　　第四类涉及导师在学术之外的事务中与研究生的关系处理。由于这一类型涉及私人关系，相对来讲难以有明确的界限，对于什么是"合适"的行为、什么是"越界"双方理解不同，冲突最为多发。主要体现为：导师对学生实施性骚扰或与学生发生不正当关系；安排学生承担属于自己私人领域或者家庭生活的一些事务；安排学生到与自己利益相关联的单位，从事与学业无关的劳动等。性骚扰和不正当关系容易被解释为"你情我愿的恋爱关系"，但是导师与有利益关系的在校学生谈恋爱含有难以明确衡量的利益交换或威胁利诱因素，无论是否情愿都属于不当行为。安排学生承担属于自己私人领域或者家庭生活的一些事务，如帮自己接送或照看孩子、超市购物，甚至洗衣煮饭，这在一些导师看来属于熟人之间的帮忙，虽然不是学术性质，偶尔为之也不算过分，但事实上一旦师生关系介入了私生活领域，就容易引起质变，当"偶尔"变成"经常"，就意味着一种"非利益关系"的平衡被打破。而导师安排学生到与自己利益相关联的单位，从事与学业无关的劳动，帮自己干私活，容易被冠以"产学研结合""实践锻炼"的名义，相比起前两者更难划界。这种指导关系中体现着一种赤裸裸的工具主义思维，是把学生当成廉价劳动力而不是"人"来培养，导师将精力过多投入办企业也会疏于指导学生学业。

第四节　导师队伍建设

一、导师管理制度

（一）导师责任制

　　一些研究探讨了导师的职责与权利，以及约束和监督导师权利履行的管理制度。研究生导师与研究生的师生关系通常被称为导学关系，这种关系既有公共性又有私人性。一般认为，导师在导学关系中是强势方，但导师对研究生而言的权威性不仅是通过其学识以及导师在研究生心目中的人格魅力实现的，而且是通过管理制度赋予的权利，如招生自主权、推荐建议权、学术评价权等。一些功利现象的出现容易导致导师对权利的滥用，而一味强调研究生自主性又会使研究生权利保护走上极端，演化成研究生要挟导师、导师迁就学生的荒诞局面，削弱导师正常履行职责而应当享有的权利。因此，虽然导学关系具有明显个性化的特征，但仍需要有其他的个人或组织参与提供支持或监督，探讨导师管理制度的完善也相当重要。郭丽君等（2015）认为，研究生导师制度的本质是在学科规训制度下生产学术新人的学术制度，应当尊重导师的自主性，尊重学术工作的规律，尊重学术活动的自发秩序。在研究生的学业指导上，联合指导的导师组制、中期考核委员会制度、跨学科学位评定委员会制度、师德师风建设委员会等都是值得尝试和研究的。制度保障能够借助集体的力量协助导师审查研究生的学业进度、监督导师的职责履行情况、当导学关系出现问题时保障导师或研究生的权益。在对导师的管理过程中充分尊重导师的合法权益是高等教育管理走向法制现代化的重要标志，一味强调导师的岗位职责而忽视导师的岗位权利也是权责不对等。由于对导师岗位职责和岗位权利概念界定模糊，没有形成导师行为规范的清晰边界，现有评价制度中对导师责权的设置过于笼统和宽泛。因此，有必要进一步探讨导师的岗位管理制度变革。

（二）导师评价考核制度

一些研究探讨了导师评价考核制度，包括导师队伍的遴选和退出制度。顾丽娜等（2018）认为，研究生导师遴选存在严进宽出的问题，遴选标准长期与职称、科研项目经费和成果挂钩，提高了导师的量化准入门槛，但同时只要没有出现重大过错，导师就能保证自己的导师资格。因而其建议导师遴选应回归学术自治、导师选拔竞争上岗、打破导师资格僵化标准。事实上，近年来，许多高校已经改革了博士生导师的遴选和退出制度，建立博士生导师岗位动态管理机制，以打破研究生导师终身制的身份窘境，每年进行资格审核以确认招生资格，从身份管理变为岗位管理。这种改革的目标在于筛选合格的研究生导师，形成有序竞争的机制和可进可出的格局。田贤鹏（2016）认为，导师岗位动态管理机制的关键在于制度变革、过程控制和方式选择，应建立能进能出的过程控制机制、促进资源合理流动，将刚性制度与柔性管理有机结合，优化导师管理方式。刘成竹等（2017）的研究体现出相同的研究生导师队伍建设的理念，即尊重学术权力，实施流程再造；创新导师遴选机制，引入竞争机制，实施动态管理；遵循学科发展规律，实施分类管理。也有不少的研究运用比较的视角，如申超等（2019）考察了墨尔本大学的案例，其在遴选机制上严守入口；在培育机制上重视过程，提供导师职前培训和职后发展项目，明确导师在培养各阶段需要关注的职责要点和可利用的资源；在退出机制上恪守程序正义。王轶玮（2018）从资格与任命、责任与角色、指导过程、质量保障和权益维护五个方面对牛津大学导师制度的特征进行了分析。姚林等（2018）对澳大利亚研究生导师专业发展项目进行研究，为研究生导师专业化建设提供经验。

（三）导师专业成长机制

一些研究探讨了导师的专业成长机制，除了自我发展规划和反思改进之外，主要是通过导师培训制度。目前，各国都在尝试一些导师培训的实践，旨在提高导师的指导能力和学生的学业成就，做得比较成功的当属澳大利亚。为了提高研究生培养质量和完成率，澳大利亚政府改革了资源分配方式，将原先按照注册人数分配研究经费改为按照博士培养计划的 4 年内完成率，并要求大学提交《研究与研究训练管理报告》，督促大学实施研究培训计划。皮尔森和布鲁（Pearson & Brew，2002）认为提升导师的管理和领导能力十分重要，应针对导师的角色和职责选择培训项目内容。基莉（Kiley，2011）分析了澳洲八校联盟的研究指导政策及澳大利亚大学质量署（Australian University Quality Agency，AUQA）的报告，发现澳洲八校都有针对导师指导的政策文件以及多样化的导师培训项目，如在线培训课程、工作坊、研讨会等，培训内容包括指导过程和师生关系、阐明师生期待、阐明导师的角色及责任以及院系的相关指导政策等。但这些导师培训方式也有一些不足。如约翰斯顿（1995）指出，传统方法可能理论脱离实际，且不能同时使导师和学生参与其中，因此，他认为工作坊不是一个长期的专业发展策略，而建议尝试采取行动研究，这样才有利于发现权力关系，更深入地理解研究生指导的本质，能够真正改变，并进行经验分享。克莱格（1997）也认为，反思实践是一种能够终生促进专业发展的方法，要求导师在经过培训后还要进行半年到一年的实践，然后由相关人员评估导师的反思日记，最后再组织工作坊总结导师的专业发展成效。麦考马克和潘飞龙（Mc-Cormack & Pamphilon，2004）则介绍了一种小组工作的故事对话方法，该方法的核心是采用案例分析，让小组成员（导师和学生）通过反思参与到结构式对话中，从而促进导师的指导技能发展。这些导师培训的内容和方式对我们是有所启发的。

就导师培训的效果而言，大部分研究发现，参与者都对培训项目持积极态度，认为培训项目提高了自身的指导水平。如澳大利亚博士生研究经验问卷（PREQ）的结果显示，学生对导师指导的满意度相比以前提升了；八校联盟官网数据显示，研究生的学位完成时间明显缩短，完成率显著提升。对于外部质量监管部门来说，指导过程的完整记录都保存在档案里，是证明指导过程的有力证据，使指导过程变得透明；对于高校来说，培训项目促进了导师间交流平台和框架文件的形成，而框架文件的形成可以为指导实践提供行动指南。福瑟伊和哈拉（Fossey & Haara，2016）发现培训课程使大家形成了共同愿景，但被访者也认为指导框架应该是不断发展和完善的，应根据实际需求和自身的指导实践做出灵活调整。当然，新的导师培训方法一开始可能效果不尽如人意。约翰斯顿（Johnston，1995）指出，影响项目效果的最大因素就是导师和学生不愿意花时间，因为行动研究比传统的讲座、工作坊培养需要花费多得多的后续跟踪改进的时间，导师的参与时间不能保证且不愿意讨论自己的指导实践，且学生并未意识到他们能够在改变指导实践中扮演重要角色从而也不愿意参与。克莱格（Clegg，1997）也指出，从参与者的反思日志可以看出，一些导师不喜欢这种方式，认为很难记录自己的内心感受，对于花时间记日记，和同事探讨指导实践中的问题以及策划解决方案感到很焦虑，或认为这种反思方法更适合社会科学专业。

目前，我国也有很多高校实施了导师培训项目，多数学校是在"十二五"期间开始建立导师培训制度的。王建梁等（2012）以教育部批准设置研究生院的 56 所高校为样本对我国研究生导师培训制度进行研究，结果显示对研究生导师进行过培训的有 36 所高校，占 64%。培训的主要形式是专家讲座和分组讨论，内容多是为了了解研究生院业务工作流程，学习国家和学校对研究生培养的一些要求和导师的责任义务，分享优秀导师的经验等，关于导师德育作用的发挥、学生心理辅导等方面的内容则很少涉及。金薇吟（2015）介绍了苏州大学导师学院的培训实践，展示其如何以明确的管理流程促进导师培训工作的科学化、制度化，并论析了导师学院培训体制创新下多元、开放、流动的互补机制群。大多数高校仍然注重导师遴选而忽略导师培训，或是导师培训过于简单化、形式化，或是存在培训制度缺失、考核缺失、时间过短、内容片面、方式单一等问题，没有起到实质性作用。总体来说，我国高校目前的研究生导师培训仍有较大的上升空间，应变革培训内容、创新培训方式、明确考核指标，使导师培训规范化、制度化、品牌化。

二、导师培训的实践

我们整理了2010年以来"双一流"A类高校除国防科技大学之外的35所高校在导师培训方面的工作，以了解我国研究型大学导师培训开展的现状。资料来源是从各校官网上获取的相关新闻，但因各校信息更新的原因，可能有部分遗漏。因为内容繁多不做列表说明，仅在分析特点时列举典型学校的案例。我国研究型大学导师培训实践工作的特点如下。

第一，早期的导师培训工作比较零散，频率很低，通常一年举办一次，内容也不成体系，甚至没有明确的指向。2014年之前（含2014年）即开始开展全校性导师培训工作的高校包括中国海洋大学、华东师范大学、哈尔滨工业大学、吉林大学、北京师范大学、中国科技大学、大连理工大学、南开大学、中国人民大学、北京理工大学、兰州大学等，以经验交流会为主要形式、以新增研究生导师为培训对象。此外，有一些高校的院系比学校层面更早就自发开展了院系层面的导师交流与培训活动，如电子科技大学自动化工程学院、医学院，中南大学理学院，武汉大学临床学院等。一些高校院系层面开展导师培训的积极性比学校更高、活动更频繁，如中国农业大学、山东大学、华中科技大学、电子科技大学等。

第二，2015年之后，各校才普遍开展了全校性的导师培训工作，尤其是2016年之后，导师培训的组织工作日益系统化，培训形式也逐渐多样化，从研究生院主办向联合教师发展中心、心理健康中心、党委教师工作部等机构一起开展，更多的学院也积极举办院系层面的导师经验交流会。更重要的是，导师培训在内容上的涉及面越来越广，除了传统的相关政策宣讲、优秀导师经验分享，也越来越强调导师的思政教育职责、师德师风教育，此外，还关注研究生心理健康、学术规范、导师指导能力、教学技能提升、课程思政类课程开发等。例如，厦门大学研究生院的导师培训设计是模块化的系列讲座，内容涵盖以上各板块，具有相当的系统性。

第三，一些学校作为先行者探索了"导师学校"等路径。例如，浙江大学早在2007年11月就成立了"求是导师学校"，旨在为研究生导师提供互动平台。这种形式突破了导师培训"只受训、不交流"的误区，除讲座之外还开展形式灵活的研讨，面向的对象不仅是本校导师，甚至还为全省高校研究生导师提供共享经验、相互学习的机会。"求是导师学校"的导师培训覆盖面广，通过持续性、有计划的安排，使全体导师参与而非仅针对新任导师，使新老导师之间、不同学科导师之间、导师与管理干部之间、导师与研究生之间都产生交流，创造相互了解和沟通的机会，这种理念可谓超前。此外，清华大学为了应对准聘制改革后博士生导师数量迅速增加且相对缺乏指导经验的状况，从 2016 年左右开始推进研究生导师的多环节培训，形成了颇有特色的大会学习、小班研修、在线自测、分组交流相结合的体系，将导师培训和人事管理制度改革的需要结合起来。

第四，目前我国研究型大学的导师培训仍存在一些不足之处。首先，培训内容的设计还没有形成完整的体系，这其实和培训所需的专家资源库还没有建立起来也有关系，单个高校找齐所有专家是困难的，但跨校邀请的成本却比较高。其次，个别学校的校级行政管理部门如研究生院没有负担起主要的组织责任，而由各学院自行开展导师培训，从而使得导师培训的覆盖面不广且不均衡，缺乏激励制度来保障导师的参与度，总体效果难以评量。再次，导师培训的形式比较单一，以讲座为主，座谈和沙龙等较少，交流互动不足，还没能像教师专业发展的培训工作一样做到形式的多样化。最后，由于缺乏针对性的反馈，还没有专业力量对导师指导风格与能力做个性化分析，加之如果导师个人缺乏反思的习惯和能力，导师培训的效果恐难以持久。整体来看，建立一个国家、省级、学校三级培训体系是未来的趋势，导师培训朝向全覆盖、系统化、针对性的方向发展是大势所趋。

第四章

教师专业伦理与导师专业伦理

第一节　重新理解"师德"的内涵

一、辨析"道德"与"伦理"

在不同的语言和语境下，关于"道德"和"伦理"的阐释既有联系又存在区别。在汉语中，"伦""理"二字在先秦著作中已分别出现。由汉代许慎撰写、清代段玉裁作注的《说文解字注》（1988）中说："伦，辈也。"段玉裁将"辈"解释为同类之次。引申到人类社会指"人伦"，即人的辈分，人与人之间有秩序的社会关系。《说文解字注》中又说："理，治玉也。"意思是对璞玉进行加工，表示"纹理""条理"，进而引申为"规则""规律"。合起来的"伦理"一词最早见于《礼记·乐记》："凡音者，生于人心者也；乐者，通伦理者也"。"伦理"实际上建立在"礼"这一宗法等级制的人际关系及其秩序之上。可见，伦理是关系性的概念，强调社会性、外部性、规范性。关于"道"，《道德经》中说："有物混成，先天地生，可以为天下母。吾不知其名，强字之曰'道'。"朱熹在《四书章句集注》中说："道，则人伦日用之间所当行者是也。……德，则行道而有得于心者也。""道"体现于人伦之间，"德"首先要遵守伦理所规定的规范要求，但真正的有"德"更在于正心、修身、内化成心中的德性。由此，道德主要是个体对自我的要求与规范，强调个体性、内在化。

在西方语言发展历程中，希腊语和拉丁语不存在"伦理"与"道德"的严格区分，希腊语用"ēthos"，形容词形式是"ēthikē"，后来拉丁语用"mos"翻译了该词，形容词形式为moralis。在《尼各马克伦理学》中，古希腊哲学家亚里士多德解释"ēthos"的含义是社会共同体共同的生活习惯和习俗在个体成员身上所形成的品质、品性，与现代英语中"morality"的意思更为相近。在哈里斯·拉克姆（Harris Rackham）英译的《尼各马克伦理学》中其就将"ēthikē"翻译成"moral"，更偏重个体品格。而来自拉丁语的"mos"更多具有社会期待这层含义，与现代英语中"ethics"的意思接近。在德语世界里，黑格尔则严格区别了"道德"和"伦理"，认为"道德"确立了人的主体性即具有了对自由的自我意识，但这时人的主体性自由还不是现实的，必须以伦理的东西作为承担者和基础，"伦理"是主观与客观的统一，"伦理实体"体现为三种形态即家庭、市民社会和国家，要而言之，"伦理"规定了道德，而自由意志的"道德反思精神"又可以通过变革实践的批判与继承，建构起新的伦理关系和新的道德（朱贻庭，2018）。

在我国《教师法》和《中华人民共和国教师资格条例》的表述中，"思想品德修养""思想政治觉悟""品行"等都是个人道德。在我国的文化环境里，要求为师之人将社会道德规范的价值观念转化为内在信念，更多是从"道德"的层面来理解教师职责和从"修身"的角度来规范教师行为，从而形成明确的"师德"概念。在英文中很难找出一个词与中文"师德"的概念完全对应，美国文化更倾向于从"伦理"（ethics）的层面看待和要求教师。比如，具有影响力的美国教育协会制定的《教育专业伦理规范》（*Code of Ethics of the Education Profession*），美国大学教授协会制定的《专业伦理声明》（*Statement on Professional Ethics*），以及美国各高校撰写的《教师手册》等文件中常出现的也是"ethics"一词。

通过上述简要分析可以发现，"伦理"侧重外部社会的规范要求，"道德"则注重人内在的德性和意志。对两者的不同选择，在一定程度上影响了人们对教师角色的期待和规范。

二、中国"师德"的文化传统

中国文化中存在着"经师"和"人师"之别，学有专长，专于一技，只是纯粹的教书匠，经师而已，而德才兼备尤其人格形象足以为人楷模者才是人师（檀传宝，2001）。韩愈在《师说》中说："彼童子之师，授之书而习其句读者，非吾所谓传其道解其惑者也。"显然，"传道"才是教师重中之重的任务。传何道呢？如《学记》里说："建国君民，教学为先"，意味着教师承担着按照社会核心价值对学生进行道德教化的责任。在中国的文化传统中，对教师的认识还不止于传递社会价值这一层面，人们对教师抱有更高的期望，即教师自身须遵守最高层次的道德要求，并通过修身使之内化为个人德性。换言之，教师必须培养内在的美德，而不仅仅是合乎道德地行动而已。

然而，由于中国社会在公民伦理（包括职业道德）方面发育较缓慢、意识较薄弱，中国的道德教育及教师道德又是具有"私德"传统的。公众的关注很容易被教师身份带偏而对"私德"过分关注，从而把教师形象刻板化，例如"甘于清贫"、不能贪图享乐，"燃烧自己"、不能追求回报，这在一定程度上影响了我国教师职业道德的建立和发展。教师应该如何有针对性地履行教师职责反而被忽视了，教师从更泛化的层面被赋予塑造人、塑造生命、塑造灵魂的重任，成为"人类灵魂的工程师"。因此，传统教师道德隐藏着"道德家""道德圣者"的隐喻（刘云杉，2006）。而师德与师道又是一脉相承的，体现出共同的价值诉求。我国从事教师教育的师范大学之校训通常都是"学高为师、身正为范"，或"学为人师、行为世范"，可见我们培养教师的标准是具有渊博的学识、高尚的道德情操和卓越的人格魅力。

我国的教师角色更多地表现出"道德"的特征。如前文所述，"道德"最突出的特点是强调内在稳定的德性。这使得教师道德的法则依赖于作为道德主体之教师的"自我立法"，因而教师道德的有效实施更多地依赖教师的自我监督，"良心"成为教师道德内在的评判者和监督者，这需要具备高度的自律精神。"道德"的特点之二是其代表着一种精神和价值，追求美德凸显出个体的卓越品性和高尚理想，产生的影响是社会期待教师具备较高的道德素养，从而使师德要求崇高化、普遍化了。中国传统文化中所形成的教师对崇高美德的追求及自律精神，值得我们继续传承下去，但同时也要回归现实，认识到在错综复杂的利益关系面前，自律无法代替他律和制度制约。师德的培育不是理想的，而是渐进的，要使师德落到实处需要兼顾崇高道德和底线要求，同时在崇高师德和底线师德之间，必须制定出具体可依的师德规范。底线的要求往往是法律，法律规定了最低道德要求，一位大学教师只做到遵纪守法，他完全可能没有履行一个好老师的责任。在从底线师德前往崇高师德的漫漫征程中，履行责任就变得无比重要。

通过上述对我国师德传统的梳理可以发现，"师德"侧重教师内在的德性养成，提倡追求崇高道德（"至善"）。对底线师德和崇高师德之中间地带的忽视，在一定程度上影响了教师学术责任观的形成。

三、转向教师专业伦理道德

近年来，一些研究者力图突破传统"师德"概念，从"专业道德""伦理""学术责任"等角度对"师德"内涵进行重新阐发。例如，檀传宝（2020）主张应充分考虑教师工作和专业发展的特征，从一般性的行业道德转向专业道德，并从三大时间之维进行了具体阐述：一维是教师伦理赖以建构的时代背景，不同时代特征下教师伦理应随之调整；二维是教师生涯阶段对于教师伦理建构的影响，处于不同生涯阶段的教师对同一教师伦理的需求、理解、遵守有其不同的特性；三维是教师工作学段的特殊性对于教师伦理的规定性，同一教师伦理核心价值在不同学段（幼儿园、中小学、大学）的具体规范、实践在目标、内容、方式上也有巨大差异。转向专业道德需要先了解高校教师伦理包括哪些方面的内容，有何特殊性，才能制定出清晰明确的、符合高校教师工作实际的行为规范，不过度泛化，不抽象空洞。以下从近年新闻报道中几个颇具影响的案例来探讨，为何师德停留在崇高师德和底线师德的层面是不够的。

案例一：2018年10月，《中国青年报》报道了南京大学社会学教授梁某的百余篇论文被主要学术期刊数据库中删除，指其涉嫌学术不端。[①] 南京大学经调查后给予梁某行政记过处分、党内严重警告处分、取消研究生指导教师资格等7项处分，教育部也撤销了其"青年长江学者"称号。虽然事件因学术不端而起，但随后的调查表明，梁某的问题不仅是抄袭，还有例如被学生投诉的教学态度极不端正，以及违背研究伦理等。[②] 从底线师德来讲，其行为只是明显地违反了学术规范，教学中存在的失职和不当言行却容易被掩饰。在高校的教学规范中，能够被明确认定为教学事故的往往是缺席或迟到早退、发表损害国家利益和社会主义核心价值观的言论，那些上课念PPT、以"翻转课题"之名让学生报告而自己不授课、威逼利诱学生在课程评估中打高分等行为却很难被定性。而高校对研究伦理的规范更是缺乏（尤其是人文社会学科），为了得到好的研究数据资料而不尊重甚至伤害研究对象的行为更是无从依靠外在力量去约束，琢磨期刊发文的倾向而进行具有投机性质的模块化产出更成为一种"潜规则"。可见，为了追求最大化的功利目标，教师仅以"不踩雷"为标准避免被规则处罚，那么他不能好好履行学术责任的空间仍是巨大的。

---

① 青年长江学者与她的"404"论文［N］. 中国青年报，2018-10-24（10）.
② 这位名教授的问题不仅仅是抄袭［N］. 中国青年报，2018-10-26（1）.

案例二：2020 年 11 月，天津大学化工学院原硕士研究生以一份长达 123 页的材料实名举报其原导师张某某学术造假。举报者描述，张教授多次利用学生的研究成果为自己的女儿署名，对于学生的论文几乎无指导，甚至有意指使学生数据造假，自身论文亦存在造假和一稿多投等现象，而实验室的学生为了顺利毕业都选择沉默。① 经调查组查证，天津大学认定张某某学术不端行为属实，已解除与他的聘用合同。在这个例子中，我们看到理工科的论文署名是冲突高发地带，且理工科科研需要在实验室中投入大量精力，容易形成"老板—雇员"型师生关系。由于科研涉及的大量研究数据、大额研究经费、成果发表应用等会引发利益冲突，这些潜在因素使道德自觉在足够大的利益面前消散。总有一些教师无法抵御诱惑，而利益相关者的沉默或隐忍实际上助长了学术不端者的投机行为。也就是说，当存在巨大利益和规则无法严格约束的灰色地带，我们是无法期望教师能够仅凭对学术之崇高理想的追求和贡献社会的使命感来履行学术责任的，在崇高师德之外还需要更加具体的科研行为规范（包括指导行为规范）约束。

案例三：2016 年 5 月，华东理工大学的副教授张某某违规购买贮存易爆品，让研究生李某到他的公司进行高危险性实验，但未在旁进行指导，最终发生爆炸导致李某等 3 人当场死亡。据其他学生反映，张某某平时将大量精力投入企业运作中，基本不在学校，严重忽视了教学和指导学生的责任，并且安排研究生到他的企业实习，帮其做项目。② 虽然张某某最终以危险物品肇事罪被判处有期徒刑 2 年、缓刑 3 年③，但这是在严重的事故发生后才从法律底线做出的处罚，学校对其存在的严重忽视教学和指导学生责任的问题没有惩罚措施。该校2007 年即制定了《关于教师校外兼职活动的暂行规定》，不允许教师在校外企业进行实质性兼职，个人也不能作为法人开办公司，但为什么学校对已明令禁止的行为不知情，制定的政策不能得到有效执行？《新时代高校教师职业行为十项准则》中的规定"不得违反教学纪律，敷衍教学，或擅自从事影响教育教学本职工作的兼职兼薪行为"仍较笼统，对教师校外兼职活动的界定和违规如何处罚没有详细的说明，高校也没有对教师兼职活动进行分类管理，学生卷入其中的权益保障细则在文本中更没能得到体现。模糊的规定是没有规范效力的。

---

① 原研究生实名举报教授学术造假，天津大学：属实！解聘！［N］. 环球时报，2020-11-20.

② 研二学生命丧导师工厂凸显安全漏洞［N］. 新京报，2016-05-31.

③ 硕士生做实验引发爆炸致 3 死 导师违规被判刑 2 年［N］. 检察日报，2017-01-16.

案例四：2018 年 3 月，武汉理工大学研究生陶某某在学校跳楼，聊天记录显示，其导师王某曾多次让陶某某送饭、做家务等与科研教学无关的事，并干预其出国读博、找工作等，王某还要求陶某某叫他"爸爸"。① 学校调查后认为王某存在认义父子关系等精神控制行为，停止了王某的研究生招生资格，最终在法院调解下双方和解，导师道歉并赔偿。②《新时代高校教师职业行为十项准则》中关于"不得要求学生从事与教学、科研、社会服务无关的事宜"的规范还比较笼统，尤其在涉及亲密关系的研究生指导中，导师是否滥用权力、交往越界，标准很难界定，程度很难把握。什么是"指使学生处理私人事务"，教师让学生帮忙做事情（如送饭）绝对不可以吗？到什么程度是越界？学生到导师家中到底是继承"入室弟子"爱生如子的传统，还是一种不当的交往行为？关心学生升学就业当然是导师的职责，但到底是出于私心的干预，还是为了学生发展的建议？可见，仅以道德去约束教师行为显然是不够的，必须以专业伦理来明确学术责任，并规范责任的履行方式，完善相应的指控、调查、申诉机制和规范的处理流程。

案例五：2018 年 1 月，毕业多年的博士罗某某举报北京航空航天大学教授陈某某性骚扰多名女生，学校调查后做出撤销行政职务、取消研究生导师资格、撤销教师职务并取消教师资格的处罚决定。③ 与性骚扰相关的案例还有很多，性骚扰也是教师行为越界的表现。性骚扰相对前述交往行为更为隐蔽和复杂，一些严重到触犯刑法，一些则是语言性骚扰和没能留下证据的肢体骚扰，人们容易产生疑问，这些也算性骚扰吗？到底什么程度的处罚是恰当的？由于中国文化倾向对性回避，许多问题甚至可能不被意识到或隐藏而掩埋在冰山之下。

综上所述，高校中的师生关系比较强调个性化（因材施教），尤其导师与研究生的关系更具有私人化（有一对一的空间）的特点，导师在一些方面拥有的权力较大而未受到制度制约，在一定程度上滋生了导师剥削、性骚扰学生的土壤。而学生也基于自身利益考虑，为达到获得资源、顺利毕业或寻得工作等目的，存在与导师交往越界的现象。在这种情况下，亟须采用伦理规制，建立起完备的制度体系。因为伦理是一种制度性和社会性的保护机制，以保证道德得以持续存在的

---

① 武汉研究生坠楼前：硕导被指长期压榨强迫其叫爸爸 [EB/OL]. 界面新闻，2018-04-01.

② 武汉坠楼身亡研究生家属获道歉，经调解导师支付抚慰金 65 万 [EB/OL]. 澎湃新闻，2019-03-26.

③ 北航：陈某某存在性骚扰学生行为已撤职 [N]. 新京报，2018-01-12.

社会环境（赵汀阳，2020）。道德在伦理实体中才可获得现实性的存在，我们无法直接考察教师内在的德性，教师道德需要通过教师与学校、学术共同体、学生等主体的规定性得以呈现。反过来讲，制度也是可以保障导师权利的。

第二节　导师专业伦理的内涵建构
——基于中美比较的研究①

一、美国高校教师专业伦理的内容

美国国家层面的教师专业伦理规范是《关于科研不端行为的联邦政策》，目前找不到包含"师德一票否决"提法的国家政策文本，其他的教师专业伦理规范主要出自教育专业协会。协会所规定的原则是笼统的，根据教师扮演的角色大致分为五类，即作为公民发表言论时的责任、作为教育者对学生的责任、作为研究者对科学发展的责任、作为社群成员对服务地方的责任、作为学术共同体成员对机构共治的责任。如同医生职业的"希波克拉底誓言"，美国大学教授协会的《专业伦理声明》是教师的宣誓或内心承诺，但不具有强制推行的效力，各校在处理教师不端行为上有较大程度的自由。这绝不是说美国大学教授的道德更高尚些，不需"师德一票否决"的威慑就能履行好教师责任，其整体道德状况或许更糟，但作为具有契约精神传统的法治国家，学术职业有学术自由和终身职制度的保障，当教师学术不端、品行不佳时，必须经相关程序交由学校相关委员会处理，当被指控的行为严重到产生很坏的影响，则提交专业协会咨询处理意见或由法律来裁决。

校级层面与教师专业伦理相关的规定散见于各高校的《教师手册》中，如波士顿大学的《教师手册》中有一章"Ethics and Activity"（伦理与活动），专门阐述学术自由与言论、利益与承诺冲突、研究中的不当行为、收受礼物等伦理问题。本研究选取了九所美国著名大学（波士顿大学、麻省理工学院、哥伦比亚大学、普林斯顿大学、耶鲁大学、斯坦福大学、芝加哥大学、哈佛大学、康奈尔大学）的《教师手册》作为文本分析对象，以编码的方式提炼美国高校教师专业伦理的种类和内容（见表4-1）。

---

① 徐岚，李琳. 高校教师专业伦理的内涵建构与实施——基于中美比较的研究［J］. 西北工业大学学报（社会科学版），2022（02）：55-67.

表 4-1　美国高校教师专业伦理的相关规定

教师专业伦理种类	教师专业伦理内容
教学职责	教与学的自由（但受监督）
	参与大学的数字课程建设
	创造尊重包容的课堂环境，给予客观公正的评价及反馈
	培养学生学术诚信
	复制教学材料要遵守版权法
	提供综合有效的指导（包括指导研究生）
科研职责	追求真理
	遵守学术诚信和规范
	合理使用研究经费
	合理处理研究资料
	注意研究伦理和安全问题
服务职责	履行大学内的行政工作
	提交外部专业活动情况的年度报告，妥善处理冲突
	注意公开发表的言论
其他	遵守非歧视原则
	禁止性骚扰及不正当性行为
	避免权力不对等的浪漫关系

资料来源：作者根据美国九所大学的《教师手册》整理。

（一）教学职责

美国高校教学的目标是培养人才，不仅是培养有专业能力的人，而且要求其是合格的公民。教学工作既包括课堂教学，也包括对学生的指导等其他课堂外的工作。在课堂上，哥伦比亚大学提倡教师创造尊重、包容的课堂氛围，允许学生自由地表达观点，且不会因此影响对学生进行客观公正的评价，教师要确保课程内容具有挑战性，并批判性地回应学生的思考。[①] 波士顿大学提出，伴随教与学自由的是对教师表述准确性和完整性的承诺，应意识到教学是伴随着

①　参见：Obligations and Responsibilities of Officers of Instruction and Research ［EB/OL］. http：//www. columbia. edu/cu/vpaa/handbook/obligations. html.

价值观渗透的。① 在课外，教师要安排充分且固定的与学生面谈的时间（office hours），提供综合有效的指导，并留意、关怀学生的学业和生活状况，帮助陷入困境的学生寻求专业人士的建议。另外，在课程教学中开始培养学生的学术规范意识是重要特点，教师对此职责的强调使得学生不会把作业抄袭当成一件小事去看待。美国高校亦特别注重版权意识，一些教学资料的使用也需要获得许可，并注明原作者，即使在不公开发表的课程作业中，教师也非常强调不剽窃、恰当引用等学术规范。

（二）科研职责

科研的目标是为了追求真理，对人类社会的共同福祉做出贡献。在追求真理的过程中，美国大学十分重视学术诚信的观念和行为，并将科研诚信与大学声誉紧密联系起来，因而非常强调教师要遵守学术道德规范，《教师手册》中对捏造、伪造、剽窃、故意干扰等学术不端行为进行了严格界定。学术规范还涉及以下三方面的内容：一是合理使用研究经费。要求教师申请外部资助必须获得学校部门的批准，而且不能接受预定好研究结果的资助，规定外部资助机构无权审查、否决或传播研究结果以及推迟研究结果的发布。二是合理处理研究资料。一方面，研究的数据和资料应该被准确地记录和存档，以便日后进行审查；另一方面，为了学术成果的传播和扩大，教师应遵守研究的开放性原则，不允许秘密研究，使感兴趣的人可以访问研究的基础数据、过程和最终结果。② 三是注意研究伦理和安全。当研究涉及人类受试者、动物、危险物品时，要求教师先参加培训，避免对研究对象和自然环境造成伤害。

（三）服务职责

首先包括在学术共同体中履行作为成员的义务，参与大学治理和行政工作。例如，教授在参与教授委员会的工作中发挥对聘任和晋升的决策作用。校外服务责任的履行应在确保完成校内职责的基础上，且有助于教师自身专业发展或提升大学声誉。如何妥善处理教师从事"外部专业活动"带来的冲突是美国高校尤其关注的问题，主要有两种冲突类型：一是承诺冲突，指外部活动干扰教师大学内的责任履行，如对大学的忠诚、教学任务的完成、对学生的指导等；

---

① 参见：Conflict of Commitment Policy ［EB/OL］. https：//www. bu. edu/handbook/ethics/conflict-of-commitment-policy/.

② 参见：Standford Faculty Handbook. ［EB/OL］. https：//facultyhandbook. stanford. edu/index.

二是利益冲突，指重大财务利益或其他利益直接且显著地影响教师的责任履行。因此，美国高校对教师参与外部专业活动的时间、类型进行了严格限定，教师需提交其外部利益的年度披露文件，并妥善处理利益冲突。波士顿大学规定禁止的外部专业活动包括在另一教育机构从事教学、研究或担任行政职务，需要事先批准的如外部教学和课程开发、为研究赞助商提供咨询、担任营利性公司的董事会职务等。① 九所大学都不允许教师随意将大学的标志、资源和人员、机密信息等用于外部专业活动，教师的外部专业活动受大学知识产权政策的约束。

（四）其他

遵守非歧视原则是其中最重要的，《教师手册》都有类似的表述："大学致力于建立一个以全体成员的尊严和价值为基础的校园，不允许基于种族、肤色、性/性别、宗教信仰、国籍、年龄、残障等的歧视。"性骚扰问题受到重视是20世纪70年代开始的性别平等运动的产物，因此，反对性骚扰不仅是针对道德品质，而且是基于"反性别歧视"的原则，是一种平权意识的教育。文本对性骚扰、不正当的性行为和性别歧视这三个概念所包括的具体行为进行了清晰界定。这九所学校对师生恋，即"权力不对等的浪漫关系"，都是相对禁止甚至绝对禁止的。耶鲁大学提出，"教师必须避免与他们承担或将有可能承担教学及指导职责的学生发生性关系，无论这种关系是否经过双方同意。"② 麻省理工学院认为，当一个人对另一人拥有权力时（包括教学、评价、指导，影响学生升学、就业、奖学金等），性关系或恋爱关系就有可能会引起利益冲突、滥用职权和不公平等问题，因此禁止所有教职工、学术指导者及其他员工与学校学生发生性关系或恋爱关系，无论这种关系是否自愿、时间长与短、严肃还是随意。③

二、美国教师专业伦理的特点

（一）立足于三大职责凸显专业特征

美国高校教师专业伦理，一方面体现了大学教师专业与其他职业的不同之处，落实到教学、科研和服务这三大职责的具体规定中。另一方面表现了高校

---

① 参见：Conflict of Commitment Policy [EB/OL]. https：//www. bu. edu/handbook/ethics/conflict-of-commitment-policy/.

② 参见：Yale Faculty Handbook. [EB/OL]. https：//provost. yale. edu/faculty-handbook.

③ 参见：Consensual Sexual or Romantic Relationships in the Workplace or Academic Environment [EB/OL] https：//policies. mit. edu/policies-procedures/90-relations-and-responsibilities-within-mit-community/95-consensual-sexual-or.

教师与其他学段教师伦理道德的不同，如根据高校教师科研职责的比重加大、研究工作涉及对象相对复杂的特点，制定了有关研究数据记录与公开、研究伦理和安全等问题的规范。在教学职责中，高校教师面对的学生群体特征发生了变化，从而要求教学方法也有所调整，创造包容、尊重的课堂环境，鼓励学生发表自己的创新观点，讨论有挑战性和争议性的话题，推动学生的智力探索和形成批判性思维。对研究生导师而言，指导首先是被看作教学职责而非科研，因材施教是尤为强调的重点，因为博士生就业的领域已非局限在学术职业，发展可转移技能、为非学术职业做准备已成为学校和导师新的职责。在服务职责中，基于大学共治的特点，提出教师首先要为学校服务的职责，这种职责的履行是出于"利他"的理念，每位教师通过参与大学治理而共同形塑大学文化，这种"我为人人、人人为我"的理念也是一种因外在伦理规范而树立的道德价值观。在校外服务职责中教师可能会面临更大的利益冲突，比如，当他们的研究和外部机构之间有获取研究资金或研发产品的联系时，其道德行为就更加需要规范的制约。

（二）侧重于理性的规范突出伦理维度

美国高校教师专业伦理具有较强的规范性，它的要求明确，不含糊，对涉及的对象、行为、范围、处理程序等进行了清晰的描述。例如，在"外部专业活动"的规范中，会明确到每 7 个工作日中允许有 1 个工作日用于此类活动，或者规定为不超过合同年度内专业工作量的 20%，具体列出哪些活动是被鼓励的不受限制的，哪些是禁止的、需要事先审批的。依据清晰的规范，美国高校表现出比较妥善的冲突管理能力。冲突管理很必要，"如果一个道德理论或体系提出了一系列人们应尽的责任或义务，可是不告诉人们其间若有冲突该怎么办，那么这个体系是行不通的（雅克·蒂洛等，2008）"，反而会让人陷入道德困境。另外，冲突并非都是不正当的。有人提出禁止学生进入教师的外部活动，因为有些导师让研究生参与外部专业活动不是考虑学生的培养目标，而是使自身利益最大化，从而损害了学生的权益。美国大学联合会（AAU）也曾出台指导性意见：大学教师在产学合作项目中不能使用自己的学生（林杰，2019）。这种"一刀切"的方式尽管预防了导生之间的利益冲突，但同时切断了有益事情发生的可能，毕竟参与导师外部活动也可能给研究生的实践能力和就业带来实质性的帮助。因此，美国大学并未接受 AAU 的建议完全禁止学生参与，而是增添了保障学生权益的规定，如导师需要事先获得学校相关部门的批准，并引入第三方来监督导师的行为。

（三）推崇"宁繁勿简"原则体现严谨性和全面性

《教师手册》与其说是参考手册，不如说是教师在职责履行中遇到问题时可以查找的法律或相关政策规定的工具书。这个手册也一直在修订中，当一些重大判例产生，就会产生进一步完善手册内容的需求。在手册中，教师需要将"依法"的事项列举得非常具体，如教师若需要复制外部资料用于教学，必须遵守联邦版权法的要求。同时对一些抽象核心概念（如"学术自由"）的解释也非常具体，强调自由探究氛围的塑造，应尊重和捍卫同事自由探究的权力，不因其研究发现和结论与自己不同而打压他人，越是在学术领域内有话语权的教授，越应当在专业判断上保持客观。由于大学教师作为知识权威的特殊身份，他们在公开发表观点时必须注意专业性，避免在不熟悉的专业领域发言。当他们以个人身份说话或行事时，应避免给人留下代表学院或大学说话行事的印象。因此，教师在公共场合（包括网络）发表言论时要注意表达的准确性，并尽一切努力表明言论不代表学校立场，这也是教师的职业道德所在。总之，要考虑的情况有方方面面，这使得美国高校教师专业伦理的文本篇幅都较长，详细的规范有助于切实指导教师的行为，也有利于管理者做出审慎的决策。

第三节　以专业伦理改进"立德树人"的实施

一、教师专业伦理培训制度

（一）设立专业性强的服务部门

美国高校根据教师的三大职责设立了不少专门的部门或办公室，形成横向联动协同格局，把教师专业伦理建设摆在学校工作的首位。这些部门都具有较高的专业水平，把"需求为本"作为基本原则，以支持、服务教师为导向，而不仅是一个上传下达的机构，其中最典型的就是教与学发展中心。教学发展机构中的专业人员通常都拥有博士学位，虽然大部分不是教授系列，但他们具备教育学相关的知识背景，同时开展专业的教学研究工作。因此，他们提供的支持服务深入教师需求，覆盖面广，甚至有针对准教师即研究生助教的，内容注重实用性和针对性，且形式多样，"总有一款适合您"的特征与其组织发展已经相当成熟、个人发展的需求深入人心有关。这些专业发展活动虽然从主题上看没有专门针对"师德"，但却能切实地把《教师手册》等政策文本中的伦理规范融入教师工作实践。例如，宾夕法尼亚州立大学教学发展机构的教学顾问经常会深入各教学院系和部门，进行教师需求调查，通过了解教师在教学过程中常遇到的问题和困难，及时改进和调整服务内容以吸引教师参与，非常重视工作的实质效果；并且机构成员长期专门从事教学研究、评价和培训，拥有扎实的教育理论素养和实践经验（冯晖，2016）。

（二）提供层次丰富、类型多样的教育培训

美国高校进行的与教师专业伦理相关的培训大致分为两个阶段。第一阶段是学习规范要求，告知教师学校在某方面有哪些政策规定需要遵守。培训途径有个人咨询、团体辅导，如机会平等办公室会开展以"预防校园性骚扰"为主题的培训。此外，美国高校很多部门都有完善的网络服务，教师能够在网站上便捷地获得丰富的资料，利用信息技术平台分享知识的方式正在日益取代线下培训。但更为重要的是实践有德行为和道德反思，教师有意识地审思自己的道德，质疑道德的确定性并意识到道德的复杂性，能够帮助他们提高道德水平（Joseph，2016）。所以，第二阶段培训的目的是为教师提供一个讨论伦理实践问题、进行道德反思的平台。形式有研讨班、工作坊，通过观看影片或者戏剧表演，教师以案例讨论方式参与其中，组成学习共同体分享经验，共同促进专业发展和道德水平的提升。例如，密歇根大学学习和教学研究中心有戏剧工作坊，当涉及课堂冲突主题时，演员一边表演一边引导观众（教师）讨论学生的背景如何影响他们的课程参与、什么构成课堂合适的讨论主题，以及如何有效地处理课堂中相互矛盾的观点等①，以此促进教师对教育公平的理解，发展平等、包容的教学能力。

二、教师专业伦理失范的处理制度

（一）国家层面的参与

国家的参与对于指导高校制度体系建设，以及当高校自身无法处理某些失范行为时作为外部仲裁机构都是非常重要的。例如，美国于 1992 年通过部门整合成立了科研诚信办公室（Office of Research Integrity），专门负责学术诚信教育

---

① 参见：Conflict in the Classroom [EB/OL]. https：//crlt. umich. edu/crltplayers/conflict-classroom-0.

工作，以及调查、处理学术不端行为。高校也相应设置了专门管理学术研究相关事务的部门，如哈佛大学的科研管理服务部门（Research Administration Services，RAS），负责制定学术规范政策及处理学术不端行为的程序。在政策文本制定上，美国颁布了《关于科研不端的联邦政策》，一些联邦部门也先后出台了科学诚信政策和科研不端行为管理规定，一些有影响力的教育协会也撰写了相关文本，给各高校制定本校的惩治学术不端政策提供指导。一些法律条文也会涉及与学术规范相关的条款如知识产权保护，遇到此类问题时可以通过校外行政力量或司法渠道解决。

在性骚扰以及性犯罪的预防和处置上，国家层面也有介入，联邦政府向学校派驻负责督导执行《教育法修正案》第9条的协调员（Title IX Officer），发挥政府的行政监督职能。美国实行判例法制度，1972年亚历山大诉耶鲁案是美国法院首次援引《教育法修正案》第9条进行判决的性骚扰判例。在这个判例中，法学家麦金农（Catharine MacKinnon）在诉讼过程中提出"性骚扰是基于性别歧视"的著名理论，为法院援引"禁止性别歧视"的第9条用于性骚扰问题扫清了障碍。从此，校园性骚扰问题得到了国家层面的法律保护，联邦政府并要求各联邦资助的大学迅速反应，制定相关政策。此后更多判例，使第9条的适用范围逐步扩大，从联邦资助的大学扩展到整个教育系统。当然，更为严重的性暴力等明确的犯罪行为，更是会受到法律的制裁。

（二）规范、公平、注重细节的处理程序

美国各高校处理学术不端的程序基本相似，一般分为四个阶段（以哈佛大学为例，见表4-2）。一是指控阶段。学校所有人都有责任向职业操守委员会（Committee on Professional Conduct，CPC）主席或科研诚信办公室（Office of Research Integrity，ORI）成员报告发现的学术不端行为，CPC主席和ORI成员收到指控后立即评估其是否属于学术不端行为以及指控的可信度，评估期应尽量短，与指控审查有关的记录由ORI成员保留7年。二是质询阶段。CPC主席或ORI成员以书面形式告知被指控者。三是调查阶段。任命调查委员会，由具备专业素质的人来审查相关材料和证据，约谈涉事人员，与被指控者存在任何专业或利益冲突的人员应回避，被指控者有权在收到书面通知后的五日内对调查人员名单提出异议。调查后形成一份书面调查报告，内容包括被告信息、学术不端行为的描述、研究资金情况、调查的事实依据、被指控者对报告的意见，总法律顾问办公室就此提出专业建议。征求意见并修改后将最终调查报告递交给最终决定组成员（Deciding Official，DO），确定调查结果。四是裁定阶段。DO 遵守"零容忍"原则，根据不端行为的严重程度给予适当的惩治，并决定是否需要将调查结果告知联邦机构、执法机构、专业协会、期刊编辑等。整个过程都遵守保密原则，调查人员只能把被指控者和举报人的身份信息披露给有必要知道的人，避免损害被指控者的权利和名誉，同时也要保护举报人、证人、调查人员免遭报复。[①]

表 4-2　哈佛大学对学术不端行为的处理程序

指控阶段	质询阶段	调查阶段	裁定阶段
职业操守委员会（CPC）主席和科研诚信办公室（ORI）成员评估收到的指控是否属于学术不端行为及其可信度	①CPC 主席或 ORI 成员以书面形式通知被指控者。②在被指控者收到通知之前，ORI 成员须清点和封存与不端行为有关研究记录和证据	①任命调查委员会。②调查委员评估收集到的资料和证据后，撰写一份书面调查报告，并在 10 个工作日内公开征求意见。③修改后将调查报告递交给最终决定组成员（DO），确定调查结果	①DO 根据学术不端行为的严重程度给予被指控者适当的惩治。②必要情况下，将调查结果告知联邦机构、执法机构、专业协会、期刊编辑等外部组织

（三）多主体参与相互制约

美国高校处理失范行为的制度体现出多主体参与和相互制约的特点。性骚扰由于其隐蔽性，处理起来更为复杂，多主体参与和相互制约发挥了重要作用（以波士顿大学为例，见表4-3）。美国高校都在学校层面出台了处置性骚扰行为的政策文本，并设立了防范性骚扰行为的专门部门，如波士顿大学性侵犯反应与预防中心（Center for Sexual Assault Response & Prevention）。处理过程中，有 Title IX 协调员、机会均等办公室人员等人员的参与，更加专业；对校园性骚扰指控做出最终裁定的人，不直接参与调查程序，使得审理权和裁决权分离，更加公平；被指控者也有权在所规定的时间内对最终结果提出异议，更加规范。许多学生在校期间不敢举报，很大原因在于害怕高校会包庇教师的行为，甚至

① 参见：Interim Policy and Procedures for Responding to Allegations of Research Misconduct [EB/OL]. https：//research. fas. harvard. edu/policies/procedures-responding-allegations-misconduct-research.

可能受到刁难遇到无法毕业等问题，因而就需要校外第三方组织介入。奥巴马执政期间，成立了由司法部部长、教育部部长等政府官员参与的反性暴力专门工作组，向学生解释他们的权利，并告知他们如何申诉，直接向负责的专业人士求助（林杰，2015）。在高校外部，美国有针对校园性骚扰的行政救助机制，教育部民权事务办公室是专门负责监督教育领域性骚扰政策执行及负责对校园性骚扰事件予以行政干预的政府机构。此外，受害方还可以直接向法院提起民事诉讼，由于性骚扰行为存在隐蔽性等特点，有一些特殊的司法判决机制保护弱势方，包括学校方承担连带责任，举证责任倒置，因原告举证困难，变更为由被告提供反证证明其侵权行为不成立（张伟等，2017）。更为人性化的是，性骚扰处理程序执行完毕后，还会有多方相关机构对受害者采取学业帮助、心理辅导等补救措施。

表4-3　波士顿大学对校园性骚扰行为的处理程序

指控阶段	调查阶段	裁定阶段	辅助阶段
向 Title IX 协调员、人力资源部门或机会均等办公室提交举报不当性行为的表格	①Title IX 协调员指定一名接受过不当性行为调查方面专门训练的调查员。②通知被指控者并要求其做出答复。③在调查过程中需保护各方的隐私	①调查员撰写调查报告。②将报告提交给被指控者的学校、学院院长或教务长做出最终裁定，或上诉移交司法部门。③Title IX 协调员和机会均等办公室保留相关的机密记录和证据。④被指控者有权对调查结果提出异议	后续由多方机构对受害者采取学业帮助、心理辅导等措施

第四节　教师专业伦理的提升路径

一、赋予"师德"更丰富的层次内涵

中美对教师角色的期待与规范存在着文化上的差异。中国强调的"道德"是个人内化于心的德性，是对卓越与崇高美德的追求，这使我们在理解"师德"时更强调教师的良心和自律，强调传道者要首先明道、信道、守道，即师德的意识形态要素。但这同时会导致一些问题，如人们会把教师想象成道德圣人，而且这种"最高纲领式"的要求也使我们难以对教师道德进行规范与评价。如果说"道德"是建立在信仰的基础上，那么"伦理"则是建立在理性的基础上。信仰和理性需要结合，所以我们要在师德中加入伦理维度，赋予师德更丰富的内涵以及多样化的实践形式，进一步梳理完善高校教师的教育教学规范、学术研究规范、社会服务规范，以及导师的指导行为规范，以清晰的规定指导教师的行为，同时也使他们接受在发现、扩展和传播知识时进行批判性自律和判断的义务。

但这又引出另一个值得探讨的问题：道德具有相对性，人是在具体情境下进行选择和采取行动的，如果师德政策中的要求太过明确，是否会产生反作用？这就涉及一个判断标准：条文的目的是消极地避免冲突，还是积极地转化冲突。例如，在导师外部专业活动中"一刀切"地禁止导师使用自己的研究生就属于消极地避免冲突，过于刚性，连同一并消除了使学生获益的可能性；而增添保护学生利益的细则，如要求教师需获得学校相关部门批准方可使用学生就属于积极地转化冲突，努力减少正当冲突引起的损失。总之，对于有争议的师德问题，在制定政策文本时需十分谨慎，一是不制定消极避免冲突的刚性规定；二是为这些问题留一些柔性实施、灵活处理的空间，将具有复杂性、需要主观解释的师德问题，交由专门的委员会根据具体情况进行专业的判断。制定"一刀切"的政策是一种懒政。

二、建立规范、透明、公平的制度体系

从伦理学的角度看道德，内在善属于"美德伦理"，主要靠自律；外在善属于"规范伦理"，主要靠他律。要使教师立德树人落到实处，需要自律与他律相结合，建立规范性强的制度是他律的重要体现。如美国高校的学术不端行为处理制度，其规范性主要表现在"指控—质询—调查—裁决"的处理程序中各部门（如科研管理服务办公室、职业操守委员会和科研诚信办公室）权责分明、相互制约。在高校外部，国家以成立行政部门、颁布法律政策、提供行政和司法解决途径的方式参与进来。如联邦资助机构会通过调查研究资金流向，根据资助规定或联邦政府法律进行除学校规定之外的额外制裁，还有一些外部合作机构也会参与调查或者诉讼，根据合作协议终止有关合作研究，对最终调查报告进行审议等（胡科等，2020）。

在政策制定的过程中，应当公开征求多方意见，并向相关专业部门、专业人士如法律顾问咨询专业化的建议，使决策更加科学。在政策的实施过程中，处理复杂的师德问题应有柔性空间，将复杂的师德问题交由专门的委员会根据具体情况进行专业的判断，因此更关键的是拥有分工明确、训练有素的人。当学术不端行为、性骚扰行为等发生时，受害方能够按照程序寻得恰当的人，启动质询和调查程序，不同的人负责不同环节，审理权和裁决权分离，被指控者也有权在所规定的时间内对调查人员的选择和最终结果提出异议。我们除了学习美国高校专业伦理规范建立起一套规范、透明、公平的制度体系之外，更要学习其对于弱势群体的关怀。例如，在不端行为发生时，考虑的应当是如何保障相对弱势举报者的权益。如果学校能够在师生冲突纠纷中妥善安排导师的变更、退出，保障师生双方的合法权益，部署相关部门安排后续对受害者或利益受损方采取学业、心理辅导等帮助，而不是尽力遮掩，反而更能赢得尊重。

三、充分发挥教师的实践智慧

处理程序或惩治制度很大程度上是让人产生畏缩感的，更好的状态应该是教师主动地审视内部动机，追求美德、实现自我，这可以通过实践达到。首先，师德不能只停留在文本中，也非固着于教师个人德性的提升，而应当强调行为的道德后果。"实现活动不可能是不行动的，它必定是要去做，并且要做得好"。没有实践智慧只有德性，善的目标也会因为缺少正确的手段而无法实现（徐长福，2005），懂得如何在教育过程中发挥道德影响也很重要。其次，强调实践智慧还因为人具有主体性的自由意志，并且个人经验和具体情境又是有差异的，无法用绝对命令来规定道德，道德说教只会令人反感。有效的做法是倾听、尊重并协助每一位教师解决其自身所面临的道德困惑，通过解决具体问题的实践得到愉悦感、满足感或愧疚感等道德情感后，会进一步影响之后的道德行为，促进道德水平的提升。

总之，构建良好的道德体系的关键在于，使人的思想、情感和行为的复杂性同普遍的道德规范和谐。因此，我们在教师专业伦理的相关培训活动中应充分体现出对教师主体性的尊重、对实践智慧的看重，不是采取直接灌输，而是通过间接渗透的方式进行，注重教师专业伦理培养的实践性和渐进性。一方面进行事先调查，了解教师工作中遇到的真实问题和实际需求；另一方面提供个性化的服务如个人咨询、丰富的网络资源，以及开展研讨班、工作坊，促进道德反思，提升道德能力。在实践过程中，变革对象与成就自我往往构成了同一过程的两个方面（杨国荣，2012），通过与教师共同探讨、解决由道德反思引起的问题,支持教师把道德冲突转化成积极影响,还可能由此推动学校相关规章制度的改进与完善。在树立师德典范的过程中,要丰富评选方式,使教师充分参与进来,体现对教师专业伦理的坚守,而非把师德典范塑造成难以企及的私德圣人。

第五章

全景图：量化数据中的师生关系

第一节　新生问卷全景图

一、研究样本基本信息

表5-1呈现了研究样本在性别、入学年级、年龄、工作经历、婚姻状况、学科方面的基本情况。

表5-1　新生问卷的基本信息表（N=1295）

基本信息		人数	百分比
性别	男	762	58.84%
	女	533	41.16%
	合计	1295	100%
入学年级	2015年	565	43.63%
	2016年	730	56.37%
	合计	1295	100%
年龄	20-30岁	1087	83.94%
	31-40岁	176	13.59%
	41岁及以上	32	2.47%
	合计	1295	100%

续表

基本信息		人数	百分比
工作经历	没有	821	63.40%
	1-3 年	361	27.88%
	4-6 年	35	2.70%
	7 年及以上	77	5.95%
	缺失	1	0.08%
	合计	1295	100%
婚姻状况	未婚	1016	78.46%
	已婚	266	20.54%
	其他	13	1.00%
	合计	1295	100%
学科	理学	626	48.34%
	工学	259	20.00%
	法学	104	8.03%
	管理学	78	6.02%
	文学	72	5.56%
	经济学	71	5.48%
	历史学	31	2.39%
	教育学	28	2.16%
	哲学	21	1.62%
	艺术学	5	0.39%
	合计	1295	100%

在新生问卷调查中，男性和女性分别占总数的 58.84% 和 41.16%；2015 年入学的占 43.63%，2016 年入学的占 56.37%。参与调查的博士研究生年龄跨度在 20 岁到 54 岁之间，主要集中在 20-30 岁这一年龄段，占总数的 83.94%，31-40 岁的占 13.59%，而 40 岁以上的博士生极少，仅占总人数的 2.47%。工作经历方面，没有工作经历的博士生占 63.40%，工作了 1-3 年的次之，占样本总体的 27.88%，可见博士生的生源以应届生为主。工作 7 年及以上的博士生占比为 5.95%，工作 4-6 年的占比为 2.70%。从婚姻状况看，未婚博士生占比78.46%，已婚博士生占比 20.54%。

该案例高校的博士生共涉及 10 个学科，其中理学博士研究生高达 48.34%，接近样本总数的一半，工学人数位居第二，占总数的 20.00%，其余学科门类学生人数占比较小，尤其是艺术学博士生仅占总数的 0.39%，不到 1%。这一分布现象与各学科门类总体招生数量分布有着密切关系。为了比较方便，我们进一步把 10 个学科分为三大学科类型：人文类学科、社科类学科和理工类学科。其中，人文类学科包括文学、历史学、哲学、艺术学；社科类学科包括管理学、经济学、教育学、法学；理工类学科包括理学和工学。根据学科大类整理的研究样本基本信息见表 5-2。

表 5-2　不同学科大类博士新生基本信息表（N=1295）

基本信息		人文类	社科类	理工类	合计
性别	男	56	144	562	762
		7.35%	18.90%	73.75%	100.00%
	女	73	137	323	533
		13.70%	25.70%	60.60%	100.00%
年龄	20-30 岁	93	218	776	1087
		8.56%	20.06%	71.39%	100.00%
	31-40 岁	32	47	97	176
		18.18%	26.70%	55.11%	100.00%
	41 岁及以上	4	16	12	32
		12.50%	50.00%	37.50%	100.00%
工作经历	没有	55	140	626	821
		6.70%	17.05%	76.25%	100.00%
	1-3 年	50	104	207	361
		13.85%	28.81%	57.34%	100.00%
	4-6 年	4	15	16	35
		11.43%	42.86%	45.71%	100.00%
	7 年及以上	20	22	35	77
		25.97%	28.57%	45.45%	100.00%
	缺失	0	0	1	1
		0.00%	0.00%	100.00%	100.00%
合计		129 (9.96%)	281 (21.70%)	885 (68.34%)	1295 (100.00%)

其中，理工类的博士生占比最高，为 68.34%，社科类的博士生占 21.70%，人文类的最少，占总数的 9.96%。从性别来看，男生比女生更多地选择理工类学科，而女生选择社科类、人文类学科的倾向更高。在年龄分布上，不同学科表现出较大的差别。41 岁及以上的博士生在社科类占比更高，40 岁以下的博士生在理工类占比较高。从工作经历来看，人文类博士生中工作 7 年及以上的占比 15.50%，远高于社科类的 7.83% 和理工类的 3.95%；理工类中完全没有工作经验的博士生占比 70.73%，高于社科类的 49.82% 和人文类的 42.64%；理工类博士生中有 1-3 年短期工作经历的占 23.39%，社科类中占 37.01%，人文类相较最高为 38.76%；有 4-6 年工作经历的博士生整体最少，其中社科类中有 4-6 年工作经历的占 5.34%，人文类中占 3.10%，理工类中占 1.81%。

二、读博动机与选择导师主要考虑的因素

（一）读博动机

表 5-3 呈现了不同性别、年龄、学科类型和工作经历的博士生对读博动机的选择。

表 5-3　读博动机频数分布表（N=1294）

基本信息		读博最主要的原因				合计
		对学术研究感兴趣	获得文凭提高就业质量	逃避就业压力	其他	
性别	男	609	123	9	20	761
		80.03%	16.16%	1.18%	2.63%	100.00%
	女	394	117	6	16	533
		73.92%	21.95%	1.13%	3.00%	100.00%
年龄	20-30 岁	835	213	15	23	1086
		76.89%	19.61%	1.38%	2.12%	100.00%
	31-40 岁	140	23	0	13	176
		79.55%	13.07%	0.00%	7.39%	100.00%
	41 岁及以上	28	4	0	0	32
		87.50%	12.50%	0.00%	0.00%	100.00%

续表

基本信息		读博最主要的原因				合计
		对学术研究感兴趣	获得文凭提高就业质量	逃避就业压力	其他	
学科类型	人文类	105	20	0	4	129
		81.40%	15.50%	0.00%	3.10%	100.00%
	社科类	230	39	1	11	281
		81.85%	13.88%	0.36%	3.91%	100.00%
	理工类	668	181	14	21	884
		75.57%	20.48%	1.58%	2.38%	100.00%
工作经历	没有	629	160	15	17	821
		76.61%	19.49%	1.83%	2.07%	100.00%
	1-3 年	279	65	0	17	361
		77.29%	18.01%	0.00%	4.71%	100.00%
	4-6 年	31	4	0	0	35
		88.57%	11.43%	0.00%	0.00%	100.00%
	7 年及以上	64	11	0	2	77
		83.12%	14.29%	0.00%	2.60%	100.00%
合计		1003 (77.51%)	240 (18.55%)	15 (1.16%)	36 (2.78%)	1294 (100.00%)

　　总体来看，大多数的博士生主要因为对学术研究感兴趣而选择读博，占总数的 77.51%，以提高就业质量为主要读博目的的次之，占总数的 18.55%，因逃避就业压力等其他原因而读博的所占比例很小。由于该题是单项选择，选项的设置可能给了研究对象某种暗示（排列在最前的是最重要的），致使他们倾向于选择选项中的第一个。具体来看，以学术兴趣为主要读博原因的男生比例比女生高，以提高就业质量为主要读博目的的女生比例比男生高，可见男生的读博动机似乎比女生更"学术"一些。从研究对象填写的其他原因来看，31-40岁年龄段的博士生读博的主要原因相比其他年龄段更为多元，如通过读博"丰富自我""提升自我""挑战自我"，实现个人梦想等。

（二）选择导师主要考虑的因素

表5-4呈现了不同性别、年龄、学科类型和工作经历的博士生在选择导师时主要考虑因素的情况。

总体来看，博士生选择导师时考虑因素的重要程度依次为导师的"学术水平""名气""性格品质""研究方向是否符合自己的兴趣""是否有充足的研究经费""是否担任行政职务""其他"。"学术水平""研究方向是否符合自己的兴趣""是否有充足的研究经费""名气"一定程度上反映博士生对导师在学术指导上的期待，"性格品质"则更多地反映博士生对师生关系的关注。具体而言，男性、年龄较小的以及理工类的博士生相较于其他群体，在选择导师时对导师研究经费的考虑会更多一些。在"其他"原因的表述中还有："看培养学生的方式/和学生的交流方式""看是否关心学生/对学生负责""看师生间的默契度""看价值观是否一致""看颜值""他人推荐"等。有学生希望找到德高望重的导师，但也有学生表示喜欢年轻的导师，会特别留意导师的研究领域是否新颖和前沿；有学生表示会打听导师指导是否认真负责，是否会为难学生，他们既希望提升知识技能，同时又希望能够比较顺利地毕业；还有学生只希望有导师愿意收留即可。学生的读博动机和他们选择导师的影响因素可能是相关联的，但是动机和影响因素都很复杂，用列举的选项很难概括，这部分还需要通过质性研究加以深入挖掘。

三、博士新生的职业期望

基于读博动机的多元化，博士生对未来职业发展的规划也可能呈现多样性，但学术型博士的职业发展可能仍以学术职业为主。为统计方便，我们将博士生对未来的职业期望的多个选项整合为学术职业和非学术职业两类。表5-5呈现了博士新生未来职业期待的分性别、分学科统计情况。

表5-4 选择导师主要考虑因素频数分布表 (N=1295)

基本信息		选择导师时主要考虑的因素（多选题）							合计
		学术水平	名气	性格品质	研究方向是否符合自己的兴趣	是否有充足的研究经费	是否担任行政职务	其他	
性别	男	675 88.58%	195 25.59%	505 66.27%	613 80.45%	255 33.46%	34 4.46%	13 1.71%	762 100.00%
	女	470 88.18%	110 20.64%	386 72.42%	443 83.11%	141 26.45%	12 2.25%	8 1.50%	533 100.00%
年龄	20-30岁	962 88.50%	264 24.29%	766 70.47%	889 81.78%	356 32.75%	35 3.22%	18 1.66%	1087 100.00%
	31-40岁	155 88.07%	36 20.45%	113 64.20%	145 82.39%	37 21.02%	9 5.11%	3 1.70%	176 100.00%
	41岁及以上	28 87.50%	5 15.63%	12 37.50%	22 68.75%	3 9.38%	2 6.25%	0 0.00%	32 100.00%
学科类型	人文类	116 89.92%	27 20.93%	100 77.52%	100 77.52%	12 9.30%	2 1.55%	3 2.33%	129 100.00%
	社科类	251 89.01%	65 23.05%	206 73.05%	225 79.79%	34 12.06%	12 4.26%	5 1.77%	282 100.00%
	理工类	778 88.01%	213 24.10%	585 66.18%	731 82.69%	350 39.59%	32 3.62%	13 1.47%	884 100.00%

续表

基本信息		选择导师时主要考虑的因素（多选题）							合计
		学术水平	名气	性格品质	研究方向是否符合自己的兴趣	是否有充足的研究经费	是否担任行政职务	其他	
工作经历	没有	725 88.31%	197 24.00%	576 70.16%	669 81.49%	283 34.47%	24 2.92%	15 1.83%	821 100.00%
	1~3年	326 90.30%	87 24.10%	251 69.53%	299 82.83%	88 24.38%	19 5.26%	6 1.66%	361 100.00%
	4~6年	29 82.86%	7 20.00%	25 71.43%	29 82.86%	8 22.86%	1 2.86%	0 0.00%	35 100.00%
	7年及以上	65 84.42%	14 18.18%	39 50.65%	59 76.62%	17 22.08%	2 2.60%	0 0.00%	77 100.00%
	缺失	0 0.00%	0 0.00%	0 0.00%	0 0.00%	0 0.00%	0 0.00%	0 0.00%	1 100.00%
合计		1145 (88.42%)	305 (23.55%)	891 (68.80%)	1056 (81.54%)	396 (30.58%)	46 (3.55%)	21 (1.62%)	1295 (100.00%)

表 5-5 博士生职业期望频数分布表 (N=664)

职业类型	性别			学科类型			
	男	女	合计	人文类	社科类	理工类	合计
学术职业	294	244	538 (88.24%)	60	130	348	538 (81.02%)
	77.37%	85.92%	—	87.25%	77.85%	81.02%	—
非学术职业	86	40	126 (11.76%)	8	19	99	126 (18.98%)
	22.63%	14.08%	—	12.75%	22.15%	22.63%	—
合计	380 (57.23%)	284 (42.77%)	664 (10.24%)	68 (22.44%)	149 (67.32%)	447 (57.23%)	664 (100.00%)

总体而言，学术职业是博士研究生预期的主要就业方向。有 81.02%的博士生表示希望以后从事与学术相关的职业，其中希望成为高校教师的人最多，从事其他各类科研工作的人数次之。只有 18.98%的博士生表示今后准备从事非学术职业，主要包括进入企业工作、创业或者考公务员等。

博士生职业期待存在性别差异。对博士生性别和职业期待做卡方检验的最小理论次数为 53.89，没有小于 5 的理论次数，因此两者可以做卡方检验。$\chi^2 = 7.722$，自由度为 1，$p<0.01$，表示不同性别的博士生在职业期待上存在显著性差异。女性博士生比男性博士生更倾向于在获得博士学位后从事学术工作。

博士生职业期待存在学科差异。对博士生学科类型和职业期待做卡方检验的最小理论次数为 12.90，没有小于 5 的理论次数，因此两者可以做卡方检验。$\chi^2 = 8.979$，自由度为 2，$p<0.05$，表示不同学科类型的博士生在职业期待上存在显著性差异。具体表现为社科类博士生比理工类博士生更倾向于在毕业后从事学术职业，人文类博士生的职业期待则与社科类、理工类博士生没有显著差异。

博士生职业期待存在年龄差异。对博士生年龄和职业期待做卡方检验的最小理论次数为 3.04，小于 5 的理论次数占总数的 16.7%，该比例小于 20%，因此两者可以做卡方检验。$\chi^2 = 13.438$，自由度为 2，$p<0.01$，表示不同年龄段的博士生在职业期待上存在显著性差异。20~30 岁的博士生相较于 31 岁及以上的博士生更倾向于在获得博士学位后从事学术职业。

博士生职业期待存在由工作经历不同带来的差异。对博士生工作经历和职业期待做卡方检验的最小理论次数为 6.45，没有小于 5 的理论次数，因此两者可以做卡方检验。$\chi^2 = 10.346$，自由度为 3，$p < 0.05$，表示拥有不同工作经历的博士生在职业期待上存在显著性差异。没有工作经历和工作了 1-3 年的博士生比工作 7 年以上的博士生更倾向于毕业后从事学术职业。

四、博士新生对导师的期待

（一）博士新生对导师角色和责任的看法

表 5-6 呈现了博士新生对导师扮演不同角色和承担相应责任之认同程度。这部分题项比较特殊，两端的表述是截然相反的。表 5-6 呈现的题项是左端的问题，即认为导师应负主要责任，右端的问题则在表述中把"导师"换成"学生"，即认为学生应负主要责任。评分为五点量表，以 3 分为中立表示不置可否，越倾向于低分，表明越认同导师负责，越倾向于高分，表明越认同学生自主负责。

表 5-6　博士新生对导师角色和责任看法各题项的平均数和标准差（N=1294）

	博士生对导师角色和责任的看法	M	SD
q2-1	选择研究题目是导师的责任	3.15	1.104
q2-2	采用什么理论框架和研究方法最合适应由导师决定	2.85	1.189
q2-3	导师应当为学生的学习和研究制定适当的计划和时间表	3.41	1.269
q2-4	导师有责任保障学生获得研究所需要的设备和资源服务	1.77	1.190
q2-5	导师有责任让学生了解取得博士候选人资格的要求、过程和相关政策，并提出建议	2.27	1.391
q2-6	学生和导师的关系是纯粹的学术指导关系，不应过度发展个人关系	3.16	1.271
q2-7	导师应坚持与学生定期有规律地会面指导	1.80	1.157
q2-8	如果是导师组合作指导：主导师有责任协调所有副导师和学生之间的交流	2.21	1.316
q2-9	导师应定期检查学生是否持续工作及进展如何	1.96	1.231
q2-10	导师应确保学生在规定的时间内完成论文	2.01	1.261
q2-11	导师应坚持让学生不断提交更新的论文草稿，以确保其研究始终处于正轨	1.96	1.200

续表

	博士生对导师角色和责任的看法	M	SD
q2-12	必要时导师应帮助学生进行论文写作，确保其论文报告的水准	2.55	1.294
q2-13	导师应对论文的质量负责，决定什么时候达到了标准可以提交	1.67	1.041
q2-14	导师有权判定学生在学期间与导师合作发表论文中学生的贡献度	2.57	1.363
	共计	2.38	0.621

"导师有责任保障学生获得研究所需要的设备和资源服务""导师有责任让学生了解取得博士候选人资格的要求、过程和相关政策，并提出建议""导师应坚持与学生定期有规律地会面指导""导师应定期检查学生是否持续工作及进展如何""导师应确保学生在规定的时间内完成论文""导师应坚持让学生不断提交更新的论文草稿，以确保其研究始终处于正轨""必要时导师应帮助学生进行论文写作，确保其论文报告的水准""导师应对论文的质量负责，决定什么时候达到了标准可以提交"，这些题项的平均分小于3、大于1，表示博士生对以上题项所持立场处于"强烈赞同"与"比较赞同"之间。一定程度上表明了博士生较为认同导师对于学生论文、学术工作等的质量和进度把控应当负主要责任。学生最期待导师把控论文质量、保障研究条件、定期会面指导、定期检查进展、不断给予反馈。

"选择研究题目是导师的责任""导师应当为学生的学习和研究制定适当的计划和时间表"的平均分均大于3、小于4，博士生对以上两个题项的态度处于"不置可否"和"比较不赞同"之间，这说明博士生更期望自己在选题上有一定自由，导师不要过分掌控学生的具体时间安排。没有平均分大于4的题项，这表明博士生认为读博过程的重要环节中没有什么是可以完全由自己做主的。"采用什么理论框架和研究方法最合适应由导师决定"的平均分为2.85，虽然小于3，但相比起其他题项，表示学生还是比较期待由自己来决定采用何种理论框架和研究方法。也就是说，博士生倾向于导师在学习和研究方面给予一定的自由，留给学生发挥自身创造性和自主性的空间。"学生和导师的关系是纯粹的学术指导关系，不应过度发展个人关系"的平均分为3.16，表明博士生倾向于与导师发展学术指导关系之外的更密切的关系，并认为更加密切的关系有助于导师指导的成功。

（二）博士新生对导师品格、指导方式和师生关系的期待

以下先通过表5-7呈现对导师期待的三个维度的总体得分和标准差情况，再通过表5-8呈现对导师期待的各个题项的平均数和标准差情况。

表5-7　博士生对导师期待的三个维度总体情况表（N=1294）

维度	M	SD
博士生对导师品格的期待	4.33	0.701
博士生对导师指导方式的期待	4.08	0.759
博士生对师生关系的期待	3.67	0.749

表5-8　博士生对导师期待的各题项平均数和标准差（N=1294）

分类	序号	题项	M	SD
博士生对导师品格的期待	q3-1	把我当作成人看待，认为我有权对影响自身发展的事情做出决定	4.41	0.842
	q3-2	把学生当作全人（而不是工具）来培养	4.62	0.815
	q3-3	尊重他人的知识产权	4.62	0.790
	q3-4	信任我	4.60	0.788
	q3-5	能够认识到我的潜力	4.50	0.809
	q3-6	对学生尽量体贴，能为学生着想	4.30	0.915
	q3-7	工作认真，有敬业精神	4.54	0.826
	q3-8	把我当作科研合作伙伴/年轻同事来看待	3.94	1.041
	q3-10	把我当作朋友来看待	3.69	1.149
	q3-12	用自身的言行激励我	4.19	0.964
	q3-13	适时地给予学生赞许	4.25	0.880
	q3-14	能够以身作则，树立榜样	4.44	0.840
	q3-15	尊重学生的需要和兴趣并给予支持	4.36	0.881
	q3-16	关心学生的情感状态，在心理方面支持、鼓励学生	4.02	1.047
	q3-17	在面对压力时能保持沉着冷静	4.39	0.859
	q3-18	愿意与他人合作多过竞争	4.36	0.860

分类	序号	题项	M	SD
博士生对导师指导方式的期待	q3-19	能定期同我会面指导	4.31	0.883
	q3-20	在我选课时给予我指导	4.02	1.049
	q3-21	在研究选题和完善上给予我指导	4.39	0.876
	q3-22	会就我的研究问题给我布置明确的任务	3.86	1.076
	q3-23	会帮助我制定学习研究计划，做好时间安排	3.59	1.196
	q3-24	在我的研究进程中不断给我反馈意见	4.24	0.893
	q3-25	在文献资料搜索过程中给予我指导	3.96	1.060
	q3-26	会向我讲解研究方法和技术	4.10	1.008
	q3-27	会帮助我思考，找出解决问题的办法	3.94	1.127
	q3-28	在我的论文/研究报告写作中帮助我搭建框架	3.77	1.138
	q3-29	鼓励并协助我发表学术论文	4.27	0.898
	q3-30	能让我参与他/她的课题研究	4.34	0.882
	q3-31	能资助我进行调查研究或参加学术会议	4.26	0.942
	q3-32	慷慨地与我分享他/她的人脉资源	4.06	1.013
博士生对师生关系的期待	q3-9	把我当作徒弟/学徒来看待	3.57	1.212
	q3-10	把我当作朋友来看待	3.69	1.149
	q3-11	把我当作子女来看待	2.95	1.372
	q3-33	像一位负责任的、值得尊敬的长辈	4.44	0.881
	q3-34	很少表现出难过沮丧、害怕或焦虑	3.87	1.146
	q3-35	乐观开朗、积极向上	4.02	0.935
	q3-36	有时会请我吃饭或喝饮品	3.02	1.333
	q3-37	会跟我讲一些涉及他个人隐私的事情	2.47	1.391
	q3-38	会和我谈及人生观和理想	4.02	1.042
	q3-39	会对我的职业发展提供建议或帮助	4.35	0.869

"把我当作成人看待，认为我有权对影响自身发展的事情做出决定""把学生当作全人（而不是工具）来培养""信任我""能够认识到我的潜力"的平均分分别为4.41、4.62、4.60、4.50，均大于4，反映出博士生期望在师生关系中得到平等的地位以及导师的尊重，期望导师能够尊重自己的人格，帮助自己实

现人生价值。"尊重他人的知识产权""工作认真，有敬业精神""能够以身作则，树立榜样""像一位负责任的、值得尊敬的长辈"题项的平均分分别为4.62、4.54、4.44、4.44，均高于4，表明博士生头脑中理想的导师应该在师德师风上具有良好的表现，拥有正直、敬业等美好道德品质的导师更受学生欢迎。"用自身的言行激励我""适时地给予学生赞许""关心学生的情感状态，在心理方面支持、鼓励学生""乐观开朗、积极向上"题项的平均分分别为4.19、4.25、4.02、4.02，反映了博士生更加期待导师通过鼓励、激励的教育方式进行指导，希望获得导师的肯定和赞许，并且倾向于性格更加平易近人的导师。此外，给予学生选题、选课、研究方法、技能等指导，并提供学生学习、实践机会的相关题项平均分均高于4，表明博士生期待导师拥有较高的学术能力和指导能力，能提供对学生学习切实有效的帮助，愿意给学生提供科研、实习项目等机会的导师更受学生喜爱。"把我当作子女来看待""会跟我讲一些涉及他个人隐私的事情"的题项得分较低，分别为2.95和2.47，均低于3，反映了博士生对于师生关系的认知，他们更倾向于适当亲密的师生关系，认为师生相处要把握好度，不太认同传统的父子型师生关系。

（三）差异性分析

（1）性别差异

表5-9呈现了博士生对师生关系期待的性别差异。

表5-9　博士生对师生关系期待的性别差异

变量	性别	频数	平均值	标准差	t值	Sig. (2-tailed)
博士生对师生关系的期待	男	761	3.7919	.68225	2.197*	.028
	女	533	3.7069	.68689		

注：* p<0.05。

以性别为自变量，博士生对导师角色和责任、品格、指导方式、师生关系的期待为因变量进行独立样本t检验。结果显示博士生对师生关系的期待在性别上存在显著差异（p<.05）。具体来看，男生和女生在师生关系维度上的平均分均大于3，表明都比较认同导师和学生之间应该发展相对密切的关系；但男生的平均得分（M=3.7919）显著高于女生的平均得分（M=3.7069），说明男生对于亲密师生关系的认同和期待程度高于女生。

（2）学科差异

表5-10呈现了博士生对导师角色和责任看法以及师生关系期待的学科差异。

表 5-10 博士生对导师角色和责任看法以及师生关系期待的学科差异

变量	学科	频数	平均值	标准差	F 值	Sig.	LSD 事后检验
博士生对导师角色和责任的看法	人文类	129	2.6977	.54505	11.742***	.000	①、②>③
	社科类	281	2.7677	.50463			
	理工类	882	2.5994	.52535			
博士生对师生关系的期待	人文类	129	3.6194	.61797	3.630*	.027	①<③
	社科类	281	3.7338	.64506			
	理工类	882	3.7585	.68281			

注：*p<0.05，***p<0.001。①、②、③分别代表人文类、社科类和理工类。

以学科为自变量，博士生对导师角色和责任、品格、指导方式、师生关系的期待为因变量进行单因素方差分析。结果显示不同学科的博士生对导师角色和责任（F=11.742，p<.001）以及师生关系的期待（F=3.630，p<.05）存在显著差异。不同学科的博士生在对导师角色和责任的看法上平均得分均低于3，表明不同学科博士生都比较倾向于由导师主导学生的学习和科研。相比之下，理工类博士生（M=2.5994）对这一观点的认同度显著高于人文类博士生（M=2.6977）和社科类博士生（M=2.7677），也即理工类博士生对导师指导的依赖程度更高。

不同学科博士生在师生关系期待上的平均得分均高于3，接近4，表明各学科博士生都比较认同导师和学生之间应该形成较为亲密的关系。相比之下，理工类博士生（M=3.7585）对这一观点的认同度显著高于人文类的博士生（M=3.6194），也即理工类博士生更期待拥有较为亲密的师生关系。

（3）年龄差异

表5-11呈现了博士生对师生关系期待的年龄差异。

表 5-11 博士生对师生关系期待的年龄差异

变量	年龄	频数	平均值	标准差	F 值	Sig.	LSD 事后检验
博士生对师生关系的期待	20-30 岁	1086	3.7873	.67231	7.479**	.001	①>②
	31-40 岁	176	3.5733	.74513			
	40 岁及以上	32	3.7344	.63429			

注:**p<0.01。①、②、③分别代表"20-30 岁""31-40 岁"和"40 岁及以上"三个不同年龄段。

以年龄为自变量,博士生对导师角色和责任、品格、指导方式、师生关系的期待为因变量进行单因素方差分析。结果显示不同年龄段的博士生对师生关系的期待(F=7.479,p<.01)存在显著差异。不同年龄段的博士生在师生关系期待上的平均分均高于3,表明各年龄段的博士生都比较认同导师和学生之间应该形成较为亲密的关系。其中,20-30 岁的博士生群体对这一观点的认同度显著高于31-40 岁的博士生群体,也即20-30 岁的博士生对于亲密师生关系的期待程度更高。

(4)工作经历差异

表 5-12 呈现了博士生对师生关系期待的工作经历差异。

表 5-12 博士生对师生关系期待的工作经历差异

变量	工作经历	频数	平均值	标准差	F 值	Sig.	LSD 事后检验
博士生对师生关系的期待	没有	821	3.7990	.68874	4.039**	.007	①>②、④
	1-3 年	361	3.7139	.64086			
	4-6 年	35	3.6600	.64361			
	7 年及以上	77	3.5532	.81476			

注:**p<0.01。①、②、③、④分别代表"没有""1-3 年""4-6 年""7 年及以上"四种工作经历时长。

以工作经历为自变量,博士生对导师角色和责任、品格、指导方式、师生关系的期待为因变量进行单因素方差分析。结果显示拥有不同工作经历的博士生对师生关系的期待（F=4.039，p<.01）存在显著差异。拥有不同工作经历的博士生在师生关系期待上的平均得分均高于3，表明博士生都比较认同导师和学生之间应该形成较为亲密的关系。没有工作经历的博士生（M=3.7990）对这一观点的认同度显著高于拥有1-3年（M=3.7139）和7年及以上（M=3.5532）工作经历的博士生，即没有工作经历的博士生对亲密师生关系的期待程度更高。

（四）回归分析

回归分析的前提是自变量与因变量之间存在线性关系，但性别、年龄、学科类型、工作经历均为分类变量，与因变量之间不可能存在线性关系，故不能直接作为自变量纳入回归模型中。因此在回归分析之前先对以上变量进行虚拟变量的设置。性别以男性为参照类别，年龄以20-30岁为参照类别，学科类型以人文类为参照类别，工作经历以没有工作经历为参照类别。

表5-13　博士生对导师角色和责任看法的回归分析

自变量	模型1		模型2	
	β	标准误差	β	标准误差
学科类型—理工类	-.145	.031	-.156	.031
性别—女			-.077	.030
常数	2.744	2.783		
R^2	.016	.021		
Adjusted R^2	.016	.020		
F值	21.579***	14.145***		

注:***p<0.001。

以博士生对导师角色和责任的看法为因变量，采用逐步方法进行回归分析。结果显示构建出两个回归模型。模型1的容忍度为1.000，大于临界值.1，VIF值为1.000，小于临界值10，表明不存在严重的共线性问题。模型1的F=21.579，p<.001，说明理工类这个学科类别对博士生对导师角色和责任的期待有显著的预测作用。β=-.145，p<.001，95%的置信区间为-.206--.084，说明与人文社科类的博士生相比，理工类的博士生对导师角色和责任的期待会更倾向于导师负责。调整后的R^2为.016，说明模型1能解释1.6%的变异量，解释度较低。模型2的F=14.145，p<.001，说明学科类别和性别对博士生对导师角

色和责任的期待有显著的预测作用。理工类这一学科类别的 β = -.156，p<.001，95%的置信区间为 -.218--.094，女性类别的 β = -.077，p<.001，95%的置信区间为 -.135--.018，说明与人文类的博士生相比，理工类的博士生对导师角色和责任的期待会更倾向于导师负责，而与男性博士生相比，女性博士生认为学生自主负责的倾向会更低。调整后的 R^2 为 .020，说明模型 2 能解释 2.0%的变异量，解释度较低。

表 5-14 博士生对师生关系期待的回归分析

自变量	模型 1		模型 2	
	β	标准误差	β	标准误差
年龄—31-40 岁	-.212	.055	-.213	.055
性别—女			-.085	.038
常数	3.786	3.821		
R^2	.011	.015		
Adjusted R^2	.011	.014		
F 值	14.780***	9.872***		

注: *** p<0.001。

以博士生对师生关系的期待为因变量，采用逐步方法进行回归分析。结果显示构建出两个回归模型。模型 1 和模型 2 的容忍度均为 1.000，大于临界值 .1，VIF 值为 1.000，小于临界值 10，表明不存在严重的共线性问题。模型 1 的 F=14.780，p<.001，说明 31-40 岁这个年龄类别对博士生对师生关系的期待有显著的预测作用。β = -.212，p<.001，95%的置信区间为 -.321--.104，说明与年龄为 20-30 岁的博士生相比，年龄为 31-40 岁的博士生对师生之间亲密关系的期待程度会更低。调整后的 R^2 为 .011，说明模型 1 能解释 1.1%的变异量，解释度较低。模型 2 的 F=9.872，p<.001，说明年龄和性别对博士生对师生关系的期待有显著的预测作用。31-40 岁这一年龄段的 β = -.213，p<.001，95%的置信区间为 -.321--.104，女性类别的 β = -.085，p<.001，95%的置信区间为 -.161--.010，说明与 20-30 岁的博士生相比，31-40 岁的博士生对师生之间亲密关系的期待程度会更低，而与男性博士生相比，女性博士生对师生之间亲密关系的期待程度会更低。调整后的 R^2 为 .014，说明模型 2 能解释 1.4%的变异量，解释度较低。

第二节 毕业生问卷全景图

一、研究样本基本信息

表 5-15 呈现了研究对象在性别、婚姻状况、工作经历、接受的指导方式、是否按时毕业等方面的基本情况，也呈现了研究对象的（主）导师之性别、年龄、指导的在校博士生数量、是否担任行政职务、是否在境外获得学位，并且进一步了解博士生的一些学习习惯、学习经历和参与导师课题等情况，以加强对其学业表现的辅助理解。另外，为了与新生问卷相呼应，也试图了解其读博动机和选择导师时的考虑因素。需要说明的是，毕业生问卷中有少量专业学位博士生问卷，考虑其感受的导师指导过程、指导风格和师生关系可以作为比较，因此也纳入了分析。

表 5-15 毕业生问卷的基本信息表（N=1108）

基本信息	选项	频次	百分比
性别	男	719	64.89%
	女	389	35.11%
婚姻状况	已婚	555	50.09%
	未婚	553	49.91%
工作经历	没有	693	62.55%
	1-3 年	171	15.43%
	4-6 年	71	6.41%
	7 年以上	173	15.61%
攻读学位类型	学术型博士	1026	92.60%
	专业型博士	82	7.40%
是否按时毕业	否	648	58.48%
	是	460	41.52%
接受的指导方式	单一导师指导	650	58.66%
	两名导师指导	198	17.87%
	导师组集体指导	260	23.47%

基本信息	选项	频次	百分比
导师性别	男	957	86.37%
	女	151	13.63%
导师年龄	35 岁以下	15	1.35%
	36-45 岁	201	18.14%
	46-55 岁	584	52.71%
	56 岁以上	308	27.80%
导师是否在境外获得学位	否	707	63.81%
	是	401	36.19%
导师是否担任行政职务	否	540	48.74%
	是	568	51.26%
导师指导的在校博士生数量	1-3 人	355	32.04%
	4-6 人	459	41.43%
	7-9 人	166	14.98%
	10 人及以上	128	11.55%
参与导师主持的课题数目	0 项	114	10.29%
	1 项	339	30.59%
	2 项	300	27.08%
	3 项	165	14.89%
	4 项及以上	190	17.15%
你的学位论文选题是否是导师课题的一部分	否	396	35.74%
	是	712	64.26%
导师平均每月指导次数	1 次以下	99	8.94%
	1 次	276	24.91%
	2-4 次	566	51.08%
	4 次以上	167	15.07%

续表

基本信息	选项	频次	百分比
召开研究生例会平均每月次数	1 次以下（含没有）	159	14.35%
	1-3 次	419	37.82%
	4-6 次	521	47.02%
	7-10 次	9	0.81%
导师是否曾资助你参加学术会议	否	360	32.49%
	是	748	67.51%
你参加国内会议的次数	0 次	327	29.51%
	1-5 次	721	65.07%
	6 次及以上	60	5.42%
你参加国外/境外会议的次数	0 次	829	74.82%
	1-3 次	268	24.19%
	4 次及以上	11	0.99%
大概平均每个月阅读的英文学术文献	没有	17	1.53%
	1-10 篇	473	42.69%
	11-20 篇	346	31.23%
	21-30 篇	124	11.19%
	30 篇以上	148	13.36%
平均每个月大概阅读的中文学术文献	没有	162	14.62%
	1-10 篇	509	45.94%
	11-20 篇	217	19.58%
	21-30 篇	100	9.03%
	30 篇以上	120	10.83%
平均每个月参加学术报告/讲座的次数	0 次	16	1.44%
	1-5 次	959	86.56%
	6-10 次	105	9.48%
	11-15 次	13	1.17%
	16 次以上	15	1.35%

续表

基本信息	选项	频次	百分比
你读博最主要的原因	对学术研究感兴趣	859	77.53%
	获得文凭提高就业质量	216	19.50%
	逃避就业压力	15	1.35%
	其他	18	1.62%
你在选择导师时主要考虑的三项因素	学术水平	1002	90.43%
	研究方向是否符合兴趣	888	80.14%
	性格品质	705	63.63%
	名气	297	26.81%
	是否有充足的研究经费	252	22.74%
	是否担任行政职务	32	2.89%
	其他	10	0.90%

研究样本的学科分布情况则单独展现在图5-1、图5-2中。案例学校培养的博士生涉及学科门类中的10个，一些学科培养的博士生人数很少，例如哲学、艺术学、历史学、教育学等。为方便做差异分析，我们按照学科大类进行划分，把哲学、文学、历史学、艺术学归为人文类，把经济学、法学、教育学、管理学归为社科类，把理学、工学归为理工类。

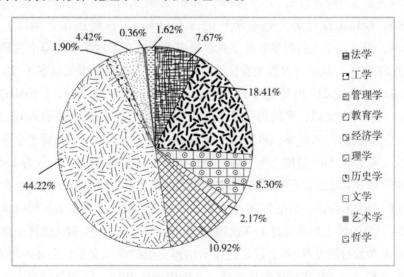

图5-1 毕业生问卷的学科分布情况

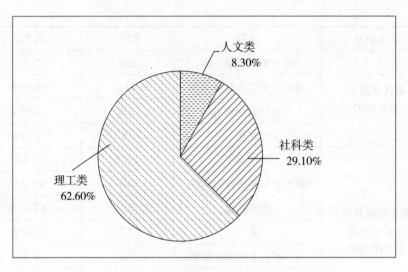

图 5-2 毕业生问卷的学科大类分布情况

（一）博士生信息

追踪调查的三年间，毕业的博士生以学术型为主，占 92.60%。从学科看，理工科博士生占比最大为 62.60%，社科类博士生占比为 29.10%，人文类博士生占比为 8.30%。从性别看，男生占多数，男女生比例大约为 65∶35。从婚姻状态看，未婚和已婚的博士生大约各占一半。在读博之前没有工作经历的占 62.55%，有工作经历的占 37.45%，其中短期工作经历（1-3 年）的占 15.43%，较长工作经历（4-6 年）的占 6.41%，工作经历在 7 年以上的占 15.61%，但这之中大约有半数是专业学位博士生。有超过半数的博士生延期毕业，占 58.48%。从学习习惯上看，平均每个月阅读英文学术文献在 1-20 篇的占 73.92%，阅读 21-30 篇的占 11.19%，30 篇以上的占 13.36%，1.53% 的博士生平时不看英文文献；平均每个月阅读中文学术文献在 1-20 篇的占 65.52%，阅读 21-30 篇的占 9.03%，30 篇以上的占 10.83%，有 14.62% 的博士生平时不看中文文献。86.56% 的博士生平均每个月参加学术报告/讲座的次数为 1-5 次，9.48% 的博士生参加了 6-10 次。从学术交流经历上看，65.07% 的博士生参加过 1-5 次国内学术会议，但也有 29.51% 的博士生在读期间从未参加过国内学术会议；24.19% 的博士生参加过 1-3 次国外/境外会议，但有 74.82% 的博士生在读期间从未参加过国外/境外会议。这显示出博士生的学术交流机会还不够充足，博士生培养的国际化水平还有待提高。从读博动机上看，77.53% 的博士生主要出于对学术研究感兴趣，19.50% 是为了提高就业质量。这个比例和博士新生的调查结果是非常一致的。

（二）导师相关信息

从性别上看，男性导师占据绝对优势，男女导师比例为 86 : 14。导师年龄在 46-55 岁的占半数以上，比例为 52.71%，56 岁以上的占 27.80%，45 岁以下的年轻导师很少，占比 19.49%。留学归国的导师占比不断提高，有 36.19% 的导师在境外获得学位。从学生填答上看，担任行政职务和没有担任行政职务的导师大约各占一半，有行政职务的略多。因为问卷没有区分行政职务等级，而不同行政职务级别承担的工作量不同，所以学生填答的结果乃至相关分析结果可能存在偏差。从导师指导的在校博士生数量上看，4-6 人占比最多为 41.43%，1-3 人占 32.04%，7-9 人占 14.98%，10 人及以上占 11.55%，可见大部分导师平均每年招收一位博士生，但也有少数博士生导师集中了大量博士生名额。这是因为博士生名额分配与导师课题经费在一定程度上挂钩，以鼓励导师通过科研项目培养博士生，从博士生参与导师课题数量上也可以看出这一倾向。在读期间参与了导师 1-2 项课题的博士生占 57.67%，参与了 3 项课题的占 14.89%，参与了 4 项及以上课题的占 17.15%，但是也有 10.29% 的博士生完全没有参与过导师主持的课题。学位论文选题是导师课题一部分的占 64.26%。

（三）导师指导的情况

从博士生接受的指导方式上看，超过半数仍然是传统的单一导师指导，占 58.66%，两位导师合作指导占 17.87%，导师组集体指导占 23.47%。导师平均每月指导次数为 1 次的占 24.91%，2-4 次的占 51.08%，4 次以上的占 15.07%，但值得注意的是，仍有 8.94% 的博士生反馈其导师平均每月指导次数在 1 次以下。从召开例会的次数看，每月 4-6 次的占 47.02%（平均每周一次是常态），每月 1-3 次的占 37.82%，平均每月例会次数在 1 次以下或没有例会制度的占 14.35%。67.51% 的博士生表示导师曾资助其参加过国内外学术会议或交流访学。博士生在选择导师时主要会考虑的三项因素比较一致，即导师的学术水平（90.43%）、研究方向是否符合自己的兴趣（80.14%）、导师的性格品质（63.63%），这三个因素与其他因素之间远远拉开了差距。

二、指导过程、氛围条件和技能发展

（一）导师指导过程

在导师指导过程维度中（图 5-3），得分均值最高的是"具备足够的知识水平和能力指导我的研究"（4.59），第二的是"在研究选题和完善上给予我良好的指导"（4.52），第三的是"鼓励并协助我发表学术论文"（4.47）。这说明博士生对导师在学识上的表现是相当认可的，认为导师指导中表现最好的是对研究选题的指导和对发表论文的指导，而选题和发表论文也是指导过程中导师最为关注的。总体来讲，各题项平均得分都超过了4分，说明博士生对导师指导过程的满意度是很高的，介于比较满意和非常满意之间。

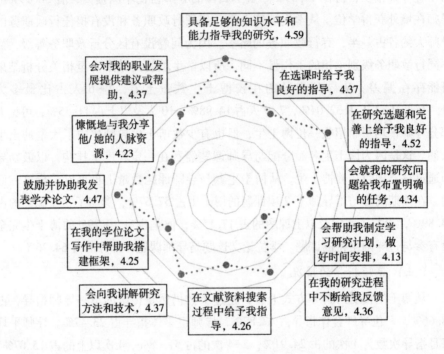

具备足够的知识水平和能力指导我的研究，4.59

会对我的职业发展提供建议或帮助，4.37

在选课时给予我良好的指导，4.37

慷慨地与我分享他/她的人脉资源，4.23

在研究选题和完善上给予我良好的指导，4.52

鼓励并协助我发表学术论文，4.47

会就我的研究问题给我布置明确的任务，4.34

在我的学位论文写作中帮助我搭建框架，4.25

会帮助我制定学习研究计划，做好时间安排，4.13

会向我讲解研究方法和技术，4.37

在文献资料搜索过程中给予我指导，4.26

在我的研究进程中不断给我反馈意见，4.36

图 5-3　导师指导过程各题项得分雷达图

表 5-16 列出了博士生对导师指导有关问题回答的频数分布情况。学生认同（包括非常认同和比较认同）占比最高的是"具备足够的知识水平和能力指导我的研究"（占 90.89%），第二的是"在研究选题和完善上给予我良好的指导"（占 89.08%），第三的是"鼓励并协助我发表学术论文"（占 88.18%）。学生不认同（包括完全不认同和不太认同）占比最高的是"慷慨地与我分享他/她的人脉资源"（占 6.04%），"在我的学位论文写作中帮助我搭建框架"占 5.41%，"会帮助我制定学习研究计划，做好时间安排"（占 6.22%）。这说明导师在愿意分享上还有提升空间，且导师对学生的实际指导不一定很具体，但不具体不一定是不好的。在前述新生期待问卷中，我们发现博士生对于导师在论文写作中搭建框架和制定学习研究计划的期待本来就不是很高，介于 3-4 分之间，说明学生还是希望能有一定的自主权。

表5-16 博士生对导师指导有关问题回答的频数分布表 （N=1108）

认同程度	具备足够的知识水平和能力指导我的研究		在选课时给予我良好的指导		在研究选题和完善上给予我良好的指导		会就我的研究问题给我布置明确的任务		会帮助我制定学习研究计划，做好时间安排		在我的研究进程中不断给我反馈意见	
	频次	百分比（%）	频次	百分比（%）	频次	百分比（%）	频次	百分比（%）	频次	百分比（%）	频次	百分比（%）
完全不认同	7	0.63	11	0.99	8	0.72	9	0.81	15	1.35	11	0.99
不太认同	6	0.54	30	2.71	13	1.17	21	1.9	54	4.87	32	2.89
一般	88	7.94	154	13.9	100	9.03	158	14.26	215	19.4	121	10.92
比较认同	227	20.49	259	23.38	265	23.92	321	28.97	308	27.8	329	29.69
非常认同	780	70.40	654	59.03	722	65.16	599	54.06	516	46.57	615	55.51

认同程度	在文献资料搜索过程中给予我指导		会向我讲解研究方法和技术		在我的学位论文写作中帮助我搭建框架		鼓励并协助我发表学术论文		慷慨地与我分享他/她的人脉资源		会对我的职业发展提供建议或帮助	
	频次	百分比（%）	频次	百分比（%）	频次	百分比（%）	频次	百分比（%）	频次	百分比（%）	频次	百分比（%）
完全不认同	8	0.72	7	0.63	15	1.35	11	0.99	16	1.44	13	1.17
不太认同	40	3.61	24	2.17	45	4.06	23	2.08	51	4.6	37	3.34
一般	174	15.7	143	12.91	157	14.17	97	8.75	164	14.8	131	11.82
比较认同	322	29.06	311	28.07	325	29.33	280	25.27	305	27.53	273	24.64
非常认同	564	50.9	623	56.23	566	51.08	697	62.91	572	51.62	654	59.03

(二) 氛围和条件

在氛围和条件维度上（图5-4），得分均值最高的是"所在院系提供了丰富的学术活动如讲座、研讨会等"（4.52），第二的是"我能够顺利融入导师的学术团队中"（4.47），第三的是"所在院系的研究氛围激励了我的研究工作"（4.44）。这说明博士生对所在院系提供的科研条件、营造的学术氛围是相当认可的，总体来讲平均得分都超过了4分，介于比较认同和非常认同之间。

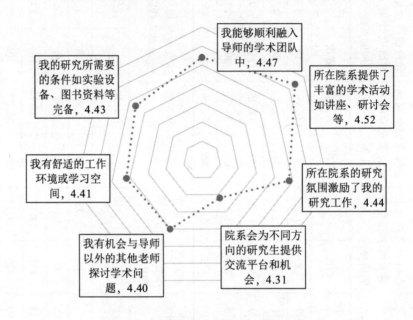

图 5-4　氛围和条件各题项得分雷达图

表5-17列出了博士生对氛围和条件有关问题回答的频数分布情况。学生认同（包括非常认同和比较认同）占比最高的是"所在院系提供了丰富的学术活动如讲座、研讨会等"（占90.25%），第二的是"我能够顺利融入导师的学术团队中"（占89.08%），第三的是"所在院系的研究氛围激励了我的研究工作"（占87.27%），这说明博士生对学术培养的适应性相当不错。学生不认同（包括完全不认同和不太认同）占比最高的是"院系会为不同方向的研究生提供交流平台和机会"（占4.88%），第二的是"所在院系的研究氛围激励了我的研究工作"（占3.07%），第三的是"我有舒适的工作环境或学习空间"（占2.98%）。这说明除了提供丰富的学术活动，院系今后要着力于为不同方向乃至跨学科的交流提供更多平台。

表 5-17 博士生对氛围和条件有关问题回答的频数分布表 (N=1108)

认同程度	我能够顺利融入导师的学术团队中		所在院系提供了丰富的学术活动如讲座、研讨会等		所在院系的研究氛围激励了我的研究工作		院系会为不同方向的研究生提供交流平台和机会		我有机会与导师以外的其他老师探讨学术问题		我有舒适的工作环境或学习空间		我的研究所需要的条件如实验设备、图书资料等完备	
	频次	百分比(%)	频次	百分比(%)	频次	百分比(%)	频次	百分比(%)	频次	百分比(%)	频次	百分比(%)	频次	百分比(%)
完全不认同	10	0.9	10	0.9	12	1.08	22	1.99	8	0.72	11	0.99	8	0.72
不太认同	14	1.26	13	1.17	22	1.99	32	2.89	21	1.9	22	1.99	23	2.08
一般	97	8.75	85	7.67	107	9.66	146	13.18	140	12.64	127	11.46	115	10.38
比较认同	313	28.25	278	25.09	292	26.35	291	26.26	289	26.08	293	26.44	304	27.44
非常认同	674	60.83	722	65.16	675	60.92	617	55.69	650	58.66	655	59.12	658	59.39

（三）博士生技能发展

在技能发展维度上（图5-5），得分均值最高的是"我的专业基础知识在博士学习阶段得到了提升"（4.65），第二的是"研究训练增强了我的逻辑思维分析能力"（4.63），第三的是"研究训练提升了我的问题解决能力"（4.61）。这说明博士生对自身通过学术训练取得的能力发展是相当认可的，总体来讲，平均得分都超过了4.5分，接近于非常满意。

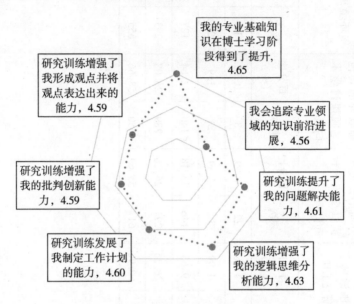

图5-5　技能发展各题项得分雷达图

表5-18列出了博士生对自身技能发展有关问题回答的频数分布情况。学生认同（包括非常认同和比较认同）占比最高的是"研究训练增强了我的逻辑思维分析能力"（占94.85%），第二的是"研究训练提升了我的问题解决能力"（占94.68%），第三的是"研究训练增强了我的批判创新能力"（占94.5%），这说明学生非常肯定博士学术训练对思维分析、问题解决、批判创新能力提升的重要影响。学生不认同（包括完全不认同和不太认同）占比最高的是"我会追踪专业领域的知识前沿进展"（占1.17%），"研究训练发展了我制定计划的能力"（占1.08%），"研究训练增强了我形成观点并将观点表达出来的能力"（占1.17%）。总体而言，学生对各题项不认同的比例都相当低，显示出其对自身能力发展的极高评价，这一方面是培养质量高的表现，另一方面可能是因为自评问卷填答中容易出现对自身高估的现象。另一种可能性则是，研究对象都

表5-18　博士生对自身技能发展有关问题回答的频数分布表（N=1108）

认同程度	我的专业基础知识在博士阶段得到了提升		我会追踪专业领域的知识前沿进展		研究训练提升了我的问题解决能力		研究训练增强了我的逻辑思维分析能力		研究训练发展了我制定计划的能力		研究训练增强了我的批判创新能力		研究训练增强了我形成观点并将观点表达出来的能力	
	频次	百分比（%）	频次	百分比（%）	频次	百分比（%）	频次	百分比（%）	频次	百分比（%）	频次	百分比（%）	频次	百分比（%）
完全不认同	5	0.45	6	0.54	5	0.45	5	0.45	5	0.45	6	0.54	7	0.63
不太认同	2	0.18	7	0.63	5	0.45	5	0.45	7	0.63	6	0.54	6	0.54
一般	55	4.96	81	7.31	49	4.42	47	4.24	52	4.69	49	4.42	52	4.69
比较认同	253	22.83	281	25.36	303	27.35	286	25.81	302	27.26	311	28.07	307	27.71
非常认同	793	71.57	733	66.16	746	67.33	765	69.04	742	66.97	736	66.43	736	66.43

是最终获得博士学位的世俗意义上的"成功者"（问卷填答的节点正是其成功取得博士学位的时间，从而不难理解这种自信），而排除了那些中途由于各种原因退学、中期分流的学生（但并非认为他们就是"失败者"），使得研究样本中缺失了一个被边缘化的群体。

进一步就学生技能发展做差异性分析。以导师定期（平均每月）会面次数为自变量，学生技能发展为因变量进行单因素方差分析，方差齐性检验结果显示方差不齐，因此不能进行单因素方差分析，需进行非参数检验。Kruskal-Wallis 检验（克鲁斯卡尔-沃利斯检验）结果显示，学生技能发展在不同的导师定期会面次数上存在显著差异（$p<0.001$），具体表现为与导师定期会面次数为1次、2-3次、4次以上的博士生在技能发展上的表现显著优于与导师定期会面次数为1次以下的博士生；与导师定期会面次数为4次以上的博士生在技能发展上的表现显著优于与导师定期会面次数为1次的博士生。

表5-19 导师资助参加学术会议与学生技能发展的关系

因变量	自变量	M±SD	t
学生技能发展	导师资助学生参加学术会议	4.65±.537	−3.658***
	导师不资助学生参加学术会议	4.50±.652	

注：***$p<0.001$。

由表5-19可见，学生技能发展在导师资助参加学术会议维度上存在显著差异（$p<0.001$），导师资助参加学术会议的学生在技能发展维度上的表现要显著优于导师不资助其参加学术会议的学生。

第三节 导师指导风格类型及其影响因素

一、指导风格的类型

指导风格的测量是基于梅赫德等人（Mainhard, et al., 2009）开发的 QSDI 量表。但是，QSDI 量表划分的师生交往方式的八个类型过于繁杂，我们所搜集的数据分析发现，领导型和友善型、迷茫型和不满型、理解型和放任型、责备型和严厉型都可以各自合并作为一组，因为它们彼此在原问卷中都是正相关的。不过，数据分析结果显示，领导型和友善型的区别比较明显一些，可以分开作为两个类型。因此，如前述我们所修订的毕业生问卷效度检验的结果显示，导师指导风格形成了区分度良好的五因子模型，即可以把指导风格划分为领导型、友善型、理解型（合并了放任型）、不满型（合并了迷茫型）和严厉型（合并了责备型）五个类型。需要说明的是，指导风格类型的划分不是非此即彼的，只能通过学生评价看某位学生的导师在行为表现上符合哪种类型的典型特征，从而大致判断其更接近于哪种类型的指导风格。

（一）领导型

当导师指导风格为领导型时，得分均值最高的是"在研究选题和完善上给予我良好的指导"（4.52），第二的是"在对我的指导上表现得非常专业有自信"（4.40），第三的是"在我的研究进程中不断给我反馈意见"（4.36）。领导型的导师倾向于在博士生培养过程中给予持续性支持，会通过布置任务、反馈意见、解答疑惑、提出建议的方式对学生的研究进展实施较高程度的把控，体现出高结构、高控制的特点。

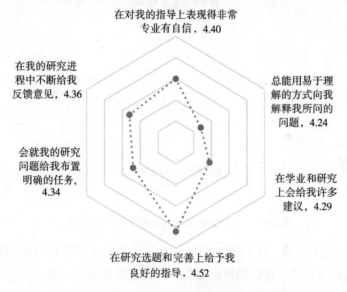

图5-6 领导型指导风格各题项得分雷达图

表5-20列出了博士生对领导型导师指导风格有关问题回答的频数分布情况。学生认同（包括非常认同和比较认同）占比最高的是"在研究选题和完善上给予我良好的指导"（占89.08%），第二的是"在对我的指导上表现得非常专业有自信"（占86.64%），第三的是"在我的研究进程中不断给我反馈意见"（占85.20%）。学生不认同（包括完全不认同和不太认同）占比最高的是"总能用易于理解的方式向我解释我所问的问题"（占6.41%），第二的是"在学业

和研究上会给我许多建议"（占 4.61%）。解释问题、反馈意见、提出建议都是师生互动中最需要花费时间的，这说明导师在这些责任的履行上还有所不足，仍有提升的空间。

（二）友善型

当导师指导风格为友善型时，得分均值最高的是"尊重学生的需要和兴趣并给予支持"（4.49），其他三个题项的得分非常接近。友善型的导师也倾向于在博士生培养过程中给予支持，但不是贯穿在特定的任务中，没有那么高程度的把控，而是一种"在那里"的感觉，学生有较高的创新自由度，当需要具体帮助的时候又能够"找得到人"。虽然友善型指导风格的结构性、控制度不如领导型那么高，但是师生间信任合作的程度可能比领导型更高一些，导师对学生想法的接纳程度也更高一些。

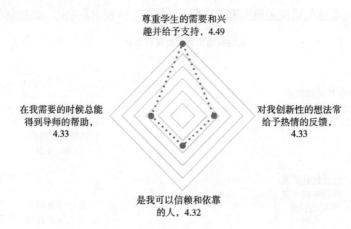

图 5-7　友善型指导风格各题项得分雷达图

表 5-21 列出了博士生对友善型导师指导风格有关问题回答的频数分布情况。学生认同（包括非常认同和比较认同）占比最高的是"尊重学生的需要和兴趣并给予支持"（占 88.99%），其次是"在我需要的时候总能得到导师的帮助"（占 83.93%）。这说明大部分导师能够尊重学生的需要和兴趣，也能够在需要时给予学生支持和帮助，这个数据和前述基本信息中"导师平均每月指导次数为 1-4 次的占 75.99%，但仍有 8.94% 的博士生反馈其导师平均每月指导次数在 1 次以下"形成了较好的印证。学生不认同（包括完全不认同和不太认同）占比最高的是"是我可以信赖和依靠的人"（占 5.15%）。这说明，导师在与学生发展互信合作的关系上还有一定提升的空间。

表5-20 博士生对领导型导师指导风格有关问题回答的频数分布表（N=1108）

认同程度	在对我的指导上表现得非常专业有自信		总能用易于理解的方式向我解释所问的问题		在学业和研究上会给我许多建议		在研究选题和完善上给予我良好的指导		会就我的研究问题给我布置明确的任务		在我的研究进程中不断给我反馈意见	
	频次	百分比（%）	频次	百分比（%）	频次	百分比（%）	频次	百分比（%）	频次	百分比（%）	频次	百分比（%）
完全不认同	16	1.44	29	2.62	23	2.08	8	0.72	9	0.81	11	0.99
不太认同	20	1.81	42	3.79	28	2.53	13	1.17	21	1.9	32	2.89
一般	112	10.11	141	12.73	146	13.18	100	9.03	158	14.26	121	10.92
比较认同	313	28.25	319	28.79	322	29.06	265	23.92	321	28.97	329	29.69
非常认同	647	58.39	577	52.08	589	53.16	722	65.16	599	54.06	615	55.51

表5-21 博士生对友善型导师指导风格有关问题回答的频数分布表（N=1108）

认同程度	尊重学生的需要和兴趣并给予支持		对我创新性的想法常给予热情的反馈		是我可以信赖和依靠的人		在我需要的时候总能得到导师的帮助	
	频次	百分比（%）	频次	百分比（%）	频次	百分比（%）	频次	百分比（%）
完全不认同	11	0.99	13	1.17	24	2.17	11	0.99
不太认同	18	1.62	27	2.44%	33	2.98	31	2.8
一般	93	8.39	149	13.45	147	13.27	136	12.27
比较认同	285	25.72	310	27.98	268	24.19	329	29.69
非常认同	701	63.27	609	54.96	636	57.4	601	54.24

（三）理解型

当导师指导风格为理解型时，得分均值最高的是"允许我有不同意见，鼓励我有自己的想法"（4.44），并列第二的是"通常对学生很体贴，能为学生着想"和"信任我"（4.42）。理解型的导师倾向于在博士生培养过程中不对学生做过多的控制，对学生是信任的，师生之间合作性较高。另外，这部分设置了一个反向题，即"不太管我，总让我自己做决定"（2.19）。不强制要求学生按照导师制定的计划推进研究，是控制弱、放任学生自由发展的表现。也就是说，理解型的导师虽然尊重学生的意见，通常较为体贴和关心学生，对学生的反应是接纳性的，但同时也带有放任自流的特点。理解型指导风格的培养质量如何应视与学生需求的匹配程度而定：对于自主性强、有创新性和自我规划能力的学生而言，自由放任未必是不好的，但对于依赖性强的学生而言，凡事让学生自己做决定实际上可能导致危险的、代价很大的"失控"局面。

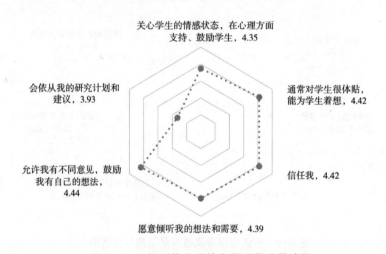

图 5-8　理解型指导风格各题项得分雷达图

表 5-22 列出了博士生对理解型导师指导风格有关问题回答的频数分布情况。学生认同（包括非常认同和比较认同）占比最高的是"允许我有不同意见，鼓励我有自己的想法"（占 88.09%），第二的是"信任我"（占 86.73%），第三的是"通常对学生很体贴，能为学生着想"（占 85.92%）。学生不认同（包括完全不认同和不太认同）占比最高的是"会依从我的研究计划和建议"（占6.05%），第二的是"关心学生的情感状态，在心理方面支持、鼓励学生"（占5.23%），加之反向题"不太管我，总让我自己做决定"的认同程度较高（占

15.79%），这说明有一部分导师对学生的指导是比较低控制的，虽然师生关系体现为基于信任的亲近，但是理解型指导风格的导师对学生学业的支持度是明显不足的，导师对学生的影响也比较弱。

（四）不满型

当导师指导风格为不满型时，得分均值并列最低的三项是"对我创新性的想法不重视，常给予托词"（1.63），"回答我的问题常常模棱两可"（1.63），"看不到我的潜力"（1.63）。与学生的交流频率不高、交流内容不具体不明确，导师对学生的想法不重视、不支持也不满意，是不满型指导风格的主要特点。就"亲近"这个维度而言，不满型的师生关系不紧密；就"影响"这个维度而言，导师对学生影响小、控制弱，师生之间常常是不合作的对立状态。

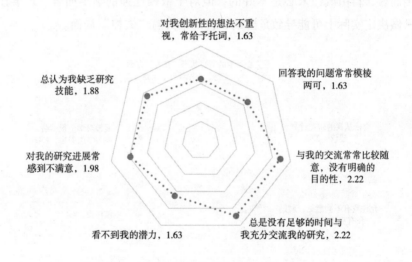

图5-9 不满型指导风格各题项得分雷达图

表5-23列出了博士生对不满型导师指导风格有关问题回答的频数分布情况。学生认同（包括非常认同和比较认同）占比最高的是"总是没有足够的时间与我充分交流我的研究"（占17.05%），第二的是"与我的交流常常比较随意，没有明确的目的性"（占16.97%），第三的是"对我的研究进展常感到不满意"（占11.46%）。学生不认同（包括完全不认同和不太认同）占比最高的是"回答我的问题常常模棱两可"（占84.12%），第二的是"对我创新性的想法不重视，常给予托词"（占83.12%），第三的是"看不到我的潜力"（占82.76%）。不满型题项整体均值大于3的有90份样本，占比8.12%，可见有一

部分导师行为符合不满型指导风格的特征，例如找不到人、指导随意、无法很好地解答学生的问题、不善于挖掘学生的创新潜力，虽然指导风格为不满型的导师比例并不是很高，但是这种指导风格类型对培养质量的影响是负向的。

（五）严厉型

当导师指导风格为严厉型时，得分均值最低的是"当我不听从导师的意见时，导师会羞辱我，令我难堪"（1.44），接下来依次是"常对我不耐烦"（1.49）、"不尊重我的意见"（1.59）。可见，导师对学生的不尊重、不耐烦、常常批评是严厉型指导风格的主要特点。就"亲近"这个维度而言，严厉型的师生关系不亲密；就"影响"这个维度而言，导师对学生控制很强，师生关系多对立冲突。

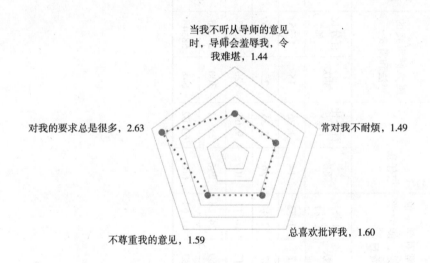

图 5-10　严厉型指导风格各题项得分雷达图

表 5-24 列出了博士生对严厉型导师指导风格有关问题回答的频数分布情况。学生认同（包括非常认同和比较认同）占比最高的是"对我的要求总是很多"（占 20.40%），第二的是"不尊重我的意见"（占 6.59%），第三的是"总喜欢批评我"（占 5.15%）。学生不认同（包括完全不认同和不太认同）占比最高的是"当我不听从导师的意见时，导师会羞辱我，令我难堪"（占 88.36%），其次是"常对我不耐烦"（占 87.63%）。严厉型题项整体均值大于 3 的有 67 份

表 5-22　博士生对理解型导师指导风格有关问题回答的频数分布表（N=1108）

认同程度	关心学生的情感状态，在心理方面支持、鼓励学生		通常对学生很体贴，能为学生着想		信任我		愿意倾听我的想法和需要		允许我有不同意见，鼓励我有自己的想法		会依从我的研究计划和建议		不太管我，总让我自己做决定	
	频次	百分比（%）	频次	百分比（%）	频次	百分比（%）	频次	百分比（%）	频次	百分比（%）	频次	百分比（%）	频次	百分比（%）
完全不同	13	1.17	17	1.53	14	1.26	15	1.35	10	0.9	21	1.9	417	37.64
不太认同	45	4.06	27	2.44	26	2.35	25	2.26	18	1.62	46	4.15	295	26.62
一般	122	11.01	112	10.11	107	9.66	120	10.83	104	9.39	266	24.01	221	19.95
比较认同	291	26.26	269	24.28	296	26.71	300	27.08	316	28.52	430	38.81	119	10.74
非常认同	637	57.49	683	61.64	665	60.02	648	58.48	660	59.57	345	31.14	56	5.05

表5-23 博士生对不满型导师指导风格有关问题回答的频数分布表 (N=1108)

认同程度	对我创新性的想法不重视，常常给予托词		回答我的问题常常模棱两可		与我的交流常常比较随意，没有明确的目的性		总是没有足够的时间与我充分交流我的研究		看不到我的潜力		对我的研究进展常感到不满意		总认为我缺乏研究技能	
	频次	百分比(%)	频次	百分比(%)	频次	百分比(%)	频次	百分比(%)	频次	百分比(%)	频次	百分比(%)	频次	百分比(%)
完全不认同	713	64.35	673	60.74	419	37.82	431	38.9	681	61.46	518	46.75	548	49.46
不太认同	208	18.77	259	23.38	288	25.99	284	25.63	236	21.3	262	23.65	292	26.35
一般	109	9.84	111	10.02	213	19.22	204	18.41	133	12	201	18.14	158	14.26
比较认同	36	3.25	45	4.06	113	10.2	93	8.39	33	2.98	81	7.31	69	6.23
非常认同	42	3.79	20	1.81	75	6.77	96	8.66	25	2.26	46	4.15	41	3.7

表5-24 博士生对严厉型导师指导风格有关问题回答的频数分布表 (N=1108)

认同程度	当我不听从导师的意见时，导师会羞辱我，令我难堪		常对我不耐烦		总喜欢批评我		不尊重我的意见		对我的要求总是很多	
	频次	百分比（%）	频次	百分比（%）	频次	百分比（%）	频次	百分比（%）	频次	百分比（%）
完全不认同	819	73.92	771	69.58	697	62.91	736	66.43	216	19.49
不太认同	160	14.44	200	18.05	240	21.66	198	17.87	271	24.46
一般	80	7.22	84	7.58	114	10.29	101	9.12	395	35.65
比较认同	25	2.26	37	3.34	30	2.71	38	3.43	160	14.44
非常认同	24	2.17	16	1.44	27	2.44	35	3.16	66	5.96

样本，占比6.05%；不满型和严厉型两个类型整体均值同时都大于3的有53份样本，占比4.78%。可见有一部分导师行为符合严厉型指导风格的特征，例如对学生缺乏平等的尊重、指导缺乏耐心、要求很多、总是批评，甚至对学生人格攻击等。虽然指导风格为严厉型的导师比例并不是很高，同时兼顾不满型与严厉型特征的导师比例更低，但是这两种指导风格类型对培养质量的影响是负向的。

二、指导风格的差异分析

（一）学科差异

将导师指导风格作为因变量，学科类型作为自变量进行单因素方差分析。方差齐性检验结果显示，除不满型外，领导型、友善型、理解型、严厉型这四种指导风格方差不齐，因此只有不满型导师指导风格能进行单因素方差分析。如表5-25所示，方差分析结果显示不满型导师指导风格在不同学科上存在显著差异（F=7.077，p<0.01），具体表现为理工类导师的不满型指导风格比人文类、社科类导师更突出。

表5-25　学科类型与导师指导风格的单因素方差分析

因变量	自变量	M±SD	F 值	事后比较
不满型	人文类	1.7174±.72224	7.077**	③>①、②
	社科类	1.7959±.70901		
	理工类	1.9512±.78745		

注：**p<0.01。①、②、③分别代表人文类、社科类和理工类。

对领导型、友善型、理解型、严厉型进行进一步非参数检验。Kruskal-Wallis检验结果显示，领导型（p<0.001）、友善型（p<0.01）、理解型（p<0.01）、严厉型（p<0.01）均在不同的学科中存在显著差异。具体而言，领导型、友善型、理解型的指导风格均在人文类（M=4.5208；M=4.4913；M=4.0833）、社科类（M=4.4348；M=4.4553；M=4.0833）学科的导师群体中更突出，且都显著高于理工类（M=4.2973；M=4.3037；M=3.9210）导师；严厉型的指导风格则在理工类（M=1.8153）学科的导师中更为突出，且显著高于人文类（M=1.6087）和社科类（M=1.6522）学科的导师。

（二）年龄差异

以导师年龄作为自变量，导师指导风格作为因变量进行单因素方差分析，方差齐性检验显示严厉型导师指导风格方差不齐，因此除严厉型外，其他类型的导师指导风格可以进行单因素方差分析。如表 5-26 所示，方差分析结果显示，友善型（F = 5.153，p < 0.01）、理解型（F = 5.964，p < 0.001）、不满型（F = 2.726，p < 0.05）指导风格在不同年龄的导师中存在显著差异。从事后检验结果可知，在 46-55 岁和 56 岁以上的导师群体中，友善型指导风格比 46 岁以下各年龄段的导师都更为突出；在 56 岁以上的导师群体中，理解型指导风格比 56 岁以下各年龄段的导师都更为突出；不满型指导风格则在 36-45 岁的导师群体中更为突出，且显著高于 46 岁以上各年龄段的导师。

表 5-26 导师年龄与导师指导风格的单因素方差分析

因变量	自变量	M±SD	F 值	事后比较
友善型	35 岁以下	3.9733±1.02502	5.153**	③、④>①、②
	36-45 岁	4.2378±.76483		
	46-55 岁	4.3637±.74294		
	56 岁以上	4.4636±.71492		
理解型	35 岁以下	3.6667±.83095	5.964***	④>①、②、③
	36-45 岁	3.8905±.55544		
	46-55 岁	3.9486±.53852		
	56 岁以上	4.0611±.55916		
不满型	35 岁以下	1.9333±.70166	2.726*	②>③、④
	36-45 岁	2.0235±.81351		
	46-55 岁	1.8615±.74100		
	56 岁以上	1.8428±.77125		

注：*p<0.05，**p<0.01，***p<0.001。①、②、③、④分别代表导师年龄在"35 岁以下""36-45 岁""46-55 岁"和"56 岁以上"。

由于严厉型导师指导风格方差不齐，因此采用非参数检验进行进一步分析。Kruskal-Wallis 检验结果显示，严厉型指导风格在不同年龄的导师中存在显著差异（p<0.001）。具体表现为 36-45 岁（M = 1.9055）以及 46-55 岁（M = 1.7548）的导师群体中严厉型指导风格要比 56 岁以上（M = 1.6583）的导师更突出。

（三）导师在何处获得学位差异

以导师是否在境外获得学位作为自变量，导师指导风格作为因变量进行独立样本 t 检验。如表 5-27 所示，分析结果显示，严厉型导师指导风格在"是否有境外学位"上存在显著性差异，即相较于有境外学位的导师，严厉型指导风格在无境外学位导师群体中更加突出。

表 5-27　导师是否有境外学位与指导风格的独立样本 t 检验

因变量	自变量	M±SD	t
严厉型	有境外学位	1.7146±.73292	−2.169 *
	无境外学位	1.8145±.7433	

注：* p<0.05。

（四）导师指导在校博士生数量与指导风格的差异性分析

以导师指导的在校博士生数量为自变量，导师指导风格为因变量进行单因素方差分析，结果显示理解型导师指导风格方差不齐，因此不能进行单因素方差分析。其他导师指导风格的单因素方差分析结果显示，在导师指导的在校博士生数量上不存在显著差异。

针对方差不齐的理解型导师风格进一步使用 Kruskal-Wallis 检验方法进行非参数检验，检验结果显示理解型指导风格在导师指导的在校博士生数量上存在显著差异（p<0.05）。具体表现为指导 1-3 名在校博士生的导师，其理解型指导风格比指导 7-9 名在校博士生的导师更突出。

第四节　师生关系类型及其影响因素

一、导师品格、伦理道德、关系与影响

（一）导师品格

在导师品格维度上（图 5-11），得分均值最高的是"有敬业精神"（4.75），第二的是"能够以身作则，树立榜样"（4.67），第三的是"愿意与他人合作多过竞争"（4.63）。导师品格既包括其自身正直、诚实的品德，也包括导师作为

学生效仿的模范时能否展示其德行和行为准则，具体表现在导师对待学生的态度是将学生当作"完整的人"来培养，还是当作年轻的同事，抑或是当作"劳动力"。我们把"把学生当作科研劳动力来使用"作为反向题，但在最终问卷中删去了这一题项。

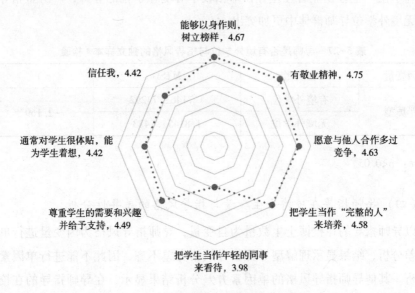

图 5-11 导师品格各题项得分雷达图

表 5-28 列出了博士生对导师品格有关问题回答的频数分布情况。学生认同（包括非常认同和比较认同）占比最高的是"有敬业精神"（占 96.12%），第二的是"能够以身作则，树立榜样"（占 94.31%），第三的是"愿意与他人合作多过竞争"（占 93.15%）。学生不认同（包括完全不认同和不太认同）占比最高的是"把学生当作年轻的同事来看待"（占 11.19%），其次是"通常对学生很体贴，能为学生着想"（占 3.97%）。反向题"把学生当作科研劳动力来使用"这一题项的平均分是 2.58，标准差是 1.45。可见，整体而言，导师品格的状态是非常不错的，绝大部分导师是敬业且具有合作精神的，能够成为博士生在科研工作上的榜样。九成的博士生认为其导师是把他们当作"完整的人"来培养，而不是作为机器，但在中国文化背景中"博士生是年轻的同事"这种意识尚未普及。

表5-28　博士生对导师品格有关问题回答的频数分布表 （N=1108）

认同程度	能够以身作则，树立榜样		有敬业精神		愿意与他人合作多过竞争		把学生当作"完整的人"来培养		把学生当作年轻的同事来看待		尊重学生的需要和兴趣并给予支持		通常对学生很体贴，能为学生着想		信任我	
	频次	百分比（%）	频次	百分比（%）	频次	百分比（%）	频次	百分比（%）	频次	百分比（%）	频次	百分比（%）	频次	百分比（%）	频次	百分比（%）
完全不认同	9	0.81	8	0.72	12	1.08	14	1.26	45	4.06	11	0.99	17	1.53	14	1.26
不太认同	9	0.81	6	0.54	9	0.81	12	1.08	79	7.13	18	1.62	27	2.44	26	2.35
一般	45	4.06	29	2.62	55	4.96	79	7.13	198	17.87	93	8.39	112	10.11	107	9.66
比较认同	209	18.86	168	15.16	220	19.86	217	19.58	318	28.70	285	25.72	269	24.28	296	26.71
非常认同	836	75.45	897	80.96	812	73.29	786	70.94	468	42.24	701	63.27	683	61.64	665	60.02

（二）伦理道德

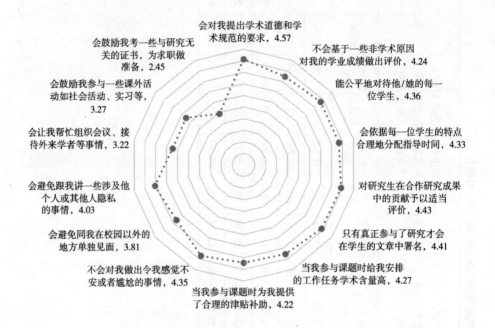

图5-12 导师伦理道德各题项得分雷达图

在进行效度检验时发现伦理道德维度可以细分为研究伦理、师生交往伦理、职业生涯支持三个因子，但因为其中两个因子题项很少，在此就导师在整个伦理道德维度的表现进行说明。在伦理道德维度上（图5-12），得分均值最高的是"会对我提出学术道德和学术规范的要求"（4.57），第二的是"对研究生在合作研究成果中的贡献予以适当评价"（4.43），第三的是"只有真正参与了研究才会在学生的文章中署名"（4.41）。事实上，在研究伦理因子上，学生认为导师的表现是令人称道的，均值都在4以上，介于比较认同和非常认同之间。师生交往伦理上存在一些分歧，尤其体现在"会避免同我在校园以外的地方单独见面"，该题项的平均分是3.81，标准差是1.31，这从某种程度上说明私人交往的界限不甚清晰。职业生涯支持因子上得分最低，介于不太认同到比较认同之间，标准差都较大，说明导师在为学生职业生涯发展做准备这一职责上的投入少，不同导师之间的差异也比较大。

表5-29列出了博士生对导师伦理道德有关问题回答的频数分布情况。学生认同（包括非常认同和比较认同）占比最高的是"会对我提出学术道德和学术

规范的要求"（占92.15%），第二的是"对研究生在合作研究成果中的贡献予以适当评价"（87.54%），第三的是"只有真正参与了研究才会在学生的文章中署名"（占85.74%）。说明绝大部分导师在学术规范上做出了良好的表率，对学生提出了学术道德的要求，能够公正地评价博士生在研究中的贡献。学生不认同（包括完全不认同和不太认同）占比最高的是"会鼓励我考一些与研究无关的证书，为求职做准备"（占53.79%），第二的是"会鼓励我参与一些课外活动如社会活动、实习等"（占27.25%），第三的是"会让我帮忙组织会议、接待外来学者等事情"（占26.09%）。这说明导师对博士生的职业生涯发展是不太关注的，也不一定认可学术职业之外的求职准备活动。在导师伦理道德维度上，帮助博士生的职业生涯发展是一个相对被忽视的洼地。

（三）关系与影响

在关系和影响维度上，得分均值最高的是"导师对我的治学态度和能力产生了积极的影响"（4.58），其次是"导师对我的为人处世产生了积极的影响"和"导师对我的道德修养产生了积极的影响"（4.52），再次是"导师对我的学术志趣产生了积极的影响"（4.51）。可见，学生对导师在"做人、做事、做学问"上体现出的影响作用是非常认可的，并且三者是关联在一起是发挥作用的。

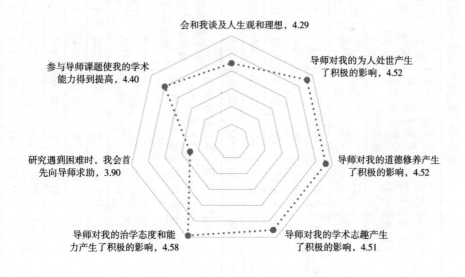

图5-13 关系和影响各题项得分雷达图

表 5-29 博士生对导师伦理道德有关问题回答的频数分布表 (N=1108)

认同程度	会对我提出学术道德和学术规范的要求		不会基于一些非学术原因对我的学业成绩做出评价		能公平地对待他/她的每一位学生		会依据每一位学生的特点合理地分配指导时间		对研究生在合作研究成果中的贡献予以适当评价		只有真正参与了研究才会在合会中的文章中署名		当我参与课题时给我安排的任务含量高	
	频次	百分比(%)	频次	百分比(%)	频次	百分比(%)	频次	百分比(%)	频次	百分比(%)	频次	百分比(%)	频次	百分比(%)
完全不认同	5	0.45	44	3.97	14	1.26	6	0.54	6	0.54	11	0.99	12	1.08
不太认同	7	0.63	25	2.26	41	3.70	35	3.16	13	1.17	28	2.53	13	1.17
一般	75	6.77	135	12.18	115	10.38	148	13.36	119	10.74	119	10.74	180	16.25
比较认同	285	25.72	317	28.61	303	27.35	322	29.06	332	29.96	291	26.26	363	32.76
非常认同	736	66.43	587	52.98	635	57.31	597	53.88	638	57.58	659	59.48	540	48.74

认同程度	当我参与课题时为我提供了合理的津贴补助		不会对我做出令我感觉不安或者尴尬的事情		会避免同我在校园以外的地方单独见面		会避免跟我讲一些涉及他人或其他人隐私的事情		会让我帮忙组织会议、接待外来学者等事情		会鼓励我参与一些课外活动如社会活动、实习等		会鼓励我考一些与研究无关的证书，为求职做准备	
	频次	百分比(%)	频次	百分比(%)	频次	百分比(%)	频次	百分比(%)	频次	百分比(%)	频次	百分比(%)	频次	百分比(%)
完全不认同	27	2.44	32	2.89	100	9.03	66	5.96	145	13.09	125	11.28	313	28.25
不太认同	37	3.34	35	3.16	94	8.48	58	5.23	144	13.00	177	15.97	283	25.54
一般	174	15.70	115	10.38	198	17.87	183	16.52	332	29.96	340	30.69	317	28.61
比较认同	300	27.08	258	23.29	246	22.20	272	24.55	292	26.35	204	18.41	92	8.30
非常认同	570	51.44	668	60.29	470	42.42	529	47.74	195	17.60	262	23.65	103	9.30

表 5-30 列出了博士生对关系与影响有关问题回答的频数分布情况。学生认同（包括非常认同和比较认同）占比最高的是"导师对我的治学态度和能力产生了积极的影响"（占 91.69%），第二的是"导师对我的道德修养产生了积极的影响"（占 89.17%），第三的是"导师对我的为人处世产生了积极的影响"（占 89.08%）。这说明在促进专业能力发展之外，导师对博士生学术社会化产生的影响是很大的。有 85.65% 的博士生都认可参与导师课题对学术能力提升的作用，这说明参与课题研究是学术型博士生培养的有效途径之一。学生不认同（包括完全不认同和不太认同）占比最高的是"研究遇到困难时，我会首先向导师求助"（占 9.48%），第二的是"会和我谈及人生观和理想"（占 5.60%）。这说明求助导师不一定是学生解答疑惑的首要渠道，导师在价值观影响上发挥的作用还有提升的空间。

二、师生关系的类型及差异性分析

（一）理想的师生关系排名

由表 5-31 可见，科研合作伙伴关系是学生心目中最理想的师生关系类型（占比 84.84%），其次是师傅和徒弟关系类型（占比 79.51%），然后是朋友关系类型（占比 79.33%），最不理想的师生关系是老板和雇员关系（占 71.03%）。对于父母和子女型师生关系，博士生的意见是两极化的，53.52% 的人认同，46.48% 的人不认同。经相关性检验，性别与学生对理想师生关系的期待无相关关系，p 值均大于 0.05。工作经历和将父母子女型关系作为理想师生关系具有相关关系，相关系数为 0.059（p<0.05），是弱相关。但经事后比较，工作经历年限不同的学生对理想师生关系是父母和子女关系的期待并没有显著差异。

表 5-31　博士生理想中的师生关系（N=1108）

项目	科研合作伙伴关系是否是你理想的师生关系类型		师傅和徒弟关系是否是你理想的师生关系类型		老板和雇员关系是否是你理想的师生关系类型		朋友关系是否是你理想的师生关系类型		父母和子女关系是否是你理想的师生关系类型	
	频次	百分比（%）	频次	百分比（%）	频次	百分比（%）	频次	百分比（%）	频次	百分比（%）
否	168	15.16	227	20.49	787	71.03	229	20.67	515	46.48
是	940	84.84	881	79.51	321	28.97	879	79.33	593	53.52

表5-30 博士生对关系与影响有关问题回答的频数分布表 (N=1108)

认同程度	会和我谈及人生观和理想		导师对我的为人处世产生了积极的影响		导师对我的道德修养产生了积极的影响		导师对我的学术志趣产生了积极的影响		导师对我的治学态度和能力产生了积极的影响		研究遇到困难时，我会首先向导师求助		参与导师课题使我的学术能力得到提高	
	频次	百分比 (%)	频次	百分比 (%)	频次	百分比 (%)	频次	百分比 (%)	频次	百分比 (%)	频次	百分比 (%)	频次	百分比 (%)
完全不认同	20	1.81	11	0.99	11	0.99	11	0.99	9	0.81	21	1.90	17	1.53
不太认同	42	3.79	13	1.17	11	0.99	15	1.35	13	1.17	84	7.58	15	1.35
一般	144	13.00	97	8.75	98	8.84	99	8.94	70	6.32	275	24.82	127	11.46
比较认同	296	26.71	259	23.38	254	22.92	252	22.74	249	22.47	330	29.78	293	26.44
非常认同	606	54.69	728	65.70	734	66.25	731	65.97	767	69.22	398	35.92	656	59.21

（二）实际经历的师生关系排名

表5-32呈现了博士生实际经历的师生关系。

表5-32 博士生实际经历的师生关系（N=1108）

项目	科研合作伙伴关系与你实际经历的师生关系		师傅和徒弟关系与你实际经历的师生关系		老板和雇员关系与你实际经历的师生关系		朋友关系与你实际经历的师生关系		父母和子女关系与你实际经历的师生关系	
	频次	百分比（%）	频次	百分比（%）	频次	百分比（%）	频次	百分比（%）	频次	百分比（%）
不太一样	205	18.50	145	13.09	866	78.16	308	27.80	523	47.20
比较一致	507	45.76	412	37.18	183	16.52	493	44.49	383	34.57
非常接近	396	35.74	551	49.73	59	5.32	307	27.71	202	18.23

由表5-32可见，师傅和徒弟关系与学生实际经历的师生关系类型是最接近的（占比49.73%），其次是科研合作伙伴关系（占比35.74%），然后是朋友关系（占比27.71%）；最不接近的是老板和雇员关系（占比78.16%），其次是父母和子女关系（占比47.20%）。这说明理想和现实还是有一定差距的，尤其体现在朋友关系与父母和子女关系上。由表5-31可知，79.33%的博士生认为朋友关系是理想的师生关系，但现实中很难达到，仅有27.71%的博士生认为他们实际经历的师生关系与朋友关系是非常接近的；53.52%的博士生认为父母和子女关系是理想的师生关系，但现实中仅有18.23%的博士生认为他们实际经历的师生关系与父母和子女关系是非常接近的。

（三）不同学科类型学生实际经历的师生关系类型的差异性分析

以学科类型为自变量，师生关系类型为因变量进行单因素方差分析。方差齐性检验结果显示老板和雇员、父母和子女师生关系类型方差不齐，因此不能进行单因素方差分析。对其他三种类型进行单因素方差分析，结果显示师傅和徒弟师生关系类型在学科类型上没有显著性差异（P=.087）；科研合作伙伴关系和朋友关系在学科类型上存在显著性差异（p<0.01），具体表现为社科类、理工类博士生比人文类博士生实际经历的师生关系更可能是科研合作伙伴关系；社科类博士生比理工类博士生实际经历的师生关系更有可能偏向于朋友关系（见表5-33）。

表 5-33 不同学科倾向的师生关系类型比较

因变量	自变量	M±SD	F 值	事后比较
实际经历的师生关系类型是科研合作伙伴关系	人文类	1.93±.692	5.885**	②、③>①
	社科类	2.17±.704		
	理工类	2.21±.716		
实际经历的师生关系型是朋友关系	人文类	2.03±.733	5.528**	②>③
	社科类	2.11±.735		
	理工类	1.94±.747		

注：** $p<0.01$，①、②、③分别代表人文类、社科类、理工类学科。

对老板和雇员师生关系类型进行非参数检验。Kruskal-Wallis 检验结果显示，这一师生关系类型在学科类型上存在显著差异（$p<0.001$），理工类（$M=1.35$）的博士生比人文类（$M=1.09$）和社科类（$M=1.15$）的博士生实际经历的师生关系更有可能偏向于老板和雇员的关系。

对老板和雇员型关系与父母和子女型关系在学科类型上的差异进行非参数检验。Kruskal-Wallis 检验结果显示，这两种师生关系类型均在学科类型上存在显著差异（$p<0.001$）。理工类（$M=1.35$）的博士生比人文类（$M=1.09$）和社科类（$M=1.15$）的博士生实际经历的师生关系更有可能偏向于老板和雇员型关系；人文类（$M=2.01$）博士生比社科类（$M=1.79$）和理工类（$M=1.64$）的博士生，实际经历的师生关系更有可能倾向于父母子女型关系，其中社科类博士生对父母子女型师生关系的倾向又显著强于理工类博士生。

三、学生实际经历的师生关系类型与导师指导风格的相关性分析

表 5-34 呈现了导师指导风格与学生实际经历的师生关系类型的相关矩阵。

表 5-34 导师指导风格与学生实际经历的师生关系类型的相关矩阵

指导风格	科研合作伙伴关系	师傅和徒弟关系	老板和雇员关系	朋友关系	父母和子女关系
领导型	.321***	.363***	-.315***	.409***	.264***
友善型	.353***	.347***	-.344***	.489***	.306***
理解型	.282***	.307***	-.273**	.434***	.253***

续表

指导风格	科研合作 伙伴关系	师傅和徒弟 关系	老板和雇员 关系	朋友 关系	父母和子女 关系
不满型	-.254***	-.202***	.348***	-.320***	-.169***
严厉型	-.214***	-.179***	.390***	-.334***	-.151***

注：** p<0.01，*** p<0.001。

导师指导风格为领导型和实际经历的师生关系为科研合作伙伴关系、师傅和徒弟关系、老板和雇员关系、朋友关系、父母和子女关系具有显著的相关关系。领导型指导风格与实际经历的师生关系为科研合作伙伴关系（相关系数为0.321）、师傅和徒弟关系（相关系数为0.363）、朋友关系（相关系数为0.409）、父母和子女关系（相关系数为0.264）呈正相关，与实际经历的师生关系为老板和雇员关系（相关系数为-0.315）呈负相关。

导师指导风格为友善型和实际经历的师生关系为科研合作伙伴关系、师傅和徒弟关系、老板和雇员关系、朋友关系、父母和子女关系具有相关关系。友善型指导风格与实际经历的师生关系为科研合作伙伴关系（相关系数为0.353）、师傅和徒弟关系（相关系数为0.347）、朋友关系（相关系数为0.489）、父母和子女关系（相关系数为0.306）呈正相关，与实际经历的师生关系为老板和雇员关系（相关系数为-0.344）呈负相关。

导师指导风格为理解型和实际经历的师生关系为科研合作伙伴关系、师傅和徒弟关系、老板和雇员关系、朋友关系、父母和子女关系具有相关关系。理解型指导风格与实际经历的师生关系为科研合作伙伴关系（相关系数为0.282）、师傅和徒弟关系（相关系数为0.307）、朋友关系（相关系数为0.434）、父母和子女关系（相关系数为0.253）呈正相关，与实际经历的师生关系为老板和雇员关系（相关系数为-0.273）呈负相关。

导师指导风格为不满型和实际经历的师生关系为科研合作伙伴关系、师傅和徒弟关系、老板和雇员关系、朋友关系、父母和子女关系具有相关关系。不满型指导风格与实际经历的师生关系为老板和雇员关系（相关系数为0.348）呈正相关，与实际经历的师生关系为科研合作伙伴关系（相关系数为-0.254）、师傅和徒弟关系（相关系数为-0.202）、朋友关系（相关系数为-0.320）、父母和子女关系（相关系数为-0.169）呈负相关。

导师指导风格为严厉型和实际经历的师生关系为科研合作伙伴关系、师傅和徒弟关系、老板和雇员关系、朋友关系、父母和子女关系具有相关关系。严厉型指导风格与实际经历的师生关系为老板和雇员关系（相关系数为0.390）呈正相关，与实际经历的师生关系为科研合作伙伴关系（相关系数为-0.214）、师傅和徒弟关系（相关系数为-0.179）、朋友关系（相关系数为-0.334）、父母和子女关系（相关系数为-0.151）呈负相关。

四、学生实际经历的师生关系类型与导师指导风格的回归分析

（一）科研合作伙伴关系与导师指导风格的回归分析

将导师指导风格作为自变量，科研合作伙伴关系作为因变量进行多元线性回归分析。结果显示除友善型指导风格外，其他导师指导风格变量被排除，仅构建了友善型指导风格与科研合作伙伴关系的回归模型（见表5-35）。该模型的容忍度值为1.000，大于临界值.1，VIF值（方差膨胀因子）为1.000，小于临界值10，说明该模型不存在严重的共线性问题。$F = 157.231$，$p < .001$，说明友善型指导风格与科研合作伙伴关系有显著的线性回归关系；回归系数 $\beta = .338$，$p < .001$，95.0%的置信区间为.463-.932，线性回归方程可表示为 $Y = 0.338X + 0.698$，说明友善型指导风格能够正向显著预测科研合作伙伴关系。该模型调整后的 R^2 值为0.124，说明友善型能解释科研合作伙伴关系12.4%的变异量，解释度一般。

表5-35　导师指导风格（友善型）与科研合作伙伴关系的回归分析

自变量	非标准化系数		标准化系数	t	β 的95.0%置信区间	
	β	标准误差	β		下限	上限
友善型	.338	.027	.353	12.539***	.463	.932
模型汇总	常数=.698；R^2=.124；Adjusted R^2=.124；F=157.231***					

注：*** p<0.001。

（二）师傅和徒弟关系与导师指导风格的回归分析

将导师指导风格作为自变量，师傅和徒弟关系作为因变量进行多元线性回归分析，形成两个回归模型（见表5-36）。进入模型1的自变量为领导型指导风格，进入模型2的自变量为领导型和理解型指导风格。模型1的容忍度值为

1.000，大于临界值.1，VIF值（方差膨胀因子）为1.000，小于临界值10，说明该模型不存在严重的共线性问题。F=168.125，p<.001，说明领导型指导风格与师傅和徒弟关系有显著的线性回归关系；回归系数β=.355，p<.001，95.0%的置信区间为.301-.409，线性回归方程可表示为Y=0.355X+0.820，说明领导型指导风格能够显著正向预测师傅和徒弟关系。该模型调整后的R^2值为0.131，说明该模型能解释师傅和徒弟关系13.1%的变异量，解释度一般。模型2的容忍度值为.542，大于临界值.1，VIF值（方差膨胀因子）为1.846，小于临界值10，说明该模型不存在严重的共线性问题。F=89.091，p<.001，说明领导型和理解型指导风格与师傅和徒弟关系有显著的多重线性回归关系；领导型的回归系数β=.280，p<.001，95.0%的置信区间为.208-.353，理解型的回归系数β=.143，p<.01，95.0%的置信区间为.049-.237，线性回归方程可表示为Y=0.280X$_1$+0.143X$_2$+0.579（X$_1$表示领导型；X$_2$表示理解型），说明领导型和理解型指导风格能够共同显著正向预测师傅和徒弟关系。该模型调整后的R^2值为0.137，说明该模型能解释师傅和徒弟关系13.7%的变异量，解释度一般，但高于模型1。

表5-36 导师指导风格（领导型、理解型）与师徒关系的回归分析

自变量	模型 1		模型 2	
	β	标准误差	β	标准误差
领导型	.355	.121	.280	.037
理解型			.143	.048
常数	.820		.579	
R^2	.132		.139	
Adjusted R^2	.131		.137	
F 值	168.125***		89.091***	

注：***p<0.001。

（三）老板和雇员关系与导师指导风格的回归分析

将导师指导风格作为自变量，老板和雇员关系作为因变量进行多元线性回归分析，形成两个回归模型（见表5-37）。进入模型1的自变量为严厉型指导风格，进入模型2的自变量为严厉型和友善型指导风格。模型1的容忍度值为1.000，大于临界值.1，VIF值（方差膨胀因子）为1.000，小于临界值10，说

明该模型不存在严重的共线性问题。F = 198.920，p<.001，说明严厉型指导风格与老板和雇员关系有显著的线性回归关系；回归系数 β = .292，p<.001，95.0%的置信区间为 .251-.333，线性回归方程可表示为 Y = 0.292X+0.760，说明严厉型指导风格能够显著正向预测老板和雇员关系。该模型调整后的 R^2 值为 0.152，说明该模型能解释老板和雇员关系 15.2%的变异量，解释度一般。模型 2 的容忍度值为 .655，大于临界值 .1，VIF 值（方差膨胀因子）为 1.527，小于临界值 10，说明该模型不存在严重的共线性问题。F = 115.310，p<.001，说明严厉型和友善型指导风格与老板和雇员关系有显著的多重线性回归关系；严厉型的回归系数 β = .215，p<.001，95.0%的置信区间为 .165-.264，友善型的回归系数 β = -.130，p<.001，95.0%的置信区间为 -.179--.081，线性回归方程可表示为 Y = 0.215X_1 - 0.130X_2 + 1.462（X_1 表示严厉型；X_2 表示友善型），说明严厉型指导风格能够显著正向预测老板和雇员关系，友善型指导风格能够显著负向预测老板和雇员关系。该模型调整后的 R^2 值为 0.171，说明该模型能解释老板和雇员关系 17.1%的变异量，解释度一般，但高于模型 1。

表 5-37　导师指导风格（严厉型、友善型）与老板和雇员关系的回归分析

自变量	模型 1		模型 2	
	β	标准误差	β	标准误差
严厉型	.292	.021	.215	.025
友善型			-.130	.025
常数	.760		1.462	
R^2	.152		.173	
Adjusted R^2	.152		.171	
F 值	198.920***		115.310***	

注：*** p<0.001。

（四）朋友关系与导师指导风格的回归分析

将导师指导风格作为自变量，朋友关系作为因变量进行多元线性回归分析，形成三个回归模型（见表 5-38）。进入模型 1 的自变量为友善型指导风格，进入模型 2 的自变量为友善型和理解型指导风格，进入模型 3 的自变量为友善型、理解型和严厉型指导风格。模型 1 的容忍度值为 1.000，大于临界值 .1，VIF 值

（方差膨胀因子）为1.000，小于临界值10，说明该模型不存在严重的共线性问题。F=347.170，p<.001，说明友善型指导风格与朋友关系有显著的线性回归关系；回归系数 β=.487，p<.001，95.0%的置信区间为.436-.539，线性回归方程可表示为 Y=0.487X-0.127，说明友善型指导风格能够显著正向预测朋友关系。该模型调整后的 R^2 值为0.238，说明该模型能解释朋友关系23.8%的变异量，解释度一般。模型2的容忍度值为.349，大于临界值.1，VIF 值（方差膨胀因子）为2.866，小于临界值10，说明该模型不存在严重的共线性问题。F=177.725，p<.001，说明友善型和理解型指导风格与朋友关系有显著的多重线性回归关系；友善型的回归系数 β=.396，p<.001，95.0%的置信区间为.309-.483，理解型的回归系数 β=.152，p<.05，95.0%的置信区间为.035-.269，线性回归方程可表示为 $Y=0.396X_1+0.152X_2-0.332$（$X_1$ 表示友善型；X_2 表示理解型），说明友善型和理解型指导风格能够显著正向预测朋友关系。该模型调整后的 R^2 值为.242，说明该模型能解释朋友关系24.2%的变异量，解释度一般，但高于模型1。模型3的容忍度值大于临界值.1，VIF 值（方差膨胀因子）小于临界值10，说明该模型不存在严重的共线性问题。F=120.383，p<.001，说明友善型、理解型和严厉型指导风格与朋友关系有显著的多重线性回归关系；友善型的回归系数 β=.358，p<.001，95.0%的置信区间为.265-.452，理解型的回归系数 β=.147，p<.05，95.0%的置信区间为.031-.264，严厉型的回归系数 β=-.070，p<.05，95.0%的置信区间为-.134--.006，线性回归方程可表示为 $Y=0.358X_1+0.147X_2-0.070X_3-0.028$（$X_1$ 表示友善型；X_2 表示理解型；X_3 表示严厉型），说明友善型和理解型指导风格能够显著正向预测朋友关系，严厉型指导风格则显著负向预测朋友关系。该模型调整后的 R^2 值为.244，说明该模型能解释朋友关系24.4%的变异量，解释度一般，但高于模型1和模型2。

表5-38　导师指导风格（友善型、理解型、严厉型）与朋友关系的回归分析

自变量	模型 1		模型 2		模型 3	
	β	标准误差	β	标准误差	β	标准误差
友善型	.487	.026	.396	.044	.358	.047
理解型			.152	.059	.147	.059
严厉型					-.070	.033
常数	-.127		-.332		-.028	

自变量	模型1		模型2		模型3	
	β	标准误差	β	标准误差	β	标准误差
R^2	.239		.243		.246	
Adjusted R^2	.238		.242		.244	
F值	347.170***		177.725***		120.383***	

注:*** p<0.001。

(五)父母和子女关系与导师指导风格的回归分析

将导师指导风格作为自变量,父母和子女关系作为因变量进行多元线性回归分析(见表5-39)。结果显示除友善型指导风格外,其他导师指导风格变量被排除,仅构建了友善型指导风格与父母和子女关系的回归模型。该模型的容忍度值为1.000,大于临界值.1,VIF值(方差膨胀因子)为1.000,小于临界值10,说明该模型不存在严重的共线性问题。F=114.329,p<.001,说明友善型指导风格与父母和子女关系有显著的线性回归关系。回归系数 β=.309,p<.001,95.0%的置信区间为.253-.366,线性回归方程可表示为 Y=0.309X+0.361,说明友善型指导风格能够正向显著预测父母和子女关系。该模型调整后的 R^2 值为0.093,说明友善型能解释父母和子女关系9.3%的变异量,解释度一般。

表5-39 导师指导风格(友善型)与父母和子女关系的回归分析

自变量	非标准化系数		标准化系数	t	β的95.0%置信区间	
	β	标准误差	β		下限	上限
友善型	.309	.029	.306	10.692***	.253	.366
模型汇总	常数=.361; R^2=.094; Adjusted R^2=.093; F=114.329***					

注:*** p<0.001。

第六章

肖像画：师生关系的案例研究

第一节　读博动机与选择导师

一、读博动机

我们进行有关读博经验访谈的导入问题就是读博动机，这不仅是因为从经历的顺序来看，动机产生于准备阶段，而且是影响其能否顺利毕业的重要因素之一。文本分析发现，博士生选择读博的原因大致可以分为三个方面。

（一）基于工作层面的考虑

1. 对未来就业的考虑

博士学位已经成为入职高校的门槛，读博成为一种为学术职业做准备的"常态"，以从事学术职业为目标的学生认为"不如一次性读到底"。而部分受访者认为博士毕业后就业选择面更广，即使不从事科研工作，也可以选择其他行业的工作，例如去政府部门、企业等，具有博士学位能让自己在就业竞争中更有优势。

　　觉得未来工作选择面上会宽一些，就是说读博完感觉什么工作都能去做。至少是可以做科研、从教，我们好多研究岗位博士会比较吃香。（B-工学-11）
　　将来即使不做科研，而是从事技术工作或者转行去从政，博士都是有好处的。（B-工学-14）

一些学生本来并没有打算读博，但是其在找工作的过程中发现硕士学位还不足以帮助他们获得理想的工作，特别是预期留在大学任教或在其他机构从事科研工作的话。

> 我会从职业的角度考虑多一些，我希望未来从事的行业是科研或者大学教师，这样的岗位现在是必须要读博的。我知道这个动机不完全纯粹，但在读博的过程中我发现我对所在学科更感兴趣和更了解了。（B-人文-1）

这里的本土概念"纯粹"很有意思，即受访者潜意识中正确的动机应该是"为学术而学术"，但为了达到就业目标就必须有培养质量的保证，从而也促进了其内在动机的滋生。

一些女生认为在高校工作稳定，时间自由，可以照顾家庭。这种类型的动机相对忽略自己适合做什么，在抉择时更容易受到他人的影响。

> 大家都说女性在高校当老师很好，工作稳定又可以照顾家庭，我也觉得大学老师社会地位高，从小的目标就是要读博、当老师。我们家学历最高的人——我爸也是这样说的。（X-经管-3）

> 我想的是找一个稳定的工作，有自己比较自由的时间，毕业去高校做老师对女生而言很合适，跟我想要的生活比较契合。我当时接触科研很少，连科研到底是什么东西都不是很清楚，我更多是从自己想要什么生活的角度来考虑的。（X-经管-4）

但这种动机实际上是出于对学术职业的偏差性理解。教师的工作压力与学校类型和教师的个人追求有关，与性别并不存在绝对的联系。

2. 暂时逃避就业问题

一些受访者是因为本科毕业后不想工作而选择读研的。四所案例高校均在增加直博生的比例，但这些选择读博的本科生常常还不清楚读博的意义，只是因为还没做好就业的准备，就选择了继续读书。

> 读博是因为不想工作，当时本科毕业找工作，觉得生物没有什么特别对口的工作。正好有跨校推免的机会，我进入的是一个联合培养

项目，进来就是直博，所以我没有其他选择。我觉得来这里读博待遇挺好的，对未来职业没有预期，反正看情况，到时候应该有很多选择。（B-理学-8）

时间性价比的考量增强了这种动机，很多学生认为直博或硕博连读是值得的，只需要比常规拿到硕士学位多花两年时间就可以换取一个更高的平台，"博士学位升值的空间更大一些"。

我觉得现在这种长学制挺好的，这样硕博一共才五年，我们专业博士毕业还比较容易，加上就业形势不太明朗，想多观望两年，希望博士毕业后找的工作好一点，选择更多一点。（X-工学-13）

这类学生读博不是基于对科研的兴趣，只是想走一步看一步，暂时逃避就业问题，对未来的职业规划往往并不清晰。

其实当时没有想得特别清楚，不敢说多么喜欢做研究，感觉不讨厌而已。我们系的习惯就是成绩前几名的都会读博士，后面的就读硕士，我的成绩在前几名，好像自然而然就是要直博的。我当时没有要去工作的想法，也不是特别想出国，就随大流了。以后就业我也没仔细想过，可能去企业吧，我不是很喜欢写文章。（B-工学-10）

逃避就业不一定是因为就业难，而是在人生的多种可能性之间彷徨，因为对未来规划不清只能被动选择。

我不是一个有明确规划的人。我本科成绩不错，本来想出国读研，犹豫中没去成就在本校保研了。本来想念个硕士就走，结果又因为种种原因不得不选择了长学制。其实我对读博一直不是非常情愿，只能说不排斥，而且硕士导师人很好，我就想跟着他继续读博也可以吧。至于未来职业我并不是很明确，我们专业整体就业形势非常好，不存在就业困难，但我不想去体制内单位，也不想去高校。你一定要问我读博动机是什么，可能是对未来发展可能性的憧憬，深造能让自己多学一点，变得厉害一点，但是用处不明确。（X-工学-12）

有些学生认为读博是一种路径依赖，他们对未来没有明确的方向感，就会倾向于选择简单的、不用耗费精力思考的选项，是否热爱学术或有助于就业都没有那么重要。就好像一些人的择偶态度是先结婚后恋爱，认为可以结婚后慢慢培养感情。

> 本科、硕士的时候没有太多想法，对于读博很犹豫，动机不是特别明显，没有特别浓厚的兴趣要搞研究，也没有非得要找一个什么样的工作。我开始一直不是很坚定，就觉得先读吧，读了之后再慢慢培养兴趣。（N-社科-10）
>
> 我没有特别坚定地想要做研究，我甚至不太明确自己的读博动机是什么。只是觉得既然有这个机会，就尝试一下，加上我也不太愿意过早地接触社会，也许留在学校里比较适合。（X-工学-17）

还有一些受访者把读博看成职业选择的一种。近些年，"双一流"高校努力为博士生创造安心读书的环境，博士生津贴整体上有了较大幅度的上涨，并且还提供多种竞争性奖学金，博士生觉得读博不用花家里的钱，节省一点还会有剩余，不失为一种比就业更好的"职业"。

> 我也没有考虑过职业规划，读博不就是一个非常有意思的职业吗？也就是说你要把它当作是一种职业选择那样，没有其他顾虑地来从事这个行业。（B-工学-17）

（二）基于个人发展的追求

1. 个人的适合程度

读博需要考虑自身生理、心理等条件是否与之相匹配，多数受访者在动机中也提及确认自己适合做科研，才会选择读博这条道路。

> 本科的时候觉得自己是一个喜欢静下心来钻研的人，虽然理解东西不是特别快，但还是能够静下心来看书，所以读博还是比较适合我的。（B-工学-13）
>
> 我不是很擅长与别人打交道，而做科研就很纯粹，可以每天做自

己的事，这种氛围我很喜欢。(N-工学-19)

我觉得做科研这条路是我最喜欢也是最适合我的。结合自己的兴趣和自己擅长做什么，我选择继续读博。(B-工学-18)

还有一类投入程度较高的学生是已经有一定工作经历再来读博的学生，读博是深思熟虑的结果。因为选择读博也意味着要放弃和牺牲其他一些东西，他们往往对自己想要做什么、适合做什么有明确的认识。

我是工作了六年再回来读博的，我有家庭有小孩，和普通学生不一样。我觉得没有什么压力，也不是特别紧张，科研只要找到自己的那个点就没有那么难。我的读博动机跟我的为人处世和性格方面有关，我喜欢探索未知的东西，喜欢自己一个人干某件事情，不要涉及太多的人际交往，我对自己的兴趣爱好有清晰的认识，知道自己要做什么，能够找到方向让自己做下去。(X-工学-20)

只要学生善于反思，个人的适合程度其实可以在博士培养的过程中逐渐加深。意识到自己需要什么能力并有自信能够获得该能力的学生，在读博过程中的投入程度相对较高。

我选择读博的原因其实很简单，博士是最高学位，有了它将来遇到挑战肯定能够应对。为什么能够应对，四年前我没有认识清楚，但现在我很清楚地明白，博士和硕士不只是学历层次的差别，硕士培养的是能够做好交代的任务，而博士培养的能力是知道什么应该做、什么值得做，而不是一辈子干活打杂。你要成为一个有一定高度的、能够带领团队的领导者。(B-工学-14)

但很多情况下学生并不是因为清楚自己适合读博才决定读博的，而只是因为"惯性"，"不排斥"，觉得读博就算不那么容易但最终也可以达到毕业条件。

我自己对读博没有特别强的欲望。觉得博士学位挺重要的，也不是说非要不可，无所谓。反正自己不排斥，父母很支持，导师也同意（硕士也是同一个导师），那就继续读吧。(B-社科-6)

这类学生的动机是外在的而非内生的，因此在读博过程中的投入也相对不足，甚至有些人在读博后才发现以前觉得"合适"不过是一种错觉。可见对于什么是适合自己的，在决定读博之前应该有更清楚的认识。

2. 个人兴趣的结合

有受访者认为读博是顺着自己感兴趣的方向走的一条自然而然的路。在有兴趣的前提下，资助体系可以保障博士生有安心学习的环境，就是一个理想的状态。

> 我本科期间就决定了要读博，当时参加了很多科技活动，真的对研究感兴趣。（B-工学-15）
>
> 读博是因为很喜欢这个方向，资助那块也还可以，不需要家庭负担，我能做自己感兴趣的事情很幸福。我选择导师的标准也比较低，就是他的研究方向是我有意愿跟着走下去的，然后性格不要太差就好了。（N-理学-14）

将读博与个人兴趣相结合，对顺利完成博士学业是很有帮助的，感兴趣也能学得更好。

学生对某个专业方向感兴趣可能来自家庭的影响或出于为家庭考虑的动机。

> 我外公是汽车修理工，是他们厂里的老大哥，所以他经常带我去厂里面参观，认识各种车，我从小对汽车特别感兴趣，这就是我选汽车专业的原因。（B-工学-15）
>
> 我家里的老人很多高血糖、高血脂，易患老年痴呆，出于让家人过得更健康的考虑，我一直对生物学、药学很感兴趣。（X-理学-9）

但总体来说，访谈中以个人兴趣为读博主要动机的学生人数是很少的，出于就业实用目的的则更普遍，这和问卷调查中学生普遍选择"对学术研究感兴趣"为排名第一的读博动机并不一致。

3. 精神层面的追求

一些受访者选择读博的动因并非来自某种说得出的原因，就把原因归结为"精神动力"。例如，一些人工作之后辞职投入读博行列，认为自己不是出于"更好就业"的目的，而是为了某种内在的精神追求。

　　我是辞职来读博的，我不是为了升职、加薪，或者说我的动机不是那种物质的，而是一种心理需求。我更多受到精神动力的影响，说出来其他人可能不太相信，但我真的觉得物质上保证基本的日常生活就行了，我想要的是一个好的环境提升自己，读博后的职业规划我还没有想过。（B-社科-5）

　　硕士毕业后我考取了公务员，工资福利待遇都特别好，但我不喜欢那份工作，我还是决定辞职来读博。（X-人文-1）

而另一些人则认为读书是一种惯性，是精神享受，不读到最高学历就觉得"人生不够完整"，这种精神有时候表现为一种对知识探索的"深沉的热爱"，但有时候不一定是热爱，而是将读博视为一种"自我挑战"。

　　我硕士毕业工作第一年拿的工资比我硕导的工资要高，但这份工作不能让我获得持久的满足，赚钱吃吃喝喝并不能让我快乐，我还是有很多人生的困惑。所以我才会想到读博，我想用追求知识来解决自己的困惑。我读博的动机肯定不是经济的，肯定不是想靠学术职业来赚更多钱，而是寻找一种有挑战性的、能够让我真正获得内心满足的东西。（D-社科-17）

（三）基于所处环境的影响

1. 导师的影响

近年来，研究型大学在入学政策上的重要趋势是直博生和硕博连读生的比例越来越高，这样对学校来说能够保证生源质量，对导师来说也"知根知底"。以硕博连读或直博方式入学的学生，读博动机在很大程度上受到导师的影响，导师也出于"学术训练的系统完整性"，鼓励其读博并更愿意接受这些学生。

　　导师觉得我是保研上来的，底子还可以，然后硕士也跟他读，已经有三年的互相了解。对于人文学科这种需要长时间积累的学科来讲，读了博士才算有完整的训练，所以导师很支持我转博。（B-人文-1）

当然，即使是跨校报考的普博生，也可能因为硕士导师的影响对学术研究产生兴趣。甚至有学生认为，敬仰某位导师就是他选择读博的原因，读博对他的意义是从导师的重要性展开的。

一些学生在本科或硕士阶段就已经和导师有所接触，已经建立起一定的了解和信任，当导师也有意向招收博士生时，学生就容易受其影响而选择读博。对人文社科的学生而言，通过修读课程建立起与老师的联系，受老师影响对其研究方向产生兴趣，再到愿意继续跟随老师接受学术研究训练，这好像是一个"水到渠成的过程"。

> 我本科三年级就修过我导师的课，他课上得很好，四年级的时候我又去旁听他给研究生开的专业课，觉得对这方面兴趣比较大。后来就跟着导师一直这样学下来，我们之间交流比较默契，有一种学无止境的感觉。选导师是师生互选，我选了他，他也选了我。我发现身边一些平时跟学生交流不是很多的老师，报的人就比较少。（N-人文-2）

因此，导师要吸引优秀的学生，先通过认真对待课程教学引起本科生对专业领域的兴趣，通过频繁的日常交流发掘有潜力的学生，这也是教学与研究相结合的途径。

对理工科的学生而言，本科时就积极参与实验室工作是一个很好的入门渠道。

> 本科时的一个暑假我没事干，想要早点接触一下实验室，就给很多老师发了邮件，但只有他回了我，所以就过来干活了。后来我（本科）毕业那年刚好他第一年可以收博士，他就问我要不要来读他的博士，然后我就过来了。他很年轻，我并不在意他的资历不深，其他也有很多好老师，但我还是跟他比较熟，我甚至也没有考虑他这个方向好不好做，我只是觉得他人好，不会特别催促我，我对他的实验室氛围很满意。（B-工学-13）
>
> 我在本科时就和这个导师有了接触，上了他的课觉得很有意思就挺喜欢这个导师的，他在我们本科生群体中的影响力很大。后来我各方面条件都可以（指成绩达标）就找老师聊了聊，在他的引导下我决定选择直博。（B-工学-9）

可见，参与度有助于激发动机，且事先创造条件加深师生之间的了解，可以使学生在选择导师时更加理性，知道自己适合什么而非完全基于功利目的判断，这对于建立和谐师生关系是非常有益的。

2. 学校氛围的影响

有受访者表示学校有推免机制，并且有很多直博生的名额，成绩排名靠前的学生自然而然就会选择读博，并且周围有很多同学选择读博，这种氛围让他们觉得"随大流"也很好，没有过多考虑其他原因。

> 周围的氛围很重要，在我们学科读博是比较普遍的一个想法，基本上能读博的大部分都读博了。（B-工学-9）
>
> 我读硕的时候，班上有一半的人都选择读博，因为医学对学历要求比较高，从本科开始很多人就做好了读博的打算。我们学科一年招八九十个博士，博导就有一百多位。（N-医学-15）
>
> 在学校的氛围是蛮愉快的，周围的人也都觉得读博是必要的。读硕时我给自己定的目标是，如果能发表论文我就继续往下读，后来顺利发表论文了，又有硕博连读的机会，总体可以少读一年，所以就接着读了。（D-经管-11）

也有人认为读博逐渐成为一种常态，与其工作后出于需要再回来读书，不如趁现在有机会"一举把该读的书读完"。

一些制度设计有助于学生做出读博的决定。案例学校都在实行长学制改革，推出了直博生奖励计划，或灵活多样的硕博连读方案，减少获取博士学位所需的时间（缩短创新培养计划的学制）以鼓励学生尽早进入博士阶段。

> 我本来没打算读博的，觉得读博时间成本挺高的。当时有各种选择，但就突然冒出来这样一个机会，学校推出直博生计划，比硕博连读还省时，自己对专业方向也有兴趣，就觉得应该珍惜这个难能可贵的机会。（N-社科-9）
>
> 我们学校有一个叫作"2+4+X"的项目，就是大二后经过筛选提前进入研究生体系中学习，再经过四年后决定要不要读博。但一般进入这个项目、没有因为成绩差而被淘汰的都会读博。长学制就是鼓励你一直读、一直读。（X-经管-5）

为吸引优秀本科生留在本校继续升学，一些学校的奖学金计划也向直博生倾斜，例如规定直博生在学期间可以稳定地取得一等奖学金，不用每年按照成绩重新排名决定奖学金等级。不过，这可能在博士生中形成一个被优待的特殊群体，也可能造成博士毕业生学缘的单一化。

长学制改革带来的重要挑战是如何选导师。因为在这一制度下，学生在本科二年级就要选择导师，这对于研究上完全没有入门的低年级本科生来说就是碰运气。

　　那时大二，什么也不懂，我就是把系的网页打开，导师名单大致是按年龄排序的，当时我想越往前就越厉害，就从上往下找，第一位的老师退休了，我就找了第二位，也就是我现在的导师。当时真的对老师了解很少，很不全面，选导师没有考虑很多。(X-工学-13)

　　当时根本不知道自己对什么感兴趣，所以没有考虑研究方向。我当时就是打开学院网页看老师的简历，看他发的文章，发很多文章的就比较倾向于去找，还有就是看照片，选比较慈祥和蔼的。(X-工学-16)

对于这些在本科低年级就要提前开启研究生阶段的学生，学院没有在选择导师上给予指导，导致他们选择导师时通常比较盲目，不知道应该依据什么标准，而只能看排行、看眼缘等，总体而言属于非理性选择。综上所述，这类政策虽然在吸引本校优秀生源上有显著的效果，但对培养质量的影响究竟如何还有待进一步研究，在实施细则上也还可以进一步调整完善。

3. 平台和条件

本研究选取的"双一流"建设高校都非常重视博士生科研能力的培养，层次越高的学校越能够提供好的科研平台和条件，例如更多出国交流的机会、参与高水平科研团队工作的机会等。许多学生也是受到这些条件的影响而选择继续读博。

　　我当时有机会转博，转完博我就有两年出国交流的机会，这样读书的机会多么难得，学校提供了这么好的平台，为什么不呢？(B-人文-1)

多数受访者本科学校较好，拥有保研或直博资格，在这样多机会的环境中，选择读博也就理所应当了。良好的平台对职业生涯也能够提供重要的帮助，解除了博士生读博的后顾之忧。

> 大概没有比我们更好的平台了吧。我是做新能源汽车的，毕业后我会考虑自己创业，因为如果自己创业或者去新兴企业的话，可以在我们课题组挂一个博士后名额，这样就解决了 BJ（某地）户口，还可以补贴一点家用。（B-工学-15）

对于希望通过到更好的学校读博"镀金"的学生群体而言，追求比原本读硕的学校更好的平台和条件就成了影响其读博选择的因素。

> 毕业后我想要去高校，但我读硕的学校一般，就想博士阶段一定要争取读一个好一点的学校。（N-经管-5）
>
> 一个好的学校会有一个好的学习共同体，对大家的成长是非常有益的。撇开导师指导，就说学术讲座，在我们学校这样一个环境里，讲座多到你天天不知道要去听哪个，我们都有这种选择的痛苦，所以平台是非常重要的。（N-经管-7）

4. 家庭的影响

受过高等教育的家长对孩子选择读博有更为积极的影响，这可能是因为孩子从小受到家庭氛围的熏陶，对于从事有高学历准入门槛的职业更具倾向性。

> 父母学历高，他们也希望我学历高一点，能读就继续读。（N-人文-1）
>
> 我们家全是做学术的，外公外婆、外婆的四个兄弟姐妹都是大学教授，其中还有一个是院士，爸爸妈妈、舅舅也是大学教授。我从小在大学校园里长大，对研究这个东西耳濡目染，所以我也对研究感兴趣，对其他行业根本不了解。我觉得自己理应读博，读博的原因就是一直想读博。（B-人文-2）

这些孩子通常所理解的读书的意义，是为了通过学到的知识获得尊重和认可，认为这样人生才有价值。受家庭正向影响读博的人有一个共同的特点，就是发自内心地喜欢读书，觉得"还没有读够"而选择继续向上读。

家庭影响在某种程度上是要通过孩子的性格和习惯养成而发生作用的。读博要顺利进行意味着学习者应当具备某些潜质，例如对自身的严格要求，良好的学习习惯和方法，更能够静下心来读书等，在一些家庭背景中成长起来的孩子比较具备这些要素。

> 从小求学的环境给我的压力很大，就读的学校都是顶尖的，周围的同学都非常优秀，无形中就养成了做事非常认真的习惯。读博不是件轻松的事，而是需要非常严格要求自己，所以我很能适应。我的父母，特别是我父亲跟我导师在性格、成长经历上非常像，我父亲对我要求也很严格，什么事都得做好，做到优秀。我生活上比较随意，但对待工作一丝不苟。所以在选择导师的时候，我也希望找一个严格的导师，那些对学生要求不严格的老师我都觉得他们应该下岗。（B-社科-6）

在个别情况下，家庭环境也会给予一种反向的刺激，一些父母受教育程度不高的家庭的孩子会特别努力地想要取得博士学位，这个学位对他们而言有多少学术含金量并不重要，重要的是文凭对于社会身份的象征意义。

> 我觉得更多是受家庭影响，我爸妈学历不高，你知道中国四线小城的父母，他们觉得子女读到最高的博士文凭是一种荣耀，所以我想也没想就选择了读博。（B-工学-12）

有意思的是，出于光宗耀祖的目的而对自己未来职业并没有清晰规划的学生，常常在读博后才发现做学术是一个艰苦的过程，博士之路对于就业来说可能是越走越窄了，尤其是从付出的时间精力和金钱回报的性价比上来考虑，在大学教书可能面临较大的科研压力而教职的收入则相对较低。因此，当家庭出现经济压力，这类学生就容易出现浮躁的心态，在读博过程中表现出持续动力不足，甚至不能坚持下去。

而在大多数的情况下，社会经济地位不高、父母学历较低的家庭对"学术"完全没有概念，对于博士生涯发展规划更是没有了解，因此完全依赖孩子自己的判断，这类家庭对于孩子读博的选择几乎没有影响，甚至很多学生都没有向父母征求过意见。

> 我们家没有博士，连本科生都没有，他们怎么知道读博好还是读硕好，一路走来都是我自己做选择的。（B-工学-11）

> 父母是农村的，对这个不了解。我从高中开始都是自己做决定，家里人给不了我太多帮助。（N-理学-11）

一般来说，低社会经济地位家庭的父母对子女接受研究生教育给不了帮助但也不反对，少数学生则陈述了父母对读博的阻挠。

> 家里是不支持我读博的，父母是农民，他们希望我本科毕业就出来挣钱。但我觉得自己能力还行，去企业实习后我觉得还是读博挑战更大一些，就对家里说我不想那么快离开学校。（N-经管-7）

学生认为，要对抗父母的阻挠，就需要尽早在经济上和思想上独立，从农村家庭那种对读书、婚姻意义的思想观念桎梏中走出来。

> 我读硕的时候村里同龄人都结婚了，父母很着急，让我不要再读了赶紧工作。幸好博士生的补助让我能够经济独立，这样我才能对他们说不行，我还要继续读。慢慢地我意识到，不仅要经济独立，还得要思想独立，这样我就不再对他们感到愧疚，不必过多考虑父母的意见。（N-理学-12）

总体而言，社会经济地位不高的家庭对子女读博的支持性意愿低，不仅是因为经济上负担较大或认为读博的机会成本给家庭经济收入带来损害，更重要的是在观念上认为读书不那么有用，不能意识到高学历对人力资本升值带来的潜在价值。对学生而言，社会经济地位不高的家庭难以帮助子女树立正确的职业观念，还可能使其在面临抉择时受到负面情绪的影响。

二、选择导师

对导师的期待会影响博士生选择导师的出发点，使其分别侧重考虑导师的性格与品行、学术成就、对学生的指导或者附带的资源。博士生选择导师的影响因素除了对导师自身条件的考虑之外，还包括对外在条件的考虑，以及他人的推荐、学校的招牌。

（一）对导师自身条件的考虑

1. 导师的性格与品行

博士生在选择导师方面会考虑导师的"人品"，比如是否替学生着想，是否会故意为难让学生延期毕业等。比起导师的学术水平，这部分学生优先考虑的是导师的品行，他们认为这决定了师生之间的相处是否愉快，毕业会不会"比较容易一点"，但前提是博士生对导师有一个预先的了解。

> 我感兴趣的方向当时我们系有四位导师，选择导师我最先考虑的是导师的为人、性格如何，对学生怎么样。（B-工学-10）
>
> 我最看重的还是师德吧，我觉得在我们这样的学校，导师专业实力都不会差到哪里去，最关键还是看人品，比如会不会故意为难让学生延期。所以我当时找认识的师兄师姐去问，把我们系所有实验室问了个遍，筛选了一些感兴趣的老师，然后找老师去聊，一直聊到双方都觉得挺好的就决定了。（B-工学-12）
>
> 导师的人品很重要，一定要先打听导师的口碑，其次才是学术，人品不好学术再好也白搭，所以首先还是要有德。（B-社科-7）

通过什么渠道提前了解导师的品行是个比较难的问题。一些学生认为，导师品行如何基本可以体现在学术圈以及学生的口碑里。

> 不在于他是不是天天盯着你、手把手教你，重要的是这个老师的学品和人品。他是做真学问的，而不是故弄玄虚或者只追求多产，还有他的脾气和秉性，为人处世的方式。（N-人文-4）
>
> 我觉得最重要的是口碑。提前去参加他的讨论班，你就能感受到老师做学问的态度、方法，也能观察到他做人做事的风格。有些导师把学生招进来就是为了干活，帮他完成指标，其他东西都不管，这样不负责任的老师不能找。（N-理学-11）

但也有学生提出，在信息不对称的情况下，比较难以获得关于导师品行的有效信息。

> 那些从外校考来的自不必说，就算我们本校上来的，去问的时候人家也不会告诉你一些真实情况。实验室关系是很微妙的，除非你亲身在那里待过。(B-工学-14)

同时，导师的性格也被纳入博士生的选择标准中，博士生期望导师的性格与自己的性格有相似性，这样更有机会获得导师的认同和加快学业的进展。不过性格因素是个辅助因素，学生常常会结合学术能力做出综合判断。

> 我会看这个人好不好相处。我的导师年龄不大，跟我们有很多共同语言，是个比较活跃的女老师，感觉和她相处比较和谐。(B-经管-4)
> 我的导师平易近人，对学生很是爱护，他的性格跟我蛮搭的。(B-工学-15)

导师的性格特征其实是需要一段时间的相处才能做出准确的判断，这只有在一些按惯例较晚选择导师的学科才有可能做到。因此，以导师性格作为重要选择标准的几乎都是经济管理类学科。这类学科对系统性课程的要求很高，需要学生至少有一年的时间完整地修课，通常在通过资格考试之后才确定导师，这事实上给了师生双方更深入了解的时间和机会。

2. 导师的学术成就

博士生涯最重要的目标就是在导师指导下发展独立科研的能力，因此博士生在选择导师时要考虑的重要因素之一就是导师的科研能力，在某种程度上是判断其已经取得的学术成就。例如，在网站上浏览导师的个人主页，预先阅读导师发表的研究成果，或者经他人介绍而对该导师有所了解。

> 我根据感兴趣的方向找了相关的书进行阅读，发现导师就是国内研究这个领域的第一人，本科时看了好多书觉得就他的著作让我很有启发。读硕的时候我在豆瓣上认识了一个师兄，他正好就是这个导师的在读博士生，我跟他发展了很好的关系，也从他那里打听一些信息。

在考博之前我就请师兄介绍和导师见过一面，然后有空就跑过来听课、参加读书会，对他的学术水平很欣赏。综合这些，所以决定报考这里。（B-人文-2）

有的学生在判断导师学术能力时会先考虑导师的学术背景，一些学生比较倾向于选择有海外留学背景的导师。

我本科时就知道这个导师，她从美国回来，毕业于我们这个专业最好的学校，毕业后又在美国的高校从教好多年，她的学术能力是毋庸置疑的。我去询问了她，觉得她做的东西挺有意思的，也喜欢跟她做实验，就这样决定直博，也决定了自己的研究方向。（B-经管-4）

导师40岁左右，博士毕业后在国外待了十一年然后回国的。我是她在国内的第一个博士生。她回国没多久我就跟着她一起做研究了，一开始只是喜欢她这个研究方向，后来发现跟她相处特别舒服。但是因为她比较年轻，所以很少有学生选她，很多同学会更倾向于选择年纪大一点、有名望的导师。（X-工学-17）

不一定所有学生都倾向于选择年长的、学术积累深厚的导师，年轻导师也有其优势。

我当时定的目标就是要做科研，所以我更看重导师的科研能力。我导师在国际SCI期刊上发表的文章应该在行业内处于领先水平，所以我就选择了他。还有一个方面是导师比较年轻，干劲十足，创新力也更丰富一些，这也是吸引我的一个地方。（B-工学-18）

导师非常年轻，才三十几岁在圈内就很有名了。但她当时还没有指导的博士生毕业，我就只能够看她的文章，看完后觉得她很有水平，是潜力股。（N-社科-9）

在导师学术水平较高的前提下，学生认为年龄是一个影响指导质量的中介。年轻导师有干劲，指导学生较为细致，在导师的压力下学生也容易出成果。而年长导师则已经积累了较多的学术资源，且常常担任行政职务，指导学生的时间相对较少，但学生较可能从分享导师的学术资源中受益。

有的学生在判断导师学术能力时则是根据导师的论文发表情况。

> 我选导师比较随意，就是看他发了挺多文章，但那时还是本科生，文章到底怎么样也不太了解。老师给我们上过课，感觉也不错，然后就选了。(N-工学-18)

尤其对直博生而言，没有硕士阶段的科研训练基础，对导师成果质量的认识可能难以深入，很多学生不会仔细去阅读导师发表的论文，只是根据其发表的数量、在学术圈内是否知名等情况做出大致的判断。少数学生会认真研读意向导师发表的论文，认为这是了解导师学术水平以及研究方向是否与自身兴趣相吻合的捷径。但多数情况下学生被动选择多过主动选择，他们认为既然导师都是通过严格的审核程序而获得了博士生招生资格，只能选择相信导师的学术能力都不会差。

3. 导师对学生的指导

一些学生在选择导师时明确考虑导师是否有时间指导，以及他所期望的导师指导风格。

> 我读硕时的导师非常厉害，可是跟着他的一个问题就是他特别忙，根本没空管你，所以我在读博选导师的时候就想要选一个指导学生有方法的导师，比较有时间也很重要，这样他可能比较有时间、有能力指导我。(B-人文-2)

从外校考来的普博生群体对导师指导的需求体现得比较明显。

> 我读硕的学校一般，硕士阶段学的东西不太够，觉得自身实力不是很强，就希望导师在学校的时间多一点，能经常跟导师交流。所以选择导师前我提前了解了一下导师做事的方式，怎么指导学生。(N-经管-5)

当研究者追问怎么辨别导师指导是否"有一手"的时候，一些学生给出了有趣的答案，比如，看看他以往培养博士生的"成材率"是不是很高等。

　　我那些师兄师姐毕业后全部都是在"985"或"211"学校里任教，他们也都没有什么海外经历，读出来还能够有这样的竞争力，我觉得这个导师的指导肯定有一套方法吧。(B-人文-2)

很多学校的辅导员是自己学校毕业的研究生，因此对导师指导的情况比较了解，也有一些学生是根据辅导员的推荐来选择导师。

　　我当时是找辅导员推荐，他给的意见比较中肯。我希望找那种不仅自身学术成就高，而且对学生要求比较严格、指导比较细心的导师。(B-工学-16)

有些博士生期待导师对学生严格要求，但严格要求也要和导师能够提供的实质性指导结合在一起，才能帮助学生在博士阶段学到更多的知识。

　　我了解到这个导师对学生的要求比较严格，指导比较细心，所以就选了这个导师。(B-工学-16)

　　第一个是看这个导师是否严格；第二个是看他的学术能力，能否提供一定的平台和机会，不能让我这几年无所事事。(B-社科-6)

　　古言"严师出高徒"，选导师要选严厉一点的，做事认真负责，最好没有行政职务，这样他会有比较多的时间带你。(N-理学-12)

相反，有些博士生不希望导师对自己过多干涉，认为导师的"过度指导"可能会对学生起到一种反效果，例如压制学生的创造性。他们期望导师以开放的心态给学生更大的自由发展空间，同时给予资源支持。

　　我就希望有一个心态开放一点的、年轻的导师，会支持我做一些创新的东西。(B-工学-17)

还有博士生自身性格比较懒散不愿被约束，从而希望选择不那么严格的导师。

> 像我这种吊儿郎当的性格，受不了对学生特别严格的老师，而现在这个导师相对来说给我的自由度高一些，管得不是那么严。（B-人文-2）

4. 导师附带的资源

有的学生对导师附带的资源也有所关注，一般以威望即学术影响力来判断，认为导师的学术影响力体现其学术能力，能够带来研究资源，对于自己博士生涯的发展较为有利。对导师附带资源的判断也常常基于导师的头衔及其所任职务，认为这会带来社会资源，可能在无形中对学生未来的就业有一定影响。尤其是对于将来打算从事学术职业的博士生而言，导师就是他进入学术圈最有效的名片。

> 我首先考虑的是他在学术界的影响力，他的威望，因为有威望就会有比较多的社会资源，资源多就会对以后找工作有帮助。（N-经管-7）
>
> 我主要考虑的是老师的学术头衔、学术资源，老师的名望还可以带来一些额外的社会资源。（N-医学-17）
>
> 我是跨专业的，对导师在这个领域的学术影响力其实不那么了解，我看他发表的文章其实难以判断好坏，那我就看他在学术圈的头衔，在各种最重要的行业学会里面有没有相应的头衔，有没有进入到学校或学院的学术委员会里面。（B-社科-7）

其实导师头衔本身在招生名额上已经体现为一种"资源"，几所案例学校在分配博士生招生名额的时候，对于有头衔的导师均有不同程度的倾斜。

> 我是属于"点招"，"长江学者""千人计划""杰青"等级别的导师有"点招"的资格，他们可以破格录取不符合保研资格的学生。我当时发了一篇文章，导师比较看重科研经历，就这样被录取了。其实那时对导师没什么了解，导师"千人"的头衔摆在那里，实验组的条件肯定不会差，我对导师还能有什么要求？（N-理学-13）

但大部分学生表示不会刻意去考虑导师的行政职务及其附带的资源条件。尤其是在人文学科等更加依赖个体性学习的学科，学生参与导师课题的程度不高，不需要实验室工作条件，即使没有导师经费的资助，也能够依靠学校的资源包括经费资助（例如参加学术会议的资助、田野调查的资助等）完成学习。

> 我觉得像我们学校这种（顶尖的学校），根本轮不到学生操心师资水平的问题，基本上要考虑的就是方向，因为博士点只有这么多，一个专业一年就只招一两个学生。导师的资源我没有考虑，因为没有很多了解。而且我觉得自己做得好的话，导师的资源只是一个辅助，读博主要还是靠自己啊！（B-人文-3）

（二）对外在条件的考虑

1. 实验室条件、氛围的考虑

实验室条件在一定程度上也是导师学术能力、资源的体现，因此博士生在选择导师时会通过实验室或课题组的情况判断导师的资源。

> 当时选导师主要还是看课题组。我博导的头衔比较多，有很多项目，很多经费，在他的课题组工作能得到很多老师的支持，课题组条件也很好。（B-工学-15）

> 我本科时就在这个实验室做了一些工作，觉得还可以，我的小导师就是我当时的班主任。我成绩达标了，他就鼓励我读博，挂在现在这个导师名下。但实际上我对大导师不熟，他非常忙，我都没有见过几面，主要是跟小导师做事情。我考虑的就是这个实验室能出成果，毕业肯定没问题，再问一下各方面配套设施和福利，就这么决定了。（B-工学-11）

甚至有学生觉得光看实验室条件几乎就可以涵盖各方面的需求。

> 希望实验室硬件条件好，导师有足够的基金，有资源让你做实验；希望导师自身科研能力也强，能够带你发文章。你发更多文章，有利于毕业以后去更好的医院。（N-医学-15）

我自身的考虑就是"简单粗暴"一点，看他的头衔，看实验室的情况。当时导师安排助理带我们参观了实验室，看完后我就觉得在这里读博会有一个很好的发展前景。(N-医学-16)

理科的惯例是实验室轮转，尤其是在一些协同创新项目的平台，轮转几乎是博士生选择导师之前的必修课。在这种情况下，实验室氛围常常会成为博士生选择导师的最重要因素。

我们有轮转，入学的第一个学期可以选三个实验室，每个实验室待两到三个月，完了之后你跟导师双向选择。当时我选这个导师就是因为他的实验室氛围挺好的，师兄师姐的关系都挺融洽的，这一点很重要，它决定了你在以后的科研生活中，至少心情是比较好的，不会特别沉重。另一方面就是导师在专业领域比较强也比较和善，跟着他发文章不会特别困难。(B-理学-8)

尤其是对于实验学科的博士生而言，几乎每天都要待在实验室，实验室氛围好坏不仅与研究工作而且也与日常生活息息相关，因此理工科学生基本上都会加入对实验室氛围这一因素的考虑。一些学生甚至觉得，博士生涯绝大部分时间都在实验室度过，与导师的接触时间实际上却很短，因此实验室条件和氛围可能比导师指导更重要。

我觉得选实验室可能比选导师要更实际一点，分量更重。到了博士阶段，跟导师相处时间很短，一般一周就见一面，导师点化你一下。主要是跟实验室的同学接触，一起做实验，相互帮助，有问题协商解决。导师只是起一个引导、监督和最后把关的作用。(X-理学-9)

在人文社科，除非学生直接参与导师课题研究，否则一般博士生不会从导师的科研经费中直接获取劳务报酬，但在理工科等实验学科，博士生参与课题研究是一种常态，除学校发放的博士生津贴之外，一些导师还会给予助研补贴，因此，这一"福利"的好坏也会成为博士生选择导师时考虑的因素之一。

我选择这个导师的实验室是因为我大二时跟他做过一个暑假的项

目，了解到这个实验室的氛围很好，学长们学的都不错，延期毕业的
情况基本上没有，而且说实话，这个实验室给的钱还是可以的。（B-
工学-13）

尽管读博不是为了赚钱，但对于家庭背景并不富裕的学生而言，能按时毕
业和在读期间取得一些经济收入以帮助改善生活条件，对于他们的吸引力是很
大的。

2. 研究方向与自身兴趣的考虑

研究方向与兴趣是博士研究生涯的重要出发点，根据自身兴趣选择与导师
一致的研究方向，有助于研究的推进。但有时候会出现由于研究方向比较专精
或师资条件限制而导师很少的情况，影响了学生的选择范围。

主要是选研究方向，我这个方向学院只有一位老师在做，选了研
究方向就等于选了导师。（N-工学-20）

我对神经生物学很感兴趣，但课题组的导师都不做这个方向，交
流中了解到刚好有位导师从国外读完博士后回来，有涉及神经方面的
课题，愿意招这个方向的博士生，所以就报了他，目前我是我们学院
唯一的神经生物学方向的博士生。（X-理学-9）

普博生因为是硕士毕业后通过统一招考入学，选择导师时已经有硕士阶段
的研究基础，相对于研究方向还没有定型的直博生而言，在选择导师时更为重
视与导师研究方向的匹配。

读硕时已经搞了两三年的研究，方向比较确定，所以选导师主要
看研究方向，综合考虑导师的学术水平和人品。（X-工学-14）

还有一些时候，从外校考入的普博生因为没有熟人途径了解导师其他方面
（尤其是人品）的情况，只能根据研究方向进行选择。

我在这个学校没有认识的同学，不太清楚情况，只能是在网页上
了解一下导师的研究方向，选个自己感兴趣的研究方向再选导师。当
时我都没有主动去找过导师，直到确定之后才见面。就是靠运气选的

导师。（N-工学-19）

但对于一些跨专业报考的学生来说，研究方向就没有那么重要了，因为他们自身基础不在这一领域，更谈不上与导师一致。

> 我本硕博三个阶段是三个不同的专业，所以我在选导师时不那么看重研究方向，本来就没那么了解，我觉得各个方向差距都不大吧，只要不是纯哲学的我都能接受。（B-社科-7）

一些跨学科的学生会希望导师也具有一定的跨学科背景，这样导师比较能够理解学生的研究兴趣。

> 我是根据我的研究兴趣来选的导师，在这个学校实际上研究这个方向的不太多。工科很多是跟企业合作，做出来东西直接应用，对应用性要求很高。而我做的东西是交叉学科的，偏基础理论而不是那么适合应用，我想探索前沿领域的东西，如果导师也有交叉学科背景的话会比较容易理解我。很幸运我第一个见到的导师，就符合我科研兴趣上的要求，所以就确定下来了。（B-工学-17）。

研究方向和兴趣的吻合主要是通过院系层面为师生双向选择创造机会达成的。研究发现，B大学多数院系有招生见面会的环节，或者在新生入学后有始业教育（新生研讨课），导师会介绍自己的研究方向，学生可以在会后约导师见面进一步沟通。这就为建立和谐师生关系奠定了一个重要基础，即沟通双方预期，不仅是沟通研究方向和兴趣，也是师生之间关系建立的第一步，导师性格特征、指导风格等也可以初见端倪。

> 见面会后我和好几位导师谈了。本来我想跟一个研究方向与我更接近的导师，但他看我学了日语，就建议我去找另一位留日归来的导师。我去找他谈了，虽然方向距离稍远一点，但也觉得对他的研究方向蛮感兴趣的，我想如果能去日本留学或者做一些日本有关的研究都挺好，就决定跟现在的这个导师了。（B-人文-1）

寻求师兄师姐的帮助，打听导师的性格特点和口碑也是一种十分有效的方式。

> 新生研讨完了我会找师兄师姐问一问，根据我自己期待的条件去寻找匹配项。我想真正学点东西，而不是混几年，因此对于导师的研究方向自己是否感兴趣，导师是否严格、能否提供研究机会，许多因素都应该慎重考虑。(B-社科-6)

通过院系所正式的师生见面会，增进师生间的了解，能够增强选择过程中的互动，总体来看效果要比决定录取之前就已经确定意向导师的做法好。

（三）他人的推荐

对于跨校报考的学生而言，由于对所报考学校的导师情况不太了解，他人推荐，尤其是信赖对象的推荐就成为选择导师重要的因素。

> 硕士导师跟我提过这个老师的情况，说他人品和学问俱佳。报名的时候我就直接填了这个导师，没有过多打听，也没有过多联系，后来考上了就跟了他。(N-人文-1)
>
> 选导师就是因为认识，我硕士导师、我工作时候的主管和我博士导师的关系也都很好，他们做了推荐，导师也正好有名额，考上了就来了。(X-工学-15)

还有一些情况是，学生的硕士导师向其推荐了自己的导师或同门，作为一种同门师承，学生通常不会拒绝，导师也较乐于接受。

> 我的硕士导师是我现在博士导师的学生，他向我推荐了他的老师，这层关系也使得我和博导的师生关系更亲密一些。(X-人文-1)
>
> 我的博导是我硕导的同门师兄，通过硕导做了推荐，后面就定了下来。(X-理学-8)

一些跨校报考的学生也会通过其他途径尽量找到所报考学校的内部知情者，根据知情者推荐来决定报考哪位导师。少数学生在由他人推荐的情况下，自己就不去"做功课"以事先了解导师，甚至也不太关注自身所属学科在报读学校的实力状况。

> 我是保研的，选导师的时候什么都没看，有人给我推荐了这个老师，然后我就选她了。我没有找过她，就发了封邮件给她问她愿不愿意招，我甚至都没有像其他一些同学一样群发邮件，我觉得说了最后又不去很不好。(X-经管-3)
>
> 读本科、硕士时的院长推荐我到这边（读博），事先对导师没什么了解。其实我们学科在 N 大学都没有博士点，是挂靠在公共事务学院，毕业时拿的是行政管理的博士学位，但报考时根本不会想那么多，就觉得从我本科的"211"学校跳到一个更高的平台就好了。(N-社科-8)

不过这种完全把自己的未来寄托在他人推荐基础上的学生并不多，大多数人只是把他人推荐作为一个参考。

比起跨校报考的学生，本校学生似乎在选择导师上更有优势，但也有学生认为报考本校时，如果自己的硕士导师有博导资格同时也有招生名额，就很难实现在本校考博换导师。

> 没得选择，只能选自己的导师啊。你选别人的导师，人家都有自己的学生，你自己的导师不选，导师心里会怎么想，这就有个人情的考虑。当然好处就是录取率高一点，坏处是你没得选择。(X-人文-2)

学生在同一学校从硕士到博士只接触一位导师，所接受指导可能视域不够开阔。因此，在制度设计上提供其他一些支持是必要的，例如可以通过建立实质性的导师组制度来弥补单一导师制的不足。

（四）学校的招牌

一些学生对具体选择哪位导师其实无所谓，但即使都是无所谓的态度，从几所案例学校学生的表述中还是能够分析出一些差异。在实力最强的 B 校，那些没有认真考虑过"选择导师究竟受什么因素影响"的学生几乎都认为，学校好到让他们相信任何一个导师都是非常出色的。

> 我没有想过具体的，因为这个学校的社会地位、声誉就在这儿摆着呢，我不需要考虑那么多。你只要进来了，学校那么多优质的资源，优秀的人才，选择导师根本不是问题。(B-社科-5)

案例高校中的其他三所虽然实力没有 B 校那么强，但仍然在"双一流"建设高校的行列。其生源没有 B 校那么好，普博生有相当一部分来自非"双一流"高校。这些学生更看重的是"镀金"，期待学校的招牌能够帮助其在就业时获得加分项，也就是他们口中的读博"性价比"。由于硕博连读生和直博生比例的提高，普博生录取率逐年下降，外校报考的学生相对处于被动地位，往往最不挑导师。他们觉得考博的竞争压力对于普博生而言已经很大了，有导师愿意招收更是"非常幸运"，根本无暇顾及其他选择导师因素，而是"能进来就好"。

> 选导师我是盲目的，那时候怕的就是进不来，首先要解决的是能不能上学的问题，导师是次要的。不管哪个导师，只要能顺利入学就行，哪里还敢挑三拣四。(N-理学-12)

从学科专业水平的角度来看，一些名校的部分学科其实实力没有那么强。学生在报考时更看重学校整体的排名和声誉，由于所报读学科在该校实力较弱，这恰好使他们获得了以较低分数进入较好学校的机会，学生认为这个机会远比学科平台、导师能力、自身兴趣等因素更加重要。

第二节　导师指导过程与关注

一、指导形式与频率

导师的指导可以划分为集体指导、个人指导和灵活指导三种形式，指导频率上没有固定的要求，但不同学科存在一定特点。

(一) 集体指导

集体指导在需要团队合作科研的理工医科非常普遍，以组会的形式固定举行，在社会科学的一些学科中也比较盛行，例如经济管理类学科，以沙龙、研讨会、读书会等形式开展。在博士生人数较多的情况下，集体指导是高效率的。

> 我们每周都会开一次组会，师门的学生轮流在组会上汇报，差不
> 多一个月每个人都能轮到一次，汇报自己的研究进展，有什么问题大
> 家就讨论一下。学期初会有规划，期末也有总结报告，汇报一个学期
> 的进展。（X-经管-4）

> 我们的指导是读书会的形式，大家轮流报告自己课题工作或者论
> 文的完成情况，开题或答辩前也会在读书会上模拟。老师们在下面指
> 导，我们有两个副导师是比较年轻的老师。一对一的指导比较少，导
> 师很忙，见面要预约时间，副导师也忙于自己的事情，只有遇到技术
> 性的问题才会去请教他们。好在学院组织的学术活动挺多的，并且给
> 博士生一个大办公室，同学之间交流也挺多的，会相互请教，学术氛
> 围很不错。（N-经管-5）

这与量化研究中发现博士生在研究遇到困难时并不一定首选请教导师是相
呼应的，他们会视问题的性质和难易程度而决定向谁寻求帮助。

即使在以组会指导为主要形式的学科，也会有个人指导的存在，只是指导
频率视需要而定。完全没有个人指导容易导致学生的不满，不仅是因为难有机
会与导师深入探讨研究问题，更重要的可能是心理上被关爱重视的需求得不到
满足。指导形式和导师关注有直接、正向的关系，个人指导频率高的导师更有
可能深入了解学生的个性，在导师关注上涉及学业之外的多个方面。如果个人
指导频率比较低，学生就更需要学术共同体的支持。

> 导师很忙，很少单独见面，见她的时候都是一对多的。师门的读
> 书会大概两周一次，而且基本是线上，不见面的，导师有时候参加有
> 时候不参加。主要的指导就是写完东西给她，她改完反馈回来，也都
> 是在线上。她刚开始要求我们一个月写一份总结，但因为发给她没有
> 获得反馈，现在我们都不写了。因为没怎么见面，师生关系不能说亲
> 密。老师确实很忙，我们不敢找她，基本上都是自己先做。其实我们
> 师门内部有一个读博攻略，学习生活都有，比如要看哪些经典文献，
> 靠这个攻略一届届扩充传下去。（N-社科-9）

　　把师门的集体指导扩大到更大范围可能在某种程度上拓展学生的视野，使不同课题组、不同师门之间也可以相互交流，这需要院系在制度安排上的精心设计。

> 　　我们师门就是一个课题组，还有一个更大的教研室，是好几个师门一起组成的，教研室也会经常举办活动，我们可以很通畅地和其他师门的人交流。(X-经管-3)

　　但并非所有集体指导都是高效的，例如有个别导师把课程作为讨论班指导学生。

> 　　导师指导主要是通过一周一次的讨论班进行，博士生轮流做报告，一次一个人讲，每次两到三个小时。导师会在下面听，这也是导师开的课程，但导师就不讲课了。其实挺不满意的，因为只是我们在报告的话收获有限，如果老师来讲课我们可能懂的会更多。去修别的课也是一样，因为学院别的博导也是这样上课的。(D-理学-25)

　　虽然从总体上看数量很少，但不少学院都存在以这种方式开设的博士生课程，博士生根据师门选择自己导师的课，这就导致因人设课的现象，不仅课程质量无法得到保障，两者的混同也在一定程度上影响了指导的质量。

(二) 个人指导

　　个人指导主要是指通过面对面交流的方式指导学生，有时也通过电话、微信、QQ 等通信工具来进行。在理工科，个人指导一般作为集体指导的辅助，但在人文社科，尤其是人文学科，个人指导是主要的指导方式，这是因为博士生人数较少，个人的钻研方向不同，博士生参与导师课题相对少且通常课题组合作程度不高。个人指导较集体指导更灵活随意一些，而非严格固定频率，受导师风格差异的影响较大，也因博士生学业阶段不同而有所差异。从词频分析来看，两周会面一次的频率出现最多，最经常的联系方式是电子邮件。

> 　　我们师门人比较少，没有那种固定的读书会什么的。我们文科博士生对导师课题的依赖程度没有那么高，和别人交流也比较少，都是

一个人静静看书。有问题你可以去办公室找他，或者微信联系。导师有个习惯是每天会在固定的时间打太极，他希望大家没事都去，一边锻炼的同时可以一边提问。年轻人不太喜欢打太极，但是我后来就习惯了，你就把它看成一种交流方式就好了。（N-人文-1）

在人文社科的个人指导中，导师帮学生修改论文是最普遍的内容。这种个人指导可能以见面的方式进行，也可能以邮件、通信软件的形式开展。

导师的个别指导主要围绕小论文，我写完了以后，他会把我叫到办公室，两个人一起改论文，他在那儿说，我在那儿写，每次都要很久。我就想老师为什么不改完了发给我呢，但老师说一些地方他需要我解释给他听，虽然这种方式很浪费时间，但我从跟着他改论文这方面也学到了很多。导师对小论文比较看重，因为发表时署了他的名字，他要负责任，从头到尾改得很细。博士论文他反而不怎么改，只是大方向的指导。（B-人文-1）

虽然个人指导的效率没有集体指导那么高，缺乏相互讨论中受到的启发，但是个人指导更加个性化，虽然耗时更多，但成效也比较显著。

为提高效率，很多修改论文的指导是通过在线的方式进行的。

我们的指导就是改文章，主要是发电邮，很少当面指导，导师都会在邮件里写清楚意见，改完再发给他看。我们没有多久要见一次的规定，但如果我想找他的话，去办公室还是能找到他的。（B-人文-3）

导师的指导非常细致，特别是她帮我们修改论文的时候，那一个月非常累。她会一段一段地改，跟我们说这一段哪里不好，必须很快改完发给她，通过了再到下一段。她每天早上五点半给我发邮件，告诉我昨晚发给她的论文哪里不好，八点之前改完发给她，中午之前她会回复要我继续改，然后中午也不能休息，下午三点之前要给她，她会在半夜之前回复，我再连夜改完发给她，每天只睡4个小时。虽然很苦，但是进步非常大，我原来的基础比较弱，现在（博二）已经能自己完成英文文章了。她的指导就是"扶你一程，然后你自己上路"。（D-经管-13）

理工科也有非组会指导的例外。

> 我们没有组会的形式，主要是一对一面谈，见面时间不是很固定，有时一个半月，有时天天见，平均频率是一周两次。遇到棘手的问题就通过QQ发给他，基本上保证在半小时以内回你。我们课题组的管理很人性化，和导师个性有关，他特别能理解学生，如果学生状态不好心情很烦躁，他宁愿你休息一会儿。他没有要求我们一定要几点来几点走，每天工作满几个小时，我们戏称别的课题组有的是单休，有的是双休，我们是随便休。（D-理学-28）

高效固然是衡量指导方式有效性的重要标准，但不能以单一化的思维去看待，导师积极和及时的回应、人性化的管理更容易得到学生的认同。

（三）灵活指导

集体指导和个体指导之外还有一些灵活方式，拔尖创新人才培养的举措就是典型。

> 我们学院的博士培养有两套体系，一套是传统的，一套是创新的。大二的时候我进入"拔尖计划"就开始课题组轮转，每个课题组大概待三个月，至少要转三个课题组，最后老师和学生双向选择。即使选定了某位导师的课题组，想要再去其他课题组完成课题也是可以的，因为我们"拔尖计划"直博生属于协同创新体系，它更强调组间合作，甚至可以去其他学院、其他学校寻求跨学科跨校合作。我们的自由度是非常高的，一般大博士（指普博生）和硕士做导师申请的基金项目，而我们小博士被派去挖掘新的方向。虽然可能会浪费一些时间，但是这种靠自己摸索方向的培养方式非常具有挑战性，机会比较多，评价也比较严格。（D-理学-29）

导师组制度也是灵活指导的一种有效实践。

> 我们每个人有三个导师，她是主导师，她把方向相近的老师叫到一块，形成一个大师门，另外两个是比较年轻的副导师。因为她对理

论那块很在行，但对数据处理不是很在行，数据处理就由副导师指导。我们两周一轮，一周是小师门会，一周是大师门会，此外还有单独见面。导师会发一大堆文章让你看，看的过程中形成想法，开会时再讨论你的想法有没有意义，需要用到什么理论、获得什么数据。我们绝大部分数据是老师自己在调查，数据在师门是共享的。然后就开始去写，写的过程中不断沟通交流。每周开会每个人就自己写的主题拟一个题目轮流上去讲，老师和同学共同讨论，从论点论据到逻辑方法，全程老师都会有指导，会跟我们一块儿把问题弄清楚。写出初稿后导师会个别指导，给出修改意见。在我们管理学院，遇到问题不是只能找自己的导师，也可以找其他老师。（X-经管-5）

导师组制度的施行同时带动了团队合作的学术氛围，使得博士生指导突破了传统上囿于一位或几位导师的界限，实际上形成了一种根据需要寻找可用资源的灵活指导模式。

我们"优生优培"计划实行的是导师组制，一个主导师，三个副导师，副导师是我和主导师一起选的，导师有询问我的建议。我除了参加主导师的研讨课之外，还会参加副导师的研讨课，主导师擅长理论，副导师偏计量方法，其实是互补的。现在学校很多年轻的海归老师，老教授和年轻教授之间会形成一个类似"传帮带"的团队，学生之间也有，我的师姐带我，我再带下面的人。博士生平时都在办公室，有问题可以相互探讨。我们学院有一些学习小组，是海归老师自发组织的学术活动，有兴趣也可以去听，学院也会定期请外面的老师来开讲座，是了解学术前沿的重要渠道。整体上学术氛围相当不错。（N-经管-6）

一些学校的一些学院在建立博士生中期考核分流制度的时候，会根据学生的研究方向给博士生安排中期考核指导小组，指导小组成员都是领域内有影响力的老师，甚至引入外审专家。考核制度要求指导小组成员分别与学生面谈，时间、形式比较自由，但又很有针对性，可以使博士生的思维跳出导师指导的框框。

　　　　我们学院的考核形式是真正站在学生角度考虑，虽然三位老师不
多，但比起公开答辩，分别面谈交流得更细致深入，能够获得更多的
建议。老师们真的都很认真，都是一聊一上午，真的是在帮助学生更
好地完成博士计划。（D-地学-32）

　　可见，博士生培养模式改革可能为打破传统的单一导师指导带来新的机会。
例如在化学、生物等自然科学基础研究领域引入的实验室轮转制度，在交叉学
科领域的协同创新人才培养平台，以及博士生中期考核制度设立的考核指导小
组等，都促进了博士生与多位导师的交流。这些制度有助于打破"博士生是导
师的私人财产"这样一种狭隘的思维，在更高的质量标准下拓宽博士生的视野、
培养博士生的科研创新能力。更加广义地看，研究生课程上的一些改革，例如
由多位导师共同开设的、旨在分享研究前沿资讯的文献阅读课程，一些以课外
活动形式开展的多导师轮流主持的午餐会等，实际上都增加了博士生与多位导
师交流的机会。

二、指导内容
　　导师指导的内容随导师风格的不同而有很大差异，大致可以分为把握方向
型、全程覆盖型和因材施教型，但也有一小部分导师缺乏对博士生的指导。

（一）把握方向型
　　一类导师的主要作用在于"把握大方向"，对研究选题的指导最多，不太关
注具体的过程，对应理论框架中的引导导向。这种指导在人文社科可能是放羊
式的。

　　　　导师主要看结果，中间需要各自努力，如果学生不够自觉就比较
不会出成果。（D-人文-4）
　　　　导师只能够告诉你大方向，往哪儿走、怎样做会更好，但刚开始
都会有一点听不懂，因为你知识的积累还没有到能理解他的水平。他
就会鼓励我们多读一些书，开阔视野，好的文献他也会推荐给我们，
但主要还是锻炼我们自己找文献的能力。他实在太忙了，不会指导得
那么具体，每个同学都会经历反复试错的阶段。（X-社科-6）
　　　　读博百分之九十靠自己，导师给你一个大方向，定期开组会听

你汇报，给予点评，告诉你应该从哪几个方面去研究，或者看什么书，这就够了。对博士生本来就不应该管得太细，找理论、学方法、找数据什么的都得靠我们自己。你总不能一点儿小问题就去问导师吧，大部分的问题都是得想办法自己解决。（B-社科-6）

但在理工科和经管学科，研究通常以课题组合作的形式进行，导师负责申请课题和结题汇报，中间主要由博士生合作来做，导师做整合。有时是因为博士生的研究主题分散，导师难以全数精通，只能在方向和方法上给予指导。

导师从宏观上把握，保证你选题的创新性和前瞻性，但也不是指定课题，而是给你一个大框架让你在里面找具体的方向，可以结合自己的兴趣和能力。科研过程以学生为主，导师只是适时督促一下，让你不要走太偏。文献要靠自己搜集，但导师会教我们怎么甄别资料，什么样的资料应该看，因为量太大了。至于实验操作技能则由师兄师姐来带。（D-理学-27）

如果导师非常知名，课题很多，通常会形成拥有研究梯队的"大组"，在指导上也可能会形成一个团队，在资深大导师下面还有年轻的小导师，但实质性的导师组指导比较少，大部分还是单一导师制。

大导师决定研究方向，指导上是放养型，除非有问题去找他，否则他一般不会主动找你。他让你做课题的话，你一定要有反馈，要有资料给他，不然他也不会再找你。我有问题主要是跟副导师讨论，也就是导师之前毕业的学生，和他像兄弟一样，经常一起吃饭、看电影，有时甚至还会帮他带小孩，关系很亲密，但他其实不是我名义上的导师。（N-经管-7）

导师"抓大放小"不一定是指导不到位的体现，也可能是一种培养未来学者独立研究能力的策略，其优点和不足之处应视具体情况和学生特点来探讨。

当你在进行创新性较大的项目的时候，其实你才是最了解那个项目的人，导师给你的指导往往是方法上的，具体怎么做还得靠自己。

大导师在开始时把握研究方向，确保选题有价值，方式有新意，最后对项目质量进行把关就可以了。小导师提供技术支持，能及时反馈就好。不需要太细致的指导，你是来赚自己的博士学位的，要把自己定位为解决问题的主导。即使去请教老师也应该先把问题提炼清楚，不能找老师就一句"我不懂"，希望老师什么都帮你安排好，认为不帮你解决就是不理睬你，这样太幼稚了，是对自己身份定位的不准确。（D-理学-29）

如果学生是比较独立的性格，会希望导师采取把握方向型的指导，学业上比较自由，生活上比较关心就是一个理想的状态。

我的性格比较独立一点，导师也是很独立的人，我很适应她的风格。我不希望我写一点儿老师指导一点儿，我虽然有跟老师讨论，但在具体的内容上我还是希望有自己的想法。我认为好导师就是应该高屋建瓴，在关键的时候指点你一下，在你迷茫的时候推你一把，不要期望导师把太多精力放在具体的指导上，研究生还是要培养独立的研究能力。毕业是学生自己的事情，你不上心的话导师也没办法。（N-社科-10）

部分主动性强的学生喜欢这种自由度大的指导方式，但依赖性强的学生则认为过程指导的缺失使遇到的困难无法及时得到解决，这种挫折带来的打击可能是严重的。尤其是在理工科，一些基础较弱的学生在没有导师具体指导的情况下可能实验进展困难，导师的抓大放小式指导就会成为达成目标的障碍。

我本科受的科研训练比较少，读研后突然变成全靠自学，导师基本上没有指导，就是"课题给你，我只要结果，过程你自己想办法"。她描绘了一幅蓝图，给了我们一个大而难的课题，希望我们来攻坚战，但是目标太高了，让你去摘月亮，跟你说搭个梯子去摘，但具体怎么做没有说。课题一直没有进展让我承受了很大的压力，感觉被这种挫败感打垮了。（D-工学-38）

这类型导师比较关注两端，即制定目标和结果的达成，但学生认为在过程中适时提供指导也是十分重要的。

从导师的特点来看，处于学术生涯发展阶段后期，已经取得较高身份地位的导师，更倾向于采用抓大放小的指导方式。因为对他们而言，学术发展已经到了高屋建瓴的阶段，需要统筹的项目很多，同时可能承担行政职务也占用了较多时间，指导博士生的时间非常有限，客观上必须通过这种方式来提高指导效率。

> 导师年龄大、地位高，每天都要应付各种各样的事儿。大方向是导师把握，小地方他不管，老师很少主动找我们，我们很自由。选题要我自己通过大量读书去寻找，读完有想法可以跟他谈，但我问的也不太多。具体细节比如如何写他不太跟我们多说，遇到困难就和师兄交流。但是你有什么需要，别人解决不了的事儿，可以找导师帮助，比如学生最关心的工作问题，他会帮你介绍。他手里的社会资源不是一般的年轻老师能比的。这一点他做得很好，他以他个人的影响力，给我们创造了很多条件，我们参与的学术活动、社会活动都很多。如果你说指导时间，那很少。我们每次去他家见他，都遇到陆陆续续有人来拜访他，他给每个人最多20分钟，你有事说事，不要客套，说完事赶紧走，他很忙。但是他的指导又很到位，对我们的问题，总能以他丰富的人生阅历、以他对艺术方向的精准把握，给我们指明今后十年的发展道路。这是最大的指导，其他的东西都是不值一提的。（X-人文-1）

从这个例子中可以看出，处于生涯发展后期的导师对博士生的指导偏向把握大方向，缺乏具体的指导，但学生的满意度高。自主性较高的博士生会认为博士阶段是一个自我学习的过程，当遇到其他人解决不了的问题时才寻求导师指点，这种指点不在于多和细，更重要的是能否"一针见血"、切实有效地解决问题或指出一条"明路"，使博士生的独立科研能力获得提升。

（二）全程覆盖型

另一类导师的风格则是事必躬亲，或注重细节，对应理论框架中的控制导向。这可能与导师的生涯发展阶段有关，一般来说，处于生涯发展前期的，较为年轻的导师指导得更为细致。他们相对来说还没有取得很高的身份地位，没有那么多行政事务和社会活动，有更多的时间和精力投入一线的研究中。

> 导师的指导很细心。他既能够把握大方向，跟踪每个人的研究进展，实验上遇到的困难具体到操作上的细节，他也会给我们指导，因为他很年轻，也刚刚从实验室的瓶瓶罐罐中走出来。当我们遇到瓶颈时，他会和我们讨论，要我们自己去思考怎样解决，而不是直接告诉我们，他要我们尝试新的方法，或者分析问题产生的原因。他是真正培养博士生，而不是把博士生当作机器。（D-医学-36）

同时生涯发展初期的导师出于对取得更高学术成就的渴望，通常会比较拼，指导得细致是为了提高解决问题的实效性和更快出成果。

> 我是她的第一个博士生，我们面对面交流的机会很多，每个星期定期开会修改文章。改文章的时候，她对细节盯得很紧，时间卡得很紧，一天改一稿，十几天把一篇文章写完的节奏。通过她细致的指导，我感觉对理论的把握、文章写作能力和对实验的操控能力都有了很大的提高。思维方面也开始变得缜密起来，为人处世方面也比较知道怎么和别人打交道。（B-经管-4）

全程覆盖型的导师在博士生学业的不同阶段可能会有所侧重，或对某些部分的指导例如论文修改特别细致。

> 在平时阅读的积累上，导师会推荐我看一些书，每周例会还要做读书报告。在论文上，我有什么想法时老师会给我进行可行性分析，写出来以后老师会很细致地帮我改，包括对投什么刊物都会给一些建议。（D-人文-5）

全程覆盖型的指导风格可能也和学科有关，访谈中发现经济管理学科的导师较多会采用细致地帮学生改论文的指导方式。

> 导师的学业指导主要是改文章，一般第一篇文章会改一个月，所有细节她从头改到尾。后面慢慢改得少一些，这样几篇论文下来你就

能独立地写英文论文了。(X-经管-3)

导师事无巨细的指导风格也可能与自身性格有关，一些年长教师也可能采取全程覆盖型的指导方式。

> 导师是 50 年代出生的人，做学问严谨认真，对我的指导是细节型的。他个人性格就是那种较真的，会抠细节。从他做事风格上就能看得出来，有一次他找我去帮他办个事，就在学校里很近的距离，他非要给我画个地图。他在指导我的学业上也是这样，我的自主性不大。写篇论文，他从标题、框架、内容材料都会指导，你用一些新词，他会质疑你。导师对科研抓得比较紧，每年起码申请三四个课题，他的每个课题项目我都会参加，一周见四五次很正常。(X-人文-2)
>
> 导师 61 岁了，但他还会经常亲自跑到我的工位上看我做实验，他会指导我把电阻重新焊一下，或者改一下程序。写文章时他会帮我分析整个思路，还会想很久帮我总结出几个结论点，经过他的整合我就觉得文章理论水平高了一个档次。他是一个完美主义者，他的指导非常细心。(B-工学-16)

全程覆盖型导师的影响不能一概而论，有时是正面的，学生受到导师在科研上执着追求精神的鼓舞，做事也会更加精益求精，但有时导师控制性太强会给学生一种压迫感，导师的处处插手可能会减少学生走向学术独立的机会。

> 导师在性格上是个掌控欲很强的人，他对我们的指导是事无巨细的。对科研他抓得比较狠，我们做的东西要在与他相关的领域里，这样他比较容易掌握。他什么都手把手教，从论文选题到研究框架到访谈提纲，我们对导师的依赖性特别强；他什么事都替我们解决，访谈对象帮我们约，文章改好后由他去投，我们从来没管过。他的这种压迫感对我的学术自信心有影响，我很担心毕业以后没有他的扶助该怎么办。但我也不想像他一样，除了工作还是工作，完全没有一点儿生活。(N-社科-8)

导师在工作与生活上不能很好兼顾的状况也可能会让博士生产生对学术职

业的负面印象。不少博士生提及，看到导师劳累的状态，觉得以后不太想从事学术职业。

> 看到导师一路是怎样奋斗的，就觉得做这一行其实也很不容易的，我以后应该不会专职科研。希望导师有时间更多去回看自己吧，感觉他活得挺累的，他好像有点太执着，太看重名利了，平时都没有花时间照顾自己的家庭。我希望他也有自己的人生，人这样活着会丢失一些风景。（N-理学-14）

全程覆盖型导师在人格上偏向完美主义，同时在指导风格上可能偏向专制型或民主权威型，其自身的"不知疲倦"会变成一种无形的压力传导给学生。尤其是专制型且指导上事无巨细的导师，比较容易导致师生关系上的不满和冲突。

> 他管得太严了，很少有自己探索的自由，每一步都是他来告诉我怎么做，而不是发挥我们的自主性。他提出一些想法，让我去执行，但我在执行过程中发现很难实现，就会提出另外的想法。在这个点上我们会发生一些争执，最后都是听他的，无论我觉得服不服。我的性格比较独立，有很多自己的看法，我觉得自己的创造力被遏制了。我希望导师是一个当我需要时的有力量、温暖的存在，而不是每时每刻罩着我的样子。（N-理学-14）
>
> 希望导师可以给我一个足够让我发挥的空间，他在宏观上指导，具体的方面让我自己去锻炼。而不是导师天天盯着你，告诉你要怎么怎么做，这样才可以收获更多的东西。虽然导师管得多会减少你走一些不必要的弯路，但是有些弯路你现在不走，以后还是会走，所以我觉得让我在读博中就经历一些会更好。（N-工学-19）

可见，这种全程覆盖型的指导可能导致学生自主性的缺失，同时也伴随着大量的时间投入，在沟通上需要双方做出较多协调的努力。从工作效率的角度来说，导师事无巨细的指导可能对解决问题是快速有效的，但是从人才培养的角度来说，允许一定程度的自由探索和试错对于学生综合能力的提高是更为有效的。

（三）因材施教型

有些导师能根据学生的特点调整指导内容，这种因材施教的方式具有弹性，该放手时放手，需要时出现在身边，这类导师的指导风格介于以上两类导师之间，很受学生欢迎。这对导师指导能力的要求也相当高，需要导师不断学习，追踪前沿问题、阅读最新文献和拓展自身能力。

导师学识广博，想法又特别多，他会根据博士生的能力不同给予差别化指导。对能力强、有想法的，他只会给一个大方向不会限定，让学生根据自己的兴趣去探索。你没有什么想法的话，他就会具体跟你说要做什么事情，给出备选方案让你自己去选择，甚至有时要配什么溶液、多少浓度他都会告诉你。他不仅懂化学实验，也会搭仪器、会编程，信号转接都是自己做，一专多能，超能干的。（D-理学-28）

博士论文题目可以根据自己的兴趣选，但导师也会帮你把握一下，根据你之前的积累给你一些建议，他会考虑怎么发挥每个人的长项。总体上他的指导是依着每个人的个性走。每个老师都会有个体的特质，学生的差异也很大，你没有办法去调节人的特质，但处理事情的时候若双方都能理性去看待，共识的部分是可调节的。他批评人会看学生的性格，有的学生比较抵触批评，他讲得就少，学生要是能接受，他就多说一点。他最好的一点是不做任何强迫，不会说你一定要这样子，但是你对自己要求严一点的话，你还是愿意跟着他这样子去做。（X-社科-6）

因材施教的导师总体上能够尊重学生的意愿，给予学生选择的自由。但是，不排除导师在对学生特质判断的基础上，以某种"强迫"的方式去"改造"学生，这恰恰是导师看到了学生的不足，想要通过自己的教育方式，让学生遇到更好的自己。只要这种"改造"的目的是好的，方式也能够为学生所接受，判断的依据是基于因材施教认为学生有某方面的潜质，即使有一定"强迫性"存在，但仍然不失为一种有效的指导。

刚入学的时候，导师给我分配的任务我不干，他问我为什么不干，我说我没空，我在看奥运会。当时他在国外访学，就在QQ上骂了我两个小时。我那时候根本没有研究的概念，也不爱学习，就想拿个研究生学历毕业出去找工作。我是个有点儿顽劣的人，想要以这种方式先镇住老师，结果被他灭成渣。老师非常严厉，骂起人来很凶，第一年没少被骂，骂惨了。有一次他发现我在实验室看 NBA 球赛，被他逮住之后叫到办公室骂了一顿，凶起来的时候桌子一拍，我吓得赶紧跑出去，然后就跟同学爬山去了，爬山时还把手机关了。等我回来时，大师兄叫我赶紧去找导师，导师打不通我电话，都快急死了。后来老师经常趴在实验室玻璃上看我在干什么，老师为了改造我花了很多心思。我很多不好的习惯都被他改掉了。比如我以前爱看球赛、看电影，早上起来第一件事是打开新闻，现在这些习惯都被老师灭没了。现在我最喜欢的事情是读文献、写论文，读完就觉得酣畅淋漓的！导师对我影响很大，我的命运都被他改变了！我以前想读完硕士就走了，但现在我已经博士快毕业而且在高校找到了教职。导师对我要求高，但不是达不到的那种，他的名言就是你逼一逼自己都会有的，把自己逼到极限……没有导师的严厉就没有现在的我，我对他衷心感谢！（N-理学-12）

但还有另一种因材施教，实际上是导师在精力有限情况下有选择性地指导。

很多事都是要靠自己努力的，导师可能会提点你一下，但是他精力有限，所以也会分人对待，你越努力他会越认真地对待你，你不努力他可能会觉得没有指导你的必要。（D-工学-44）

导师对每个人的要求会按性格和能力不一样有所区分，你想要进步他会把弓拉满来帮你，但要看你自己愿意做多少努力。（X-社科-6）

导师的态度摆在那里，只要你来找，他肯定不会拒绝，会给你足够的帮助，但是你不主动，也不能指望导师来拖你拽你。就是说导师不会给压力，科研上主要靠自己，如果你停滞不前，那就是你自己造成的。（B-工学-9）

这说明导师指导实际上是双向的过程，学生的积极反馈和勤奋努力会增强导师的责任感。

总体来说，导师不是全能的，给予过程指导并不意味着要面面俱到，分工合作、有所侧重可能是更有效的策略。学生通常认为，具体操作技能方面的指导由师兄师姐传授就可以了，一些新的技术、软件使用则可以自学或向同伴学习，真正最需要在过程中得到导师指导的是创新性解决问题的思维方法。

> 导师指导论文注重结构框架和创新点，他看问题特别准，逻辑思维也非常清楚，他年纪这么大了（63岁）还有这种状态非常不容易，因为他一直追踪学术前沿，还在坚持看文献，并且特别强调要我读英文原著。（D-人文-4）
>
> 导师很注重过程，尽管她有行政职务非常忙，但还是每周都会参加午餐会和读书会。午餐会是全院的，她主持，读书会是师门的。这个过程中她的指导特别重要，她给我们的初稿提意见，或者从读文献中引出很多问题让我们去讨论，如果她恰好有事没参加，我们自己说着说着就没有兴趣讨论了。（D-经管-7）

导师的指导不仅包括追踪学术前沿，而且包括研究方法上的指导，提供学术交流、调查研究等的机会和经费支持，在博士生社会化上提供专业发展的指导和人脉支持。

> 导师教我研究方法，怎么地毯式地搜集资料，并且送给我很多他自己搜集的珍贵资料和书籍，还资助我去调研。（D-社科-20）
>
> 工科的指导是项目驱动的，感谢导师让我参与他的企业项目，这些项目都很实际，帮助企业解决问题的同时自己的科研能力有了很大的提高，在与人交流的能力上也有了提升。（D-工科-43）

（四）缺乏指导型

除了以上三种情况之外，最糟糕的情况是缺乏指导，"只有在需要导师签字的时候才找他"，"指导不是具体教你什么"，"一切靠自己去悟"。导师从事行政工作太忙，离开科研一线太久，常常是导师无法给予博士生更多过程指导的原因。

> 导师年轻时确实很拼，但现在行政工作很忙，离科研一线越来越

远了。她已经很久没有更新文献了，因为她在指导我改论文的时候我发现她对领域的了解还停留在十年前，还是按照她熟悉的方式来写作，她没办法很好地定位做出来的东西有多少价值，也不清楚投什么档次的期刊最合适。（D-工科-38）

我们的例会刚开始一周一次，后来导师各种行政忙，就不定期了，想起来就开，没有固定时间。理论上我随时有问题去找他都可以，但他有担任行政职务，挺忙的。……导师给我换了好多方向，但不会把任务具体化，他只是告诉我这个方向可行，然后要我自己去做。导师经常说让我学会独立，多看文献、自学软件，软件会用了自己去找想法，但我碰壁做不下去时他不会帮我解决问题，而是再换一个方向。有时候会觉得非常地无助，和组内的人都没法交流，一个人在那闭门造车的感觉就是特别孤独。我希望导师的指导具体一点，对完成任务的期限有一个合理的安排，答复及时一点，多提供一些相关领域的资源。这些我和导师沟通过，老师的态度都很好，说自己太忙了，然后过一段时间又忘了。（X-理学-7）

在以上两个例子中，学生都有尝试和导师交流，但导师没有实质性的改变。通过对其他案例中类似情形的分析，缺乏指导型导师对学生的态度大致可以分为两种。一种是坚持自己的想法，继续自己的指导风格，学生要改变导师的想法就要靠发表高水平的文章以证明自身能力，使导师愿意改变态度听取学生的意见。另一种是承认自己指导的缺乏，但是因为太忙无法做出改变，烦琐的行政事务使其不能很好地分出时间来专注科研。

导致缺乏指导的第一种可能的原因是指导的学生过多，精力顾及不过来，以至于不得不以一种"博士后带高年级博士、高年级博士带低年级博士、低年级博士带硕士"的"层层分工法"来解决。但这种没有制度保障的指导方式无法保证培养质量，很容易演变成博士生自我摸索、缺乏导师指导的情形。

我这个学期只见到他一次。论文都是我们自己弄，我们只有在需要导师签字的时候才找他。有问题我会请教师兄师姐，而不是去找导师。（D-经管-15）

第二种常见的原因是导师的知识体系比较陈旧，无法适应国际化背景下论文发表的要求，或没有掌握学科当前主流的研究方法，而叠加学生流动国际化的背景，语言可能也会成为指导的障碍。

　　导师是 50 年代出生的，马上就要退休了，他代表上一辈的学者，本科硕士都是这里读的，然后毕业后留校，没有博士学位。但他是中国第一批把通信系统搞起来的人，那批老的人，不怎么懂英语，不怎么懂学术圈的各种社会活动，不怎么跟国外学者交往接触。他们和现在大量的海归是两个群体，在两种完全不同的环境下培养的人，代表两种不同的制度。两个群体的交替，就像历史车轮一样，是必然会发生的。你不能指望导师给我指导英文论文，我们实验室也不是很看重发论文，我们看重做工程项目，经费来源于企业，为企业服务，跟科研的关系不是很大。发不出论文就毕不了业，导师虽然不会给我们设置障碍，但他指导不了论文我们就不容易达到学校的毕业要求。但是这个不是导师能改变的，也不是他的欠缺，他的人品很好。要说就是学系的问题，一直以来很排斥去招一些海归导师，我们系的海归很少。我不打算以后做学术，但我还是想早点结束这个过程，读博了就需要通过不断的心理暗示来安慰自己，告诉自己把这看成一种锻炼，这不见得是坏事。只要能走出来都还挺好的，我觉得我应该还是能走出来的。(B-工学-12)

　　导师快要退休了，我是他带的最后一届博士生。他不喜欢我们经常去找他，不喜欢跟我们讨论细枝末节。当我向他寻求帮助的时候他总是说："是你要做你的博士论文，你应该自己决定一切，不要指望我的帮助。"其实我也可以理解，导师年纪大了，现代的计量经济学建模他无法指导。导师的工作语言是中文，所以他也不会帮我看论文，他只是让我全部写完后把结果报告给他，他来决定能否答辩。他从不会打电话给我，不会给我什么最后期限，一切靠自己，这就是他的风格。(D-留学生-47)

　　导师现在带的博士生就我一个，他平时的指导是把握大方向，细节要靠自己，整体比较自由，没有给我什么压力。但就从他那里得到的知识和信息来说，我总体不是太满意，希望导师知识更加渊博一点，水平再高一点。导师还不到 50 岁，但是他似乎不太愿意学习新事物，比如他还是坚持手算而不去学习新的计算方法。他比较注重结果，过程只能靠我自己努力。他没有基金项目，所以也没有钱资助我出去开会。我们也从不会沟通生活或个人层面的东西，师生关系只能算一般，融洽是肯定没有。（X-理学-8）

第三种情形则是师生关系疏远造成学生对导师的惧怕，使指导隔着无法逾越的距离，造成实际上的缺乏指导。访谈中研究者发现，学生常在学业结束或临近结束时，才能比较客观地反思师生关系带给自己的影响，而身在其中的时候却可能因为各种顾忌不能客观地去评判，更不能很好地调整自己去应对。

> 我现在快要毕业了，回顾整个博士生涯，好像一直都是处于一种懵懂的状态，不知道自己到底应该怎么去做。导师没有给我布置任务，我的论文不是导师课题的一部分，导师不找我我也不找他。因为他很严厉，我会比较怕他，有问题也不敢说出来，有想法就压着，写论文完全靠自己顿悟。（D-社科-21）

> 从沟通来说我是怕我导师的，与他见面时总感觉太正式，他说话分量很重，所以我宁可选择发邮件也不太去找他。导师其实人很好，也不会逼得很死，主要是因为我自己太不努力了。沟通不畅让我压力确实很大，加上性格比较自闭，我觉得比较怕老师，博士读得很没信心。（B-人文-3）

三、导师关注

前面对理论基础的探讨将导师关注划分为任务导向和个人导向，导师关注与师生关系类型相关。导师关注中个人导向的缺失可能产生严重的后果，导师指导缺乏"关心人"维度的原因是功利的评价体制，也与师生之间缺乏有效的沟通有关。

（一）导师关注中个人导向的缺失及后果

任务导向的导师只关注研究，而个人导向的导师关注的是"关系"，关系既体现在学业指导中，也体现在生活中的联结。学生通常希望导师能够关心学业之外的个人成长，这是一个相对广义的概念，涉及人格发展、身体和心理健康、职业发展、价值观形成等多方面，但很多导师从理念上并不认同导师的指导应该涵盖学业之外的其他方面，这导致一些学生对导师不介入个人生活感到习以为常。

> 导师不关心你的兴趣爱好是什么，你的为人怎么样，你的人生理想是什么，这是一个现实的问题，也是一个挺悲哀的问题，好像大家都已经麻木了，公认就是这样子。读博就是一场利益交换，你要那个学位，导师要你给他的科研添砖加瓦，想清楚你自己的定位就好。(D-经管-9)

> 我们和导师就只有课题、实验这些方面的交流，其他方面的比较少。在外出进行学术交流方面导师没有鼓励也没有资助，但也不会说反对。反正在我心里对他是很敬畏的。(N-工学-19)

> 我会期待与老师有更亲密的关系，比普通师生关系更近一步，不仅向导师学习做学术，还学习做人，期待他关心一些的别的方面，但是其实并没有达到那种效果。这么多年都没有成功不是我的问题，老师的性格就是这样吧，他不会关心你其他方面，不是那种能够跟你建立亲密关系的导师。也许博士生已经到了成人阶段，不能再指望别人对你的帮助能有你想象的那么大。(B-人文-1)

学生解释这种不关心是在导师心中科研大于一切的结果，"一切以文章说话"。当然，导师对学生的关注点产生一种止于学术的边界，也可能与导师的性格有关，或与导师看待师生关系的理念有关。

不关心学生生活的导师在学生心目中相对来说是比较难以接近的，容易使学生产生对导师的敬畏和惧怕心理，从而得出"学生不要对导师有太多理想化的要求"这样一个结论，因为他们觉得抱怨和不满也不能改变这种状态，不如坦然接受让自己在心理上更好过一些。

> 导师是个工作狂，遇到你都是问最近项目做得怎么样，基本不会涉及其他方面的交流。导师很忙，他把任务给你一说就不管了，通常没有细节上的指导，关心生活更属于奢求。(X-工学-19)

> 导师规定我们一周要达到70个小时的工作量，他觉得你没事就应该待在教研室。生活上的交往基本没有，和导师一起吃饭只吃过一次，没怎么接触就没什么影响，也不会期待怎么亲密。毕竟导师态度还是好的，没有说话很难听或对学生人身攻击，这就够了。(X-理学-7)

之所以师生关系不够亲密可能就是因为少了一些私人方面的关心吧。我以前把导师角色想得非常完美，觉得导师如父，什么都会关心，但读博之后才发现不是这样，找导师聊生活很容易被他扣帽子，说你学术没搞好就是因为生活上的什么问题。(D-工学-44)

我也不奢求太多东西，也不需要他对我生活上特别关心，导师把文章指导好，我就很满足了。(B-工学-11)

希望导师不要特别凶，对学生好一点，比较体谅学生就行。(B-理学-8)

"只谈学术"可能是导师自身的性格和观念造成的，导师自身比较缺乏其他兴趣爱好而专注于科研，他们确实认为导师指导的边界在学术而无关生活。

导师不关注学生身心健康发展有可能出现极端的后果，加上其他辅助机制的介入不足，当学生出现心理问题时完全需要依靠自我调节，但不是每个学生都具备这样的能力。由于研究生群体的特殊性，"研究是一件很孤独的事情"，很多例子很难被发现，在看似平静的海面之下可能暗涛汹涌。

我的经历比较曲折。研究课题是导师给的，做得很痛苦，整个都是硬着头皮做的，觉得没有意义。导师指导基本没有，平时什么交流都没有，除了见面会打招呼。我个性也比较被动，遇到问题很少去找导师，不懂的都是找同门。但我内心对老师的依赖性特别强，从小听老师的话胜于听父母的。我心里有很大落差，有一段时间跟导师的关系特别差，很排斥他，尤其是研究结果一直不能让他满意，我自己压力也很大。他只关心我到底做没做出来，不关心为什么会出现这样的问题，我就觉得"这不是老师，这是老板"，只问结果，不问过程。每次被老师批评之后看见他都会害怕，我原来对老师言听计从，老师说什么都好，一定要努力去做，直到有一次老师找我谈话，把我批得一塌糊涂，我出现了厌学情绪，不想听他讲话，当时就崩溃了。后来情况越来越严重，老师说啥我都厌烦，每次都在想"你再说我一次，我要让你知道我有多难受"。(D-工学-45)

相反，导师关心学生身心健康发展能够给指导带来显著的正面效果。

导师常对我们讲，你读书不是为了拿这个学位，最重要的是生活。在他眼里，不是说你发了几篇 C 刊你就很强了，他觉得读书是为了更好地生活。比如其他一些博导，不允许女生在读博期间结婚，但我们导师就觉得要抓紧结婚，谈恋爱跟学业不冲突。他也会关心我们生活上有什么困难。所以说我们导师对我们的影响并不在于科研，更多的是怎么处世、怎么生活。（X-人文-1）

导师的一些行为细节会让学生感受到情感上的满足，身心健康也能促进学术的发展。

导师桌子上放着我们师门的合照，她在乎我们，对我们超级好。平时她会带我们去爬山锻炼身体，组织郊游活动，去她家吃饭，带我们出去调研时也让我们吃得很好。（X-经管-3）

导师自己很节俭，但对我们挺大方。有一次他租车带我们去一日游，吃饭时我点了一个凉粉却发现吃不习惯，一口也吃不下去，当时我很为难。导师看在眼里，他说你这碗给我，你再去点别的。（X-医学-11）

我第一年来的时候，他真是事无巨细帮我想到了衣食住行，我还记得第一次谈话老师告诉我怎么坐公交。后来我搬家，导师还问我说要不要用他的车帮我搬一下，他考虑问题还是挺周到的。（B-工学-17）

一些学生家庭条件不好，导师能够细心观察到这一点，并在生活上给予资助会令学生非常感激。

生活上我其实没有太多期待，但导师真的让我蛮惊喜的，他会关注到细节。有一段时间我的同学集中结婚，我没有钱包红包，生活费都不够了，又不好意思不去，导师知道了就把身上的钱都给了我。还有一次师妹穿了破洞的衣服去见导师，老师就拿钱给她让她再去买一件新的。（X-医学-11）

导师严慈相济，她特别能把握好这个度。学业上她的指导透露着

一丝威严，治学严谨；生活上她会关心我们，我家庭条件不好，她经常会给我买衣服。(N-社科-10)

我家庭条件不好，过年回家时导师还会给我钱让我给父母带些礼物。(N-理学-12)

任务导向和个人导向看似是导师关注的两端，但其实更应该思考如何将两者协调起来。科研和生活不是对立关系，对一端的强调会削弱另一端，而应当探索一种形成合力、相互促进的可能，即热爱科研就是一种生活方式，而热爱生活也能够促进更好地科研。

(二) 导师关注与师生关系类型

导师关注与师生关系类型相关。在导师作为亦师亦友之引导者或科研合作伙伴的平等的师生关系中，导师关注侧重于个人导向，重视发展与博士生在个人层面的关系。

以前最烦的就是和人沟通交流。导师经常会过来跟我聊五分钟，要是我被叫到办公室去就聊半小时以上。我以前很害羞，不敢跟生人说话，老师慢慢培养我，现在我能顺利跟人交流，办事会注意很多细节，做事有目标有效率，浪费时间会产生罪恶感。很多事情都是导师教我的，现在想起来还是特别感激。那时候和导师交流的机会特别多，你主动找他他都有空，他还经常找你，不光是聊科研，还和你聊做人和做事，跟我们讲他的经历、他在社会上学到的一些道理，希望研究生能有更多成长。出差的时候导师会让我跟他住一间，很多事情都会和我聊。导师看问题高屋建瓴，生活阅历也比较丰富，他会给我正面的力量，比如大家都说现在学术环境很差，但导师会说总体还是趋向唯才是举，你只要有真才实学还是有机会的。我们戏称他为"政委"，做思想工作的能力特别强。他那时候（刚刚以"百人计划"的身份被引进 N 校）心思全放在学生上，现在因为各方面事务太多了，精力有限，得靠学生主动去找他了。(N-理学-12)

而在导师作为家长式权威或老板式支配者的等级性师生关系中，导师关注侧重于任务导向，缺乏对人的关怀，师德难以通过育人的过程体现出来。

导师只关心学术，对科研催得非常紧，我们每天去实验室要打卡。他不允许你去做别的事情，找工作都不允许，我们现在找工作都不敢让导师知道，都是偷偷去的。但是要飞到别的地方去面试就糟糕了，因为会有好几天不在学校。导师希望你毕业后再慢慢去找工作，反正学生的流动性是很大的，很快就会毕业，干吗要为学生考虑那么多呢？希望导师帮学生介绍工作机会那更是学生们的奢望。他也不希望博士生出国交流，你出去一年就少帮导师干了一年的活。总之学生是非常弱势的地位，导师不关心科研之外的其他事情，只能学生自己想办法，在夹缝中求生存。（D-理学-31）

师生之间缺乏沟通，学生慢慢在被动适应的过程中"端正"自己的心态，把不正常的学术指导方式看作学术圈的常态，进而习以为常。这对博士生社会化造成了不良的影响，因为他们是学术衣钵的传承人，导师如何指导必将被其带入学术生涯的指导实践。需要警惕的是，师生关系的异化状态一旦被越来越多学生接受，就会渐渐被固化下来，导致不可挽回的消极影响。

（三）导师指导缺乏"关心人"维度的原因

在当前的评价体制中，导师指导学生的职责本身就是被忽视的，"关心人"在对导师指导质量的评价中更是无法衡量，当学生遇到悉心指导学业又关心自己的导师时觉得如获至宝。

我运气比较好，遇到的导师完全超出了我的期待，他的身上有很多意想不到的优点。导师指导我们做学术，一周一次组会，博士生做报告导师点评，他视野广阔，大概看一下就能发现错误，他还会带着你去申请基金，这是未来学者要掌握的必备技能。导师还关心我们的生活，每周都有一次茶话会，可以和他谈天说地，基本上什么话都可以讲，师门聚餐也比较多。更难得的是，导师不仅科研做得好，教学也是非常出色，他是一门国家级精品课程的负责人，他还指导我们怎么教学，告诉我们要科研教学两手抓。这样的导师简直没得挑了！（D-工学-42）

导师能够付出精力去关心学生，跟导师自己在工作环境中的正向感受有关。如果导师所处科研环境好、人际关系好、生活条件好，他就会比较倾向于把这种正向的人文关怀传导给学生，从而形成一个良性循环。

　　我的两个导师性格都很好，我觉得跟我们整个医疗组的关系比较好有关。他基金很多，资源也很多，对学生都很照顾，出国学习给我报销差旅费，平时也会带我们出去吃饭，毕业时会问工作意向并提供相应的帮助。他既能够把自己积累的经验传授给你，给你指明方向，让你少走弯路，又能够给你提供相应的条件，导师做得比我期望达到的高度更高。（N-医学-15）

导师指导缺乏对人的关心，最重要的原因是"忙"。常见的一种"忙"是担任行政职务带来的对指导时间的剥夺，另一种是忙着开公司或接项目而把学生作为完成项目的工具。然而"忙"不应该成为导师忽视学生个人成长的借口，导师不同于一般老师之处就在于负有指导的责任，如果缺少了"关心人"这个维度，立德树人的培养目标就失去了抓手。从这个意义上说，导师对研究结果的关心和对人的关心虽然是两个不同的维度，但两者不一定是矛盾对立的，而且应该使"关心人"上升为评价导师指导质量不可或缺的必要条件。

在远未真正实现双向选择的情况下，学生预期和导师实际指导的落差是经常存在的，但如果师生之间不能充分沟通，就使问题无法得到解决，甚至造成误解。

　　导师一般不会待在办公室，刚开始我通过邮件或短信联系他，但发现导师都不会回复，我们师门也不会组织什么讨论会，后来才知道有事找导师只能去听他的课然后课后问他。我们之间一度存在误解并且持续了很久，导师觉得我不尊重他，我觉得导师不重视学生。我现在博三还在上导师的课，重复地上，就为了能在课后交流。我希望他多给具体的指导，多提供一些社交人脉，给我外出交流实践的机会，但导师没有。这些问题我不会去和导师沟通，只能自己适应接受，主要是调整自己。（D-经管-8）

学生在面对不关心"人的培养"的导师时，通常会选择在可承受的范围内忍耐，调整自己的心态去适应。

> 导师延期的是对实验室有用且听话的人，只要不把学生压得太重，大家就能忍则忍，不能跟导师关系闹太僵，因为换导师几乎没有成功的先例。（D-医学-35）

导师控制着学生能否毕业的生杀大权，学生"不能讨价还价"，要"定位好自己的角色"，虽然有学生提及对导师不发或少发劳务报酬的不满，但更多是希望导师把自己当成学生来培养而不是当成工具。但功利化问题的板子不能完全打在导师的身上，如果制度把教师当作单纯的"雇员"，或用"帽子"导向逼导师唯"利"是图，导师也会倾向于把博士生看作是"压榨"的对象。

第三节　导师人格与身教

一、导师人格特征

导师的人格特征会影响指导风格和指导质量，并体现为学生的满意度。文本分析将导师特征对学生的影响分为正向和负向。

（一）正向人格特征

受学生欢迎的导师特点主要包括"平易近人""认真敬业""乐观开朗""信任学生""善于交流""包容理解""愿意分享""不轻易打断"。"厉害却没有架子"的导师最为学生所推崇，反映了学生一方面期待导师具有高学术水平，另一方面希望与导师发展较为亲密的个人关系。具备正向人格特征的导师在指导行为上的主要特点是体现出对学术的热爱和奉献精神，对学生循循善诱而不强迫，性格具有宜人性，与人交往随和，能够以自身言行为学生树立为学、为事、为人的榜样。

> 他生病了，在做副作用很大的治疗，但只要是他主持的项目，他每次必去。我们以为他没心思顾我们了，但只要给他发邮件，他肯定会及时回，会给我们一些研究的想法和思路。即使重病，在他眼里，

最重要的还是学术，他的科研项目，他的学生，我觉得这是很难有人可以做到的。他在病床上躺着，心里时时刻刻挂念着，表现出比较着急的状态，要为国家再多做出一些贡献。(B-社科-6)

导师虽然50多岁了，但心态特别年轻，能包容接受不同的观点。她和我们的交往很平等，我们每周都会见面，除了学术还会聊很多，我们愿意说出自己的想法而不会太拘束。逢年过节我们还会去她家，看到她和家人相处是彼此尊重和欣赏的模式，使我对知识分子家庭有了一种向往。读博并不只是做学术，我希望成为全面发展的人，导师在家庭和工作的平衡上就做得很好，她树立的榜样是我读博的动力。(D-经管-14)

导师有点清高，但是又不会和这个世界格格不入，他能处理好很多复杂的关系，包括上下级、同事关系，也包括家人关系。他为人处世有一种很实际的态度，不会去搞"假大空"，他不会吹牛，不爱虚名，他身上有一种人格光辉。他对学生真心好，很善良，特别能理解和包容。(D-工学-42)

他为人谦虚，态度亲和，我们不会害怕，就愿意主动去发言。他勤奋敬业，一周六天待在实验室，每天到得比我们早，走得比我们晚；他严谨务实，数据上的任何错误都是不允许的；他发挥我们的主观能动性，推动我们主动去发现问题和解决问题。他是这么完美的一个导师。(D-医学-36)

导师在学术圈的影响力是很大的，也有担任行政职务，但他跟其他老师的相处是很随意的，没有那种大牌教授的样子，我们学生也不会觉得他难以接近。学术上他很严谨，不会要求我们赶紧出文章，他说研究不能急切，太急出不了好结果。他为人处世低调谦卑，这些我会看在眼里。(N-经管-7)

导师的性格乐观开朗，工作中认真严谨，平时交流就很轻松融洽。他在讨论时的态度比较开放，不会强行要求我们按他的意见，即使批评也比较委婉，是针对问题，希望你做得更好，而不会直接针对你的人格做评价。我们师门非常团结，气氛很好，导师像长辈又像朋友，他真的情商非常高。(D-经管-6)

导师很严肃，学术上不能有半点差错，但生活上就很幽默。她是非常有魅力的人，你做得不好，她会很委婉地给你指出来，包括出去如何与人交往、在正式场合的言行举止。我们师门的氛围很好，跟一群高智商的人交流，促使你必须提高自己的智商、情商。虽然每天学习很紧张，但是很有成就感。（X-经管-3）

导师是非常信任并且尊重我们博士生的，他更多是以朋友或同事的身份来交流，比如说细节上的东西他不一定懂，他让我们在发现错误时一定要拿出来讨论，我们的关系很和谐。以前从来没有想过学生可以这样和老师交流，我们给他提一些建议他也会接受。导师在生活中也是尽量帮助我们，愿意分享他的经验和人脉资源，我找工作他提供了很多帮助。（D-工学-43）

导师真是非常善于交流，他给予我们充分的自由要我们带着问题去探索，自己提出解决问题的途径，而他要做的就是帮我们一起分析，精益求精，止于至善。他不仅提出建议说怎么做才能更好，并且会告诉你他为什么这样建议。如果他能说服你就去做，如果你不同意他的看法也没关系，可以搁置一边，求同存异。我们之间更多是合作伙伴关系。（D-理学-50）

我们导师很随和，很细心，你找她她不会不耐烦。她特别善于倾听，觉得你说得不对也不会立马打断，而是让你说完之后她才说。她会和我们一起出去吃饭，打羽毛球，每周固定一次，费用都是她出。每周的师门会风雨无阻，从没间断，她会把其他事情推掉，连她儿子第二天要高考也还是坚持照例开会。（X-经管-5）

导师性格挺好的，遇到问题会主动从你的角度去考虑，不会说一些非常伤人的话。他的耐心是我非常佩服的，我从来没有见过他发火或者不耐烦，都是本着渴望去解决问题的那种态度，不会说去发泄自己的情绪。也许是年龄相近的缘故，我们的共同话题还蛮多的。他说话也随和，就把我当成朋友一样，给我一些比较中肯的意见。（B-工学-13）

导师很民主，他的指导风格是春风化雨、旁敲侧击型的。他绝对不会强迫你，而是说"我觉得这个方向很不错，你去做会有成绩"，他会建议发什么期刊但不会硬性规定。他也会催着大家去开会，要我练好英语，多请教外国专家。我能够留校，每一步都是导师给我规划的。（X-医学-11）

导师讲话让人感觉很舒服。当他让我参加他的课题的时候，他会说："一些问题你要从具体的操作中才能发现，平时讲了一大堆方法，如果不去操作也都太空泛，只有多在实践中锻炼才不会眼高手低。"他不会只看结果，而是会重视你背后有没有下功夫。他让我懂得导师虽会在需要时指点，但如果你寄希望于通过老师的帮助来减少自己的努力，那是行不通的。（N-人文-2）

导师在学术上很严谨，对每个学生都非常好，更难得的是她非常大度。比如这次院里又推了我们导师参评学校的"良师益友奖"，导师就说她都这么大岁数了，要让给其他年轻的老师。但在我们心中，她就是一个良师益友。她支持我们投文章、参加学术会议，关心我们的生活，让我学会判断什么样的研究是一个好研究，她让我从一个新手变成了一个处理问题的专家。（B-社科-7）

导师在为人处世上对我影响比较大，他很会做人，愿意帮助别人，很会处理人际关系。当我遇到困难在老师面前情绪激动时，他就会等我平复下来以后，特别慈祥地说"这些都不是事儿"。所以虽然我们年龄差距比较大，但我愿意去找导师沟通，尤其是自己情绪比较消极的时候会去找导师打打鸡血。（B-工学-16）

分析以上典型个案，发现受学生欢迎的导师通常在三个方面的关系上处理得较好。一是平等的师生关系。这些学生与导师的关系倾向于亦师亦友的引导者或民主平等的合作伙伴，导师的年龄不是代沟产生的决定因素，更重要的是导师自身在师生关系中的角色定位，导师若能有效地沟通则有利于和谐氛围的营造。二是任务导向和个人导向的兼顾。导师在关心研究项目或学业目标完成的同时，也关注学生的个人发展，这些导师往往和学生的生活有交集，在一起吃饭、活动期间的非正式交流对学生产生的影响不可忽视。三是事业和家庭的关系。学生能有机会了解到导师的家庭关系状况其实也说明导师愿意突破这层界限给予学生全面的引导，学生认为正是因为导师在工作和生活的平衡上做得很好，才使其有良好的心态对待学术，也能够理解学生在处理家庭和学业冲突上的不易。

（二）负向人格特征

不受学生欢迎的导师特点包括"急躁缺乏耐心""不听学生意见""不鼓励讨论争辩""专制""功利""过于严厉""总是批评""没有反馈""不宽容"

"不信任""言行不一致"。其中，"言行不一致"是一个很有特色的本土概念，因为中国文化是非常强调知行合一的，言行不一致是招人反感的虚伪人格之表现。具备负向人格特征的导师在指导行为上的重要特点是对学术的追求显得过分功利，对学生强制且与学生的交往不平等，性格具有神经质的特征，对学生苛求和不够关心，学生觉得这样的导师"不可接近"，从而也就无法为学生树立良好的榜样。

导师非常严厉，我们没有谁敢顶撞他，虽然他在开沙龙的时候说有意见可以随便提，但其实不是这样，你给他提意见他会不高兴的。（D-社科-19）

导师在我心中是很不可接近的。他一向都很严肃，与和蔼不沾边，所以一直以来我都很怕老师。他说话很直接，不会拐弯抹角，有什么说什么，也不会换一个方式。但我现在已经很习惯了，老师的思维很难改变，学生需要自己去调整心态，我就会想，他的方式不一定对，但是初衷是好的。（N-工学-19）

导师的性格很孤僻，不太会处理人际关系，他那样的性格不太好。导师平时不苟言笑，你去找他会压力很大，他说你几句你就很难受了。刚开始会和老师争论一下，后面就不会了。我们都很尊重他，不敢得罪他，所以没事不要去找他就对了。（N-工学-20）

大导师非常忙没有时间（指导），基本上都丢给小导师。小导师还很年轻，有他自己的事要做，当我实验遇到问题向他请教的时候他就会说，"这种小问题不要来找我，你自己解决"。他拒绝了我很多次，我都有心理阴影了，后来我再也不找他了。（X-工学-20）

导师让我们报告，却经常打断我们。他的语气和态度焦躁，表现出一种觉得你很笨的样子，我们就会很紧张。本来有强烈的表达欲望，在被导师不断否定的情况下，慢慢地我们就不太愿意去表达。他的性格让大家感到非常害怕，对心理造成了一种负面影响。（D-社科-16）

导师是院领导，他真的很忙，没有办法顾及我们。其实很期待导师教我们做研究，但他总是对我们说要学会自学。我期待他能帮我改一改文章，但每次发给他都没回应。毕业论文的写作过程中他也一直没反馈修改意见，有时就会不太有信心，不知道这样做下去对不对。（D-社科-23）

希望导师不要太急躁，我们做实验的过程中确实会遇到各种困难，希望导师能客观地看待这个问题，能够多和我们沟通。但导师很在意在学生面前的威严，总是喜怒不形于色，而且他经常出差找不到人。我们总感觉和导师关注问题的点不一样，他不会听学生的意见，沟通了也没有什么效果，不如不沟通。（D-工学-37）

导师性格不是很宽容，比如说我们做实验不小心弄坏了工具，他会骂得很厉害。他教育起我们严厉到令人难以接受，前段时间我汇报没做好，他一天之内说了我三四次。他说话太犀利，比如答辩时他会直接批评其他组的学生说你这个东西做得意义不大。他还有点执拗，以至于跟其他老师都相处得不太好。他到五十多岁这个年龄，很难听进去别人的建议，我们有想法也没有人敢讲，整个组都是精神高度紧张。（X-工学-13）

导师言行不一致。他会说注意休息，但是又要求博士生晚上 12 点之前不许走；有时候会叫我们个人问题也要多关注一下，你真的谈朋友他会觉得你不好好科研。生活上的交集是没有的，我们也想要和导师打成一片，但导师要维持他的威严。其实我们也不强求生活上多关心，能顺利毕业才是最重要的。（D-工学-37）

导师要求一天待在实验室的时间至少 12 个小时，在实验室不能有娱乐活动，有空你就看文献！他不让我们参加课外活动，不让我们做助教，说这些都是浪费时间。就是很专制的感觉，让我觉得人身自由都被限制了。（D-理学-49）

导师很严厉，说话既严肃又直接。他的性子很急，要做什么事情就要你现在马上做完。他会不定期到教研室来查岗，周一到周六都会查，看到你不在就给你打电话。这种限制我觉得有点过，每天固定的时间必须待在教研室有种磨时间的感觉。博士生做科研是出于内在的动力，总是由导师外在地施加压力会适得其反。我们在很多事情的看法上有偏差，以前找导师讨论问题并不能很好地沟通，所以现在遇到问题我会找师兄讨论。以前我觉得科研能带给自己一些乐趣，现在我觉得博士能毕业就可以了，不管做哪个方向都可以，只要能写出文章就行。（X-工学-16）

导师与博士生之间信任关系的建立对研究工作乃至整个人才培养过程的顺

利进行是非常重要的。导师的人格特征会在很大程度上影响信任关系的建立。在实验学科，导师愿不愿意去倾听和接受学生的意见需要经过一个比较特别的"专业能力检验"的步骤，而检验通过的标志通常是论文尤其是高水平论文的发表。因此，信任关系与科研话语权之间建立起很大联系，而在人文学科，导师对学生的信任则相对而言并非直接建立在科研成果上。

> 跟导师没有一种平等的交流，她高高在上，我们很多话还没说完很快就被打断，经常这样之后就根本不想跟她说了。或者说，她听不听你说话要视你在她心目中的地位而定，要提高地位就要靠发文章，一直到后来我的文章被接受了，我说话才有了一点点分量。（D-工学-39）

> 当我们在学术上跟导师有不同见解的时候就比较麻烦，因为导师会坚持他的观点，而我们有时候也觉得应该坚持自己的观点，各自都不愿意听对方的。他是那种很严厉的人，不太好沟通。直到我的前期工作有一些结果并且发了文章，他才对我有了一定的信任，放手让我去做，这样科研工作就开展得比较顺利，师生关系也基本上正常了。其实我觉得导师可能懂得的领域更多，但不可能每个方向都精通，所以当我做了一个方向之后，就要在博士毕业时（在这个方向上）比他更精通才行。（N-工学-18）

分析以上典型个案，发现不受学生欢迎的导师具有三个方面的特点。一是与学生的交流方式不当，或者缺乏反馈和指导。导师对学生倾向于高控制，但缺乏有效沟通。他们可能对学生期望过高，不考虑学生的实际情况，例如访谈中多位学生提及导师压住论文不让发、迫使学生延期毕业，理由是希望学生完善实验发表更高端的成果。这种严格要求本身并没有错，但导师如不能因材施教、采取合适的指导方法帮助学生达到产出高端成果的目标，就会产生矛盾。当矛盾产生时，及时沟通是最好的办法，否则矛盾就会越积越深。而沟通是建立在对话基础上的，单方面的命令和单方面的服从不可能带来良好的指导效果。需要警惕的是，导师的冷言冷语、差别对待也是一种"暴力"，对学生人格产生的负面影响可能比直接的言语冲突更加深刻和久远。二是导师的关注点片面强调任务导向。导师在学术上追求功利化的目标，不关注学生个人发展的维度，他们通常也不介入学生的生活，认为没有必要或没有时间去关注学生的需求。

或者即使口头上表示关心，内心仍然以完成科研任务为第一要务。三是师生关系倾向于具有明显上下级关系的"老板与雇员"或家长式权威。学生对导师有一种不满或畏惧的情绪，逐渐认为精神上的追求不是博士阶段的任务，从而使专业发展和博士生社会化丧失了德育维度，也使个人发展受到限制，这对于未来可能走上学术职业的博士生来说是个充满隐患的开端。

综上所述，根据大五人格理论框架进行分析，外倾性和宜人性出现的频率最高，可信性和神经质次之，开放性出现的频率最低。学生谈及导师开放性人格的内容很少，这可能是因为开放性人格展现的是导师是否有能力指导学生，而学生认为自己没有资格评价这一点，唯有信任具备指导资格的博士生导师在专业水准上完全达标。外倾性包含"外倾"和"内倾"两个维度，从文本分析看，导师具有乐观、果断、善于交流等"外倾"特征更有利于博士生培养。宜人性也包括"接受"和"拒绝"两个维度，显然导师具有信任、移情、利他等"接受"特质更有利于博士生培养。可信性涉及博士生认为导师是否可信赖，即导师自身的认真敬业程度，文本分析中以正向表述为多，可见导师在自律与勤奋上基本无可挑剔。神经质主要出现在负向特征中，表现为情绪的不稳定，但本研究在情绪稳定性之上还有一个本土化的发现，即"言行一致性"也是神经质的重要判断标准，导师是否言行一致会影响博士生培养。

二、导师身教发挥作用的具体途径

通过三级编码，导师身教发挥作用的途径被归纳为三种：一是规范，引导学生遵守学术规范与学术道德；二是评价，给予学生公正客观的评价、不滥用权力；三是塑型，做出为人正直、处世有原则的榜样。这三个方面是交织在一起的，并有层次的递进，从而使身教被赋予了道德教育的意涵，与前文所述的人格密切相关。

（一）导师在学术上严谨、遵守学术规范会对博士生的研究品质产生直接影响

学品和人品是相通的。导师的学术品味（人格在学术态度上的体现）会真切地塑造学生对科学研究的态度，在功利主义的大潮中形成一股难得的清流。越来越多这样的学者赢得尊重，聚沙成塔，就会成为扭转浮躁氛围的力量。因此，导师的学品和人品会汇集成一种力量更大的品格优势，对学生研究品质和性格产生影响，从而成为培养下一代学者的基石。

我感受最深的就是他在学术道德上非常严谨，对数据真实性的要求可谓苛刻，同一个发现要从多角度去验证，然后每一个角度的数据又要重复验证很多次。现在的学术圈比较浮躁，刷影响因子是有些人的生存之道（引用率高而含金量低），导师看不起这样的人，不和这样的人做朋友。我们课题组论文质量很高，但是产量比较低。我们曾建议导师也适量灌水，发文数量多一些，影响因子高一些，这样我们找工作有底，评奖学金也有竞争力。但导师完全拒绝，他不认可，他要我们把眼光放在一些真正的科学问题上。(D-理学-27)

每天的实验结果导师都要打印出来，一张一张地贴，那就是他的宝。他们那代人可严谨了。我挺不爱写东西的，但我越不爱写老师越让我写，他看我写得不好可着急了。他还送过我一个笔记本，是他做过的会议记录，很详细，我都不会写那么清楚，看了之后觉得是应该向导师学习。(X-医学-10)

国内研究跟风成潮，比如我们语言学这几年"认知"很热，大家纷纷改方向。导师则认为要做有辨识度的东西，他说我不反对交叉融合，但没必要盲目去跟，要有一点坚守。他对于自己认为不对的东西表达方式是委婉的，有种"谦谦君子，温润如玉"的感觉。他是那种很体贴的人，对学生会不遗余力去帮助，而且对每个人都是这样。他对我们的影响是"桃李不言，下自成蹊"。他那么忙，在家还经常做家务，搬办公室都没有叫我们去，就自己在那儿搬。跟了老师之后，我的性格有所改变，学习更加勤奋，家庭也更和睦了。(N-人文-4)

导师真的很拼，他也要求学生很拼。他去德国之前头发还是黑的，回来的时候头发已经白了一半。他为学生提供了很好的科研环境，只要你有科研动力，他都会提供资助。虽然说一个老师带的学生总会有好的和一般的，但是总体上我们都越变越像他，这五年的影响是一辈子的。我有个师兄，就是导师的翻版，他能够在办公室从早坐到晚，没有娱乐，唯一的爱好就是做科研、写论文。放假的时候整栋楼空空如也，他就一个人在那儿坐着，踏实地学。我也被他改变了很多，从当初的"学渣"到现在热爱科研，越来越能够耐得住寂寞。(N-理学-12)

导师是一个非常正直的人，学术作风和生活作风都是非常正派的。

他非常强调实验结果的可靠性，要求我们重复多次。他每天下班就直接回家，也不会出去应酬。他不愿担任行政职务，而是以一种好像永远不会熄灭的热情投身于学术。有一次他跟我讨论课题，说可以往这个方向去想，我想了一会儿没思路就放下了，结果过了很久他兴冲冲过来找我说他想到了，然后把想法告诉了我。他心里有了问题之后就一直处在思考的状态，可以持续很长的时间。（N-医学-16）

导师是严谨和正派的一个人，做事非常认真细致。比如说你交给他报告，他连错别字都会帮你改出来；去谈项目的时候，他要求我们说话逻辑严谨，不断给予正向反馈，绝对不能不懂装懂，造成一些误会；在财务报销上他要求很严格，绝对不钻财务管理的空子。跟着他你会学到怎么合理安排一件事情，以及处理跟这件事相关的人员的关系，能够促进事情很好地完成。导师的专业是项目管理，他把这种项目管理的理念内化到自己的为人处世上，做任何一件事都很有章法。（B-工学-9）

导师在学术规范上非常严格，而且她很注意不碰系里其他老师的方向，因为做同一个方向，常常说不清楚某个想法是谁的。应该说我们系大家都很刻苦努力，但竞争环境很激烈有时甚至是恶劣，有些导师拼命利用学生的廉价劳动力干活，有些学生也想利用导师的头衔和资源多发文章。师生之间、同一个导师下面的博士生之间有时候产生矛盾，都是因为利益冲突。但我的导师就比较好，她出钱出力支持我（做研究），她对文章的要求特别高，一定要发在 A 刊上，这种要求也影响了我。（B-经管-4）

对学生公平与因材施教并不矛盾，每个学生的专业基础、兴趣爱好、个性特点等肯定是不同的，导师在根据学生特点进行指导的同时应保持一种总体上的平衡。导师对学生公平对待不仅让学生感受良好，也会在很大程度上塑造学生对科学研究的态度，形成团队合作的意识和能力。导师自身与其他老师的合作就能够为学生塑造榜样，在科研中尽管竞争压力很大，但合作多过竞争会带来良性循环。导师在处理文章署名问题上的公平公正也尤为重要，能够树立学生对于研究成果知识产权归属的公正态度。

导师对整个师门都是这样，指导都是比较多的，所以整个师门氛围很好，讨论总是很激烈，每个人都会帮别人想办法出主意，没有过多的竞争。我觉得这种风格是学术上的传承，管理学院很多老师和我的导师指导风格是一样的，因为他们传承了老院长的风格。而我以后继续在高校的话，我想我的指导风格也是一样的，就是导师会对学术传承产生长远的影响。（X-经管-5）

导师对我们都是平等对待的，犯了什么错也不吼你，而是给你指正过来。我们实验室都敢说话，有什么问题就跟他说，他会使劲说服你，但如果大家都反对，他也会自己反思。他是公平公正的，文章中谁参与了工作就挂谁的名字，顺序根据贡献大小决定，经费从哪个老师课题出通讯作者就署那个老师的名字，课题负责人要对结果负责。有一次我们想相互挂名，被老师否了，他说"我很讨厌这种事，真的"。所以我们实验室一点都不通融，你只要看导师平时自己是怎么做的，你就知道该怎样做了。（X-医学-10）

导师会根据各个学生的情况区别对待，采用比较适合你的方式来指导你。但导师同时也会在学生当中保持一种平衡，比如学生的论文写得有好有坏，他表扬了这个同学，批评了那个同学，之后他会讲："我对你们都是一视同仁的，批评都是针对论文。"对于每个学生的缺点，他会在适当的时候用比较合适的方式指出，当他指出我的缺点时，我心里会比较痛苦，但这是进步的一个过程。回去我也会纠结痛苦一阵子，最后想清楚了还是会听从他的建议去改正。（N-人文-2）

然而，反面的例子也让我们看到，导师为了功利目的而不能秉持公正的态度会如何磨灭学生对于科研的热情和对师德的信仰。导师对学术道德的态度不仅影响其学术行为表现，更是导师人格和胸怀的体现。

刚开始我对学术研究还是挺有兴趣的，就想好好做实验的话会出来什么东西，挺有那种期待的，但是久了之后，就觉得重复着、重复着，感觉很没意义、很没目的。导师真的纯粹就把你当作劳动力，而不是把你当作学生来培养。比如有一次我和一个同学构建了一个课题，把条件都准备好了，实验进展得挺顺利，然后突然实验室有个人向我们借用我们搭建的实验条件，最后竟然把我们做的数据也据为己有。直到组会时他和导师汇报他做了什么，我俩一看，莫名其妙，这个课题不是我们做的吗？他一声不吭就抢走了，更糟糕的是导师对这种情况是默认的态度，他有他中意和偏心的对象，而不能公正地对待利益冲突。我们导师就是那种，只要能给他带来利益，也就是给他出文章，他才无所谓这个人是用什么手段、什么方法得到数据的！导师的这种眼光和胸怀，实验室是不会有大发展的，一个人品德的高度决定了他有多大的前途。这种事也许几年后回过头来看根本没什么，但它在我心里留下了阴影，让我日益丧失了对科学研究的兴趣。我是直博的，这件事让我下定决心放弃博士，转成硕士也要离开。（D-理学-48）

（二）导师的人格与品德还体现在对毕业条件的把控上不滥用权力，对博士生在读期间的工作给予公正客观的评价，这是博士生指导非常特别的地方

导师对博士生在读期间的工作给予公正客观的评价，主要涉及论文署名的问题。在人文学科，这个问题不是非常凸显，因为人文学科的特点是独立进行思想劳动，博士生不经常参与导师课题，他的写作通常是围绕自己的方向，独立署名的情况较多，但博士生其实希望能与导师合作发表，导师的仔细修改和导师署名能大大增加其录用机会，因为高水平的期刊更愿意接受高声誉作者的文章。社科和理工科由于需要团队合作，与导师的合作署名发表是常态，也可能涉及其他合作者，如何评价博士生的贡献就需要导师以公正的态度面对。由于没有明确的规范，需要具体问题具体分析。一般来说，只要导师能够按照学生的贡献程度来排名，有参与才有署名，就能够维持一种"公道"的秩序。

> 我们人文学科不太有署名上的纠纷。我们自己写的小论文导师不署名，有些老师帮你改了会署名。我们导师为了帮我们发表会跟我们合发一次，之后要你自己发。但是现在发表文章真的挺困难的，一些期刊不要博士生的论文，只要教授的论文。（N-人文-3）
>
> 署名方面导师非常非常公平地对待每个人，如果你做的工作最多，不需要你提出来，你就是第一作者。他会按工作量的大小去给每个参与论文工作的人排位置。（X-社科-6）
>
> 我写的文章都会署导师为第一作者，自己为第二作者，这是惯例，学校在评价博士生的工作时是承认的。不署导师的名不行，而且署了他的名也容易发表。（D-社科-23）

导师署名会看贡献度，一篇文章除非他从头到尾参与进来了，否则一般不会让你挂他的名字。因为他觉得那些期刊会看他面子，他不想我们形成那种很容易就发表的感觉。(N-经管-7)

导师对署名的要求很严格，没有实质参与到工作里是不允许署名的，导师会问你都做了什么工作。不像有的实验室，他们发表论文会挂很多名字，我们导师不允许这样，一定要参与才给挂。如果是我写的文章，我挂一作（第一作者），导师挂通讯（通讯作者），这是惯例。(N-工学-18)

导师对博士生握有"生杀大权"实际上体现在出口关，尤其在理工科，尽管学校通常设置有最低限度的毕业要求，但有些导师会提出高于学校标准的毕业要求，并将其视为"控制"学生的一种权力。尤其是当这种"生杀大权"和导师的利益纠缠在一起，例如导师需要学生帮其完成课题。

导师人品好是第一位的。人品好的重要体现是不能因为个人原因故意不让学生毕业。延期的博士生通常有两种，一种是确实太差了没有达到毕业的要求，另一种是太能干了，要留下来多做点贡献。像我的导师项目多，一些项目周期比较长，每个博士生负责一个项目，你走了就没有人顶替你做下去。所以我们延期很普遍，虽然大多达到了学校的要求，但导师提高毕业条件，压着文章要你不断积累数据，希望发表的层次更高一些。(D-工学-41)

毕业条件这个"硬杠杠"用得好会成为提升培养质量的推进器，用得不好却会成为助长功利化氛围的"帮凶"。因此，导师不是不能设置标准，他在设置标准时的出发点是不是为了学生的个人发展十分重要，导师不能滥用这种权力，应该首先把学生当成"人"来培养而不是工具。

导师是个非常讲原则的人，只要你达到了学校要求的全部毕业条件，他不会拖着你不放，一定会让你按时毕业的。他不会像其他有些老师一样抱着把博士生当苦力的想法。……在科研上他鼓励你有创新的想法，给你自由度去实现，尽可能提供一切你需要的条件。如果你想去国外交流，甚至是联合培养，他都会支持。(D-地学-34)

因此，学生希望制度能够对导师的权力有所制约。一个学生只能依附于一个导师的制度容易使导师权力过分集中，因此，首先，可以完善转导师制度和导师组指导制度，使矛盾有化解的渠道或使权力分散制衡；其次，在选导师环节就尽可能解决信息不对称的问题，使学生根据自己的特点和需要去匹配导师，尽可能减少因性格不合、预期不符等问题带来的冲突。

（三）导师在个人品格上为人正直、处世有原则也会对学生产生潜移默化的积极影响，塑造或修正学生的人格

学术也是需要与他人打交道的，导师在与其他学者合作上，或者在指导学生做项目的过程中，在为人处世上给学生树立榜样，是一种有效的教育途径，能深刻地影响学生的人格。

> 导师为人正直，在学术上有严谨的作风，很尊重别人的劳动。她能够把学问做得这么好是因为她善于合作，愿意与别人共享资源，我从她身上学到一种共赢的思维。作为博士生目的就是学习，不要总是想着我做项目是给老师赚钱的，老师也为你提供了那么多学习、出访的机会，没有项目就没有资源。你不是单纯为老师做，也是给自己锻炼的机会，对薪酬、利益方面不要看得太重。（X-工学-17）

> 导师的人格对我还是有影响的，比如导师人很善良，不会记仇或者打击报复。我经常参与导师课题，他会带着我去学习社会交往，因为专业领域的关系我们经常要跟党政干部打交道，对政治生态和社会生态会了解得越来越深。他把我管得很严，在为人处世上的影响程度甚至比学术上的影响还要大。（X-人文-2）

> 在申请项目的过程中，会有一些竞争对手，背后用一些阴招来损我们，我们学生都看不下去，但是导师就劝我们说要看淡，然后我们自己不要用这种手段，做人最重要。他就这样教育我们，有时候他宁愿吃亏，也不愿意去做一些不好的事情。他正直、善良，有一定的学术理想和人生理想，我对他非常敬佩。他不是那种为了利益不择手段的人，在人格上他对我的影响是潜移默化的。（B-工学-14）

"严格"在人格特征里是一个偏向中性的词。在正向人格特征中，一些学生特别赞同导师的严格要求，但在负向人格特征中，一些学生格外排斥导师的过分严格。因此，把握好严格的度，把严格运用在学术上，在生活上对学生宽容，

对于导师指导作用的正确发挥是很重要的。

> 最欠缺的是他对我们太凶了，导师其实自己也知道，但他就是认同自己的这种风格，而且他毕竟年纪大了，越老的人越容易固执。而我们这些"90后"大家都比较有个性，觉得老师应该包容体谅一点。我一开始特别怕他，那时实验没有出结果，老师一周跟你谈一两次，做得不好他会严厉地批一顿，压力相当大。感觉进了我们实验室的（学生）抗压能力都比较强。跟了老师这么久，自己的脾气跟他越来越像了。就是说导师的风格会影响到我做事的风格，现在做什么都会对自己要求更高一点，做得更好一点。所以导师的严格从长远来看对学生发展还是有利的，最初要适应他这种风格的时候压力比较大，但扛一扛也就过去了。（N-工学-18）

> 导师在学术上是非常严厉的，对我有一种督促作用。在他这里不会有论文灌水的现象，他对文章要求太高了，宁可不发，也要发一个好的。连我当助教都对我要求非常严格，学生的每一次作业情况我都要跟他汇报，每次作业要我先自己做一遍再去批改。我去上上机课之前，两个小时的内容要先给他讲一遍，再讨论一下，加起来每次要四个多小时，我觉得他花这个时间还不如自己去上。但他对我说，希望我能把教学也做好，鼓励了我一下。学术之外他就没有那么严肃了，我们沟通起来也很容易，导师希望我们在生活上过得好。（B-工学-17）

体现在博士生师生关系中的重要一点就是不以导师身份使唤学生做私事，但又能够在与学生发展相关的活动中给予学生（拓展人脉关系的）机会。这种界限在崇尚父子型关系的传统文化背景中是相对难以把控的，太过亲密的师生关系容易导致导师指导的逾界。

> 导师是个非常正直的人。他潜心于学术研究，对物质生活这块比较不看重。生活上他甘于清贫，但搞研究却很舍得花钱，在仪器、耗材、药品上是毫不吝啬的，你有一个想法要尝试，试剂就要一两千块钱，导师想都不想就会同意。（D-理学-28）

> 导师是非常正派的一个人，你很难想象像他这种身份的人天天开

一辆小破车来学校，做事一板一眼，从来不使唤学生帮他做私事。对于那些喜欢"吹水"，把研究弄得花里胡哨的人，导师是看不上的，他喜欢系统、扎实地工作，他的这种科研品味对我们的影响很大。（D-理学-29）

为人处世上的影响主要是通过开会时导师让我们做会务，对整个会议流程都有学习，接待学者也会试着让我去做，他不会让我变成书呆子，什么人情世故都不懂。他也会用自己的资源帮助我，比如他在台湾交流，会顺便帮我收集数据资料。他的指导算很用心了，我很满足。（N-人文-3）

此外，导师对待金钱、工作和生活，以及对待人际关系的态度也会影响学生的世界观、人生观、价值观。

导师虽然身为院士，但是没有架子，非常平易近人。她这个年纪、这个级别，却没有司机、没有秘书，每天从家走到办公室。生活上她是低调简朴的，昨天是她八十大寿，她专门指示不搞庆祝活动，不吃饭、不送礼。在她身上还体现出一种对国家的奉献精神，她会因为国家××行业低端产品过剩、高端产品自己造不出来感到焦虑，表现出很着急的样子，想要尽快取得突破。（B-工学-10）

导师为人处世低调，不追求名利，就是一心搞学术，其他的事情都很迁就，或者干脆不去选择。他50多岁了，住的还是学校分的房子，都没有想到自己要买套房子，我们问他为什么不买个不动产让它升值，他说有地方住就好了啊！这样的境界我们有时真是理解不到。（D-理学-30）

导师很绅士，特别为别人考虑，他是这个领域的高级人才但却没有架子。我们博士生去他家看他，他会把我们送到楼下而不是电梯口。有同行过来导师都会请客，会叫上我们，他还会亲自开车。有一次他邀请了世界级的哲学家来，让我去接待，这个机会给我，我非常感恩。从他的为人处世中我学到非常多。（D-人文-4）

大导师基本上没有生活，他每天都在工作，他能把科研这个事情当成事业来做，而且是单纯地做好科研，而不是为了名或利，他从来不去争什么行政职务。他的态度也影响了小导师。他说老师催着你们发文章并不是老师要用，而是你们以后工作确实特别需要，没有文章出去竞争力很弱，个人的提升也会受限制。他从来没有说为了完成他的课题你们必须给我弄几篇文章出来。他很少让我们干一些杂事，就算要帮忙也不会让女生做，还让我们男生要多担待女生。……毕业时谢师宴是从来没有的，都是老师请吃饭。刚入组时过教师节，我们买了一个盆栽送给老师，被老师说了一顿，他说学生没有钱，不要给老师买东西，送个贺卡发个邮件老师就很开心。他和我们聊天的时候总说，我们的师生关系是要维持一辈子的，不会因为你们毕业了而终止。（X-工学-18）

一些学生则认为导师太过投入于工作，不能很好地处理工作与金钱之间的关系，尤其是在工科领域，不能处理好前沿课题研究与横向项目研究之间的关系。"敬业"的确是一种值得肯定的人格特质，但走到极端可能又会产生问题。例如，一心投入学术而忽略生活是不是生命的意义所在？会不会导致过分功利化，而远离了博士生教育中"人才培养"这个根本目的？

他好像永远都是精力充沛的样子，他经常工作到很晚，半夜三更发邮件过来。他是把工作和生活完全融为一体了，在他的字典里没有工作日和休息日之分。（N-工学-19）

导师工作是很勤奋，但他把大部分精力放在横向项目上，亲历亲为，浪费了大量的时间。其实我还是希望他能够多花些时间去研究学术上的新领域，这些探索性的研究不能带来短期的经济利益，但是我觉得作为一个导师要开拓新方向、新领域，才能吸引学生过来。虽然他不到迫不得已不会占用我们太多时间，不会强制我们做（他的横向项目），但是他对我们研究的指导就比较少了。他不会追着问你做了什么，他忙他自己的事情，我们就相当于单干，遇到问题就自己钻研，发文章要靠自己的努力和师兄师姐的带动。还是希望导师多跟进一下学术前沿动态，这样能够对我们的科研有一个持续的指导作用。（B-工学-13）

综上所述，博士生认为导师的人格特征，包括品德是很重要的，是其在选择导师时考虑的重点因素之一；专业知识靠言传，人格品德靠身教，身教发挥作用的三个主要途径是树立规范、公正评价和塑型人格。但学术不端、师德失范行为之所以也有存在的空间，是基于工具理性的浮躁的学术氛围、重科研不重育人的评价体系以及学生的功利诉求共同造就的。从控制性这个维度来讲，高控制性的专制型、民主权威型导师，对博士生人格的塑造性比较强；控制性比较低的自由探索型和放任型导师的作用主要是提供平台或整合资源，对人格塑造的影响小。

第四节　导师指导风格与师生关系类型

一、导师指导风格

导师指导风格根据控制性高低、指导的强弱两个维度，可以划分为四个象限，也即四种类型，包括高控制、弱指导的专制型/功利型，高控制、强指导的民主权威型，低控制、强指导的自由探索型，以及低控制、弱指导的放任型。除了这两个维度，我们还在类型判断中加入了交流互动中对学生的接纳性（接受、拒绝）这个维度。

（一）专制型/功利型

第一种类型是以高压权力为特征的专制型/功利型，对学生控制很强、指导偏弱，交流中接纳度不高，以拒绝性的反应为主。其特点是导师评价学生重结果不重过程，学生以导师为中心，不敢提出异议，或做出迎合的回应。导师高高在上的姿态、功利性的态度、与学生缺乏平等交流、不考虑学生的利益或感受，常常是师生关系对立的原因。

导师是行政领导可能对其专制型的指导风格有一定的影响，主要体现在因为行政事务繁多而被迫削减了指导学生的时间。

> 导师课题很多（是行政领导），无论是课程作业还是毕业论文，都必须要围绕他的课题去写，但过程中却并不怎么指导。不满意你也没办法，不要期望他有任何改变，如果他怎么指导你还要跟你协商，那他就不是导师了。学生改变还差不多，我的很多同门恨不得每说一句话每做一件事都完全符合导师的旨意。作为学生永远是弱势的。（D-

社科-19)

专制型导师与学科类型有一定关联，尤其容易出现在理工科等实验学科，导师制定近乎严苛的实验室打卡规定，常常是博士生不满的原因。

> 导师就像一个专制的家长，大家都很怕他。实验室严格打卡，一段时间没有进展他就会说你。他对所有人都很严厉，其实我觉得导师应该因材施教，对于很自觉的学生不用管得那么多，管得太多反而会变成一种干扰。他对我们提出的想法常常会不屑一顾，久而久之大家都对他毕恭毕敬，没有人敢去反抗，他也意识不到自己有什么问题。比如，他让我们去运动本来是好心，但他强制我们每周去打两次羽毛球，有些人不喜欢打就觉得很痛苦。(X-工学-13)
>
> 他每天都在，每两个小时就会到实验室看一下情况，你连续几天晚上十点前离开实验室，他就会问你为什么，每周只有周日休一天。他说我们在很高水平的研究领域里面，必须要争分夺秒，一旦被别人抢先发表你就没有机会了。我们想要出国交流、联合培养，老师会觉得一走半年或一年太久，所以不太鼓励我们出去。(N-理学-14)

"弱指导"产生的另一种原因是导师的指导能力不足，导师要求高但指导能力跟不上。这类导师的关注点只在研究，体现出导师指导的功利性，不从学生角度考虑问题是师生之间难以沟通的原因。

> 导师基本上只关心研究，不关注学生的职业发展和其他方面，她希望学生一心一意搞研究，不要想其他乱七八糟的。指导主要是从宏观上把握一下大方向，不会手把手教你，具体怎么思考怎么做是自己的事情。能宏观指导就已经不错了，很多导师连管都不管你。导师气场很足很强势，各方面都以她的意见为主，我希望她不要那么"霸气侧漏"，和我们的互动多一点。(D-经管-12)
>
> 导师给予的指导不够具体，比如他觉得你文章写得不好，但不能很准确地给你提供应该怎么走的路径。我们毕业的要求是发两篇文章，当我写完第一篇文章发给他，两年时间他都没有给我改，只提了一点意见。我觉得他的意见挺空洞的，就是"逻辑不通"这种，而且是口头

提出而不是书面修改，所以他说完我还是不知道怎么改。(B-人文-1)

虽然大家都觉得专制型的指导风格不好，但这种类型的导师还是普遍存在的。这一方面与功利化的科研氛围有关，另一方面与传统文化中对"师"的地位的过度尊崇有关。这类型导师大多同时担任行政职务，这说明行政管理上"下级服从上级"的秩序会容易因为导师的双重身份而被带入指导风格中。年轻的导师中也有一部分是专制型的，追求早日功成名就的压力使他们加倍努力，从而很容易把快出科研成果的压力转移到博士生身上。专制型的年轻导师相比起年长且有行政职务的教师在指导上会多一些。与民主权威型导师相比，专制型导师的控制性强很多，指导强度有较大弹性空间，而最大的区别在于对学生的拒绝性反应，让学生觉得没有自主性，自信心也容易受到打击。专制型导师与老板雇员型师生关系存在一定相关性。学生在选择导师时，除了关注其学术成就、头衔职务，更应该多渠道了解导师的性格特征，看导师的指导方式是否适合自己。

(二) 民主权威型

第二种类型是师生之间有"权威与服从"的较高控制性，同时又有较强的指导性，交流以接受性的反应为主，可以称之为民主权威型。特点是导师在学术上非常权威，对学生学业起主导作用，同时能够尊重和理解学生，关心学生发展和为学生利益着想，学生的主体性能得到发挥，既不是以导师为中心也不是以学生为中心。民主权威型也可以是家长式的，但不同于前述专制型家长。

导师在我的心里就像神。我是研究民间信仰的，我所说的神不是高高在上的那种，而是无所不能、无所不在、需要回报的。"无所不能"是因为导师在我们领域是"大牛"，学术上非常具有权威，我觉得，他有点阳光照在我身上我就很知足了；"无所不在"是说他不会脱离于他的信奉者，他常说"你不要因为我忙就不来找我，作为导师，我有责任和义务指导学生"，我们之间交流没有障碍；"需要回报"是导师对我们的期望很高，他希望教几个好弟子，把他的东西发扬光大。(D-人文-2)

导师常说"work hard, play hard"。谈学术的时候她非常严肃，文章修改上我们完全听她的，但她还是会尊重并吸收我们的不同意见，工作之外我们师门就像一家人，在整个系里面是关系最融洽的。她是严师，又是慈母，有些私事拿不定主意的时候也会问她，她会以她的例子给你一些经验。她的行政职务完全不会影响我们和她的沟通，她会和我们一起吃饭、通过微信聊天。她为人处世很厉害，能把握大局观，把各方面关系处理得很好。作为导师，她无可挑剔。（D-经管-11）

导师在学术上做得很好，就像一座灯塔指引我们。他为人很和蔼，对于实验中的小错误，他从来不会骂我们，即使是批评，也很委婉。他会很细心地跟我们讨论，不会觉得我们就是错的他才是对的。他会因人而异进行指导，知道我们的水平可以达到什么程度，现在的数据够投哪种水平的期刊。他要求我们跟踪前沿，一个月至少要看100篇英文文献，每两周要主动找他讨论一次。每次找他的时候，他基本都在看文献，所以他才能对先进的课题把握得那么准。（D-理学-30）

导师比较年轻，在科研上精力足，实验课题方面目的性很强，每一步该怎么做都规划得非常清楚。当我在方向上迷茫的时候，他会给我提供一些具体的思路，文章他也会改，主要注重思路和逻辑性。每周组会一到两次，其他靠邮件沟通，基本上当天会回复。他要求我们一周有60个小时的有效工作时间，每天打卡，在实验室吃饭睡觉不算，如果你没有做到导师会把你叫去问你为什么工作时间这么短。生活上老师有时会主动关心我们的感情问题、家庭、毕业后的工作打算，会鼓励我们出国交流给我们写推荐信，还会带我们出去玩。（X-理学-9）

首先导师的科研能力和临床能力都很强，其次他知道怎么传授这些能力，传授的过程是"润物细无声"的。他教会我什么叫科研，包括课题申请的技能。科研过程导师也会参与，在实施过程中跟你讨论，而不是说丢给你一个课题，只问你要结果。导师比较开明，会替学生考虑。他会推荐国外的导师、安排我们出国交流，开阔我们的眼界，他不会像其他一些导师一样，认为博士生出国没人帮他干活就相当于白招了这个学生。在临床培养中，他也不会只把我当成住院医师用，而是手把手地指导我学习某类病人的治疗手段、教会我手术技能。（N-医学-15）

导师是一个非常认真负责的人，一个在学术上非常精益求精的人，但有的时候会非常顽固。他的指导风格是那种比较强硬的家长式作风，做一件事他事先有个思路，如果你不按照他的思路，他会想方设法说服你按照他的思路。刚开始我会有一点抵触，觉得他说的没道理，但又只能按照他说的去做，但事后发现导师毕竟实践经验很丰富，大部分时候他说的都是对的。现在我们偶尔也会跟他争辩，如果真的能说服他，他也会接受。他比较好的一点是，即使当面跟学生吵得面红耳赤的，他也并不会记仇。（B-工学-16）

综上所述，民主权威型风格的导师与学生的关系总体是比较平等的。他们在学术上扮演着权威角色，在生活中对学生也比较关心，把学生当成孩子、朋友或年轻的同事看待，能够尊重学生的意见，理解他们的感受，为博士生的未来职业发展着想。他们会提供切实的资源支持和情感鼓励，不会因为学生的不服从而不高兴或"打击报复"。社会心理学研究发现，民主权威型家长对儿童社会化的影响是最有效的，这个研究结果迁移到导师指导风格对博士生社会化的影响中也是适用的。

（三）自由探索型

第三种类型的师生关系以双向交流为特征，导师对学生以接纳式反应为主，给学生以足够的自由度，但同时又把控方向，给予学生比较细致的指导，可以称为风筝式自由探索型。特点是导师以学生为中心，低控制，高指导，较为注重因材施教，从指导内容上看属于抓大放小的类型，当学生需要的时候能找得到导师。年轻的导师，有境外尤其是北美留学经历的导师比较容易形成平等型的指导风格。这种类型的导师在经管学科比较多，具有典型的学科特点。

> 导师的性格特别好，而且他能把学生的性格特点看得很透。只要你有能力或者特别勤奋努力，导师都会愿意分享他的资源，有什么机会都会给你。他是会督促，但如果你一直不听，他也不能逼你，但也不会放弃你。我曾经有段时间情绪不好，什么都不想干，导师也没说什么，就送我一本书，我读了那本书后豁然开朗，觉得应该心放宽不要计较，不要太在意一些小利益。我回来了，老师也不计较我以前怎么样，还是该关照就关照。现在我不会太在意别人怎么看，不会那么患得患失。导师的情商真的非常高。（D-经管-6）

　　我们学院大组下面由两个导师分工指导的情况是很普遍的。大导师给你一个大方向，提供经费上的支持，你可以去其他组寻找合作机会，导师从研究意义上给你的选题把关，他对什么样的研究有意义把握得比较准，等你做完了，他会从大项目的角度对你的贡献做出评价。平时遇到技术性的问题，可以去请教年轻的小导师，他在基本功方面教得很细，指导蛮频繁的，反馈也很及时。但同样，小导师也不会给你太多限制，研究的方案和思路要自己去设计。（D-理学-29）

　　导师在研究方向上给我们很大的自主性，她总是鼓励我们要多看文献，从中发现自己对什么感兴趣，她不会强迫你必须要做跟她的课题相关的方向。其实我一开始不太喜欢她这种风格，博一的时候我完全没有头绪，看文献感觉都差不多，没有说对什么特别感兴趣，就很想导师指定一下，这样能省很多时间。导师遵从我们的想法，她会提很多建议，读完文献做汇报的时候，她提的问题也是一针见血。现在我觉得这样也挺好的，如果她指定了题目万一我不喜欢又做不下去，那样可能更纠结。（X-经管-4）

有时候自主性不完全是导师给予的，需要学生自己有这样的性格特征。学生有自主的需求，导师也能够因材施教，会在一定程度上影响导师的指导风格。自由探索型指导风格常与平等的朋友型师生关系联系在一起。

　　导师给我们的限制很少，申请项目的时候他会和我们商量方向。他感觉他自己已经走到某个瓶颈了，他想给我们更多的空间去创新，发展新的方向。他每周和我们有两次讨论，他主要看选题的意义，所以他虽然快退休了，但经常还是很晚都在看学术文章，了解前沿。他会强调做学术要踏实，不能急于求成，我们是学术上的朋友。（D-工学-40）

综上所述，自由探索型的导师在学术研究上给学生的自由度较大，在指导过程中是把握方向型的，而不会过度关注细节。他们比较倾向于以身作则，说教式的指导并不多，希望学生从观察导师怎么做中学习。学生通常评价这种类型的导师情商很高，为人处世有一套，即使在处理棘手的事情时也很有远见。但自由探索型的导师对博士生的要求也比较高，学生的学习风格应相应地体现为独立自主，同时也需要其有"悟性"从导师的身教中体会如何做人做事。因此，师生之间的风格匹配很重要，一些学生需要调整自己以适应导师的自由探索型风格，但如果学生的学习风格是依赖型的，这种指导可能就会变成"放任"。

（四）放任型

第四种类型的师生关系以缺乏交流为特征，低控制、低指导，导师对学生以忽视性反应为主，学生只能自己摸索，可以称为放羊式放任型。但放任型指导不一定会产生冲突，要看学生的期待和性格特征。如果与学生的性格特征和期待相匹配，学生甚至会觉得导师这种风格挺好的。放任型指导中导师常常不干涉博士生的选题，也不太催促研究进程，看似是以学生为中心，但实际上由于学生往往不具备足够的科研经验，自我探索的过程容易走弯路，没有外在的督促很容易丧失动力。无外在助力的"以学生为中心"无法成为中心，而是一种失焦。

低控制、低指导状况常常是由导师担任行政职务没有时间，或是离开科研一线太久造成的，尤其是职业生涯晚期的导师常常因为快要退休而"丧失斗志"，在科研训练上完全任由博士生自己摸索。

> 导师太忙了（是行政领导），天天"飞来飞去"，没办法照顾到学生这一块。开完题之后就几乎没见过，和导师的关系很疏远。他偶尔会发微信催我完成论文，告诉我说不好好做就可能延迟毕业。其实我非常希望得到他的指导，我有几篇文章写好后发给他，他都没空回，本来想等着老师提出修改意见再投出去，但发现老师也不理我们，时间就这么过去了。没有指导，水平就一直没有提高，写来写去都是那样的思路，写不出特别好的文章。他经常对我们说，你们应该学会自学，学会自己做研究。(D-社科-23)

> 导师是系主任，行政事务是比较多一些，他有时也会找我帮他做一些事情。我们有组会，但导师自己并不亲自参与，我们自己自发开的，高年级带低年级。一年级时他会指导一个大方向，说一些关键词，让我们自己去搜索，但我看了文献之后还是觉得茫然，不知道自己到底要做什么。我有找他进一步讨论，但也没有讨论出太多东西来，他指导的方向就暂时搁置了。后来我出国待了半年，在那里找到了想做

的东西，偏离了他的方向，他也没意见。导师比较宽松，对我们监督很少，大家也就比较懒散。所以读博其实蛮需要自制力的，如果自制力不高，在这样的指导下真的是会延期。（N-医学-17）

导师从科研一线离开很多年了，现在基本都在搞行政、申请课题养实验室。科研上他可能知道大方向，但是具体细节、实验操作已经很模糊。他的指导是放羊式的，给你一个大方向，剩下的全靠你自己，虽然有时会稍微点拨一下，比如说让我在看待问题时要有跨学科思维，但中间遇到很多具体问题时都要靠自己解决。有时看文献发现别人是这么做的，但自己就是做不出来，很困惑，耗到现在，我已经延期了，这是我最苦恼的地方。（D-工学-45）

放任型风格与指导学生的数量没有直接的关系（前述量化研究的结论也证实了这一点），无论是学生多还是少，导师都可能是这种指导风格，主要还是与导师的性格特征有关。

学生太多，导师在精力上分散，带不过来，难免指导不太到位。他会给你规划一个方向，限定一个范围，大概谈谈怎么去做，要解决什么预期的问题，后面就靠自己了。他的风格就是自由，只要你不跑得太偏，他也不会来管你，小论文他根本来不及看。他脾气不太好，你找他的话他发火的概率比较高。他这个层次也不需要你给他出多少成果了，所以他不会卡你，你就自己为了达到学校的毕业要求着急。但是他在提供实验条件这方面做得不太够，我做实验的条件不一定能达到。希望老师提供一些资源，在自己组没有实验条件的情况下，他和其他老师协调会比较容易一些。但是导师没有。生活上的关心不指望，为人处世上也没有什么影响。只希望导师关键时候能起到一个支撑作用，经费支撑、实验条件支撑，别的作用也不是很多。（X-工学-14）

我们本来有两周一次的组会，后面人少就取消了。我们实验室的情况就是各做各的，跟别人讨论比较少。现在导师只剩下6个博士生了，但他也不会主动找你，你找他他就跟你讨论一下。但是后来我发现导师其实没有你自己了解自己做的领域，跟他讨论能够受到些启发但主要还是靠自己。他也没有什么项目，小项目他都是自己弄。这样很不好，导致我们现在（快毕业了）都不会写课题申请书。作为导师我们觉得不应该这样，应该要做好引导学生的事，什么都自己做对学生能力的发展不好。（N-工学-20）

导师的指导风格就是顺其自然，我们在选题上很自由，自己选、他来把关。他不需要我们帮他做什么课题，因为他没有课题，发文章杂志社会找他邀稿，他觉得做课题还要报销发票什么的特别麻烦。我们本来有读书会，后来因为大家做的东西交集太少，一般都是你说你的，我说我的，听不太懂，就取消了。大家就是在导师上课的时候聚到一起听他的课，算是友情支持，后来就变成他把上课作为指导我们的主要方式。他平时也不会督促我们发文章，你写了文章给他，他会给你改。我是一个比较散漫的人，不太希望导师管我太多，所以觉得导师这种风格还挺好的，有自己的时间做自己想做的事情。（B-人文-2）

还有一种情况可归因为导师缺乏指导条件或能力，例如在对跨学科学生的指导上存在导师自身跨学科能力不足的问题，在对留学生的指导上则存在语言障碍的问题。

我觉得学院在国际化上是有点落后了，英文授课的课程很少，能用英语交流的老师也比较少。每次遇到导师，他都会问"你中文学得怎么样了"，可是我来这里是为了读 Ph. D., 不是为了学汉语。我觉得给老师发信息的时候他无论多忙都应该给我一个回复，可是常常连一个"好的"都没有，所以研究主要靠自己。好在他同意了我的论文题目，现在答辩也通过了。我的一个朋友就没那么幸运，他是计算机系的，现在读三年级，中期考核没有过，想要转系也不可能。他的导师很诚恳地说，"非常对不起，这两年来没有关心到你，只要你好好做一个论文，我就会让你通过"，他真的很痛苦。（D-社科-49）

导师放任型的指导也不一定会表现出师生关系上的冲突，这不是因为学生不在乎，而恰恰体现了师生关系中学生的弱势地位。师生关系的冲突从学生层面入手没有太好的解决办法，只有从学校的层面对导师权力进行一定约束、对导师职责履行进行一定监督，才能够改善放任型指导的状况。师生关系的冲突从学生层面入手没有太好的解决办法，只有从学校的层面对导师权力进行一定约束、对导师职责履行进行一定监督，才能够改善放任型指导的状况。

二、师生关系类型

师生关系类型与导师扮演的不同角色与承担的责任有关。当导师扮演家长式权威人物的时候，师生关系常常是"父母—子女"型或"师傅—徒弟"型；当导师扮演的角色是亦师亦友的引导者的时候，师生关系常常是朋友型；当导师扮演企业老板式的支配者角色的时候，师生关系常常是"老板—雇员"型；当导师扮演科研伙伴式的合作者角色的时候，师生关系常常是同事型/合作伙伴型。

（一）"父母—子女"型或"师傅—徒弟"型

导师的第一种角色是"师道尊严"文化下家长式的权威人物。但"一日为师、终身为父"的师承关系在批量化生产博士的时代几乎不复存在，人文学科可能是"父母—子女"型师生关系的最后领地，理工科则存在导师把控毕业标准、学生没有话语权的情况。学生将导师视为敬畏的长辈，既尊敬又畏惧，有相当的疏离感，学生的主动性在某种程度上被压抑了，但对于一些自觉性不够的学生而言却是一种有力的敦促。作为"徒弟"的学生则对作为"师傅"的导师服从和适应，学习的内容侧重于掌握职业所需技能。这种师生关系类型如果与专制型指导风格结合在一起，就很容易导致导师的进一步"权威化"和学生的进一步"顺从化"。

> 导师是一个很有威严的人，无论是学识还是人生经验，我与导师都相差甚远。亲密是不可能的，我对他又尊敬又害怕，导师总是说"按我说的去做就好了"，这是他最常说的话，我没有太多选择。（D-人文-1）
>
> 导师的权力是非常大的，他可以决定是否让你送审和答辩。我们学生对导师更多的时候是服从，不敢反馈，更不敢反抗，因为你不知道反抗会有怎么样的后果。好处是在导师的高要求和指导下自己写论文的水平提高了。以前我会觉得很压抑，但现在我适应了导师的风格，心理更成熟了，或者说比以前更认命了。（D-理学-31）
>
> 导师是年长者，关系不能用亲密来形容，他们那个年代的人，都

会自带威严感。他自己每天四五点就起床，六点多就到学校了，他要求我们也早起，一周做一个汇报，每周还必须参加文献研讨会，超过两个月没有汇报就是一个大事故。我以前自由散漫惯了，这种模式我真的不太喜欢，有一次他发怒了，说"你无视组内纪律，建议你更换导师"。我得适应他，每个人都有自己的性格和行为方式，不能让五六十岁的老师适应你，对吧。（D-地学-33）

导师大概就是我父亲的年龄，我们要像朋友一样是不可能的。他还是比较像长辈，科研上要求严格，但平时不会单独拿出时间聊生活上的事情，没有这个习惯。我觉得是个慢慢适应的过程，我来读博是希望在科研方面有所发展，只要导师对我科研的指导没有问题，在我身体不舒服的时候体谅我，就已经很不错了。老师确实是一步步带领我走进科研这个大门，像师傅教徒弟一样规范每张数据表图，培养科研基本素养，在为人处世上告诉我们要谦虚谨慎，要潜心学术，不管这个社会有多么浮躁，我们做科研的人都要有一种专注于科研的精神。（B-工学-18）

我喜欢导师和学生之间有一种正常的关系，不是很亲密也不是很疏远。人文学科是重传统的，中国历来重视"一日为师终身为父"，博士跟本科不同，师生之间就是师徒。学生要尊重导师但不需要与导师太亲密，导师只要对每个学生公平就好了。在学业指导上导师严格而不严厉，要求高但不会很凶，能给我一个比较自由的发展空间。在私生活上不要过多干涉，我们也不会跟导师说。这就是一个适中的状态。（N-人文-1）

（二）朋友型

导师的第二种角色是"苏格拉底启发式"文化下亦师亦友的引导者，指导学生的过程就像是朋友间辩论式的对话。学生对导师有一种发自内心的敬佩感，师生关系也倾向于一种达成共识的合作，同时也有个人友谊的存在。导师对学生有控制性的要求，但这种控制不是通过强迫性的权力施压，而是通过影响学生的价值观和认同感使其主动行为来达成的。导师通过言传身教使学生认同其在学术上的理念和行为规范，从而发挥对博士生社会化过程的指引。博士生认为这种类型的师生关系是"不远不近""恰到好处"的。

和导师不能太亲密，亲密他就会控制住我的方向和时间，但也不能太生疏，太生疏无话可说。我和导师就不近不远，我们交流得挺好的，除了研究还会讨论生活中共同关心的问题，在价值取向上志同道合。我们之间更像君子之交，那种淡如水的感觉就是刚刚好。（D-人文-3）

导师不是家长制的，他非常绅士，不会强迫你做什么。我们之间不是很亲近，不能理解的话你可能会觉得老师冷漠，很少跟人开玩笑，比较严肃，有时还会把人说得眼泪哗哗的，但是回头仔细想想他说的都非常有道理。我觉得有这样一个距离感也很好，导师能够开诚布公地告诉你哪里有问题比自己误闯误撞好多了。在他面前我感觉到自己的无知，之前没想到自己可以进步得这么快。他愿意引导你，他就想站在远远的地方等着我们——你走过来了，我告诉你再往前走是哪里，你要是不愿意走过来我也不能把你揪过来。（X-社科-6）

导师不仅是老师，更是一辈子的朋友。在学术上，他是这个领域的行家，而且他愿意教你不藏私。老师所有的资源，包括他自己写的代码都是和我们共享的，跟他做项目不单纯是给老师做事情，自己也能学到很多技术上的东西，科研思维得到训练。老师常说，不期待你们以后能有多大作为，但起码出去后有饭碗。他是把学生当学生，不是当作压榨的机器或科研劳动力看，他会为你的将来做考虑。他自己的生活方式很健康，也要求我们一起去运动、爬山。他是打着灯笼都找不到的好老师，这辈子做他的学生值了。（D-地学-32）

在学术上他很有威严，但生活中对我们很宽容。导师让我们做事是非常有原则的，一般都是做那些最合适的，他会考虑对我们的成长有帮助的事情，比如审文章、做助教，他不会让我们帮忙去做他自己的私事。在研究上也不存在导师绑架我们去做不喜欢的东西，如果我们要找新的课题，导师不会介意并且会支持，但挂上导师的课题对我们其实是有利的，导师不会和我们争第一作者。他身上的人格光辉蛮强烈的，对学生非常关爱。（D-工学-42）

导师很温和，几乎没有凶过我们。我期待师生之间可以像朋友一样相互探讨，导师很好地实现了这一点，甚至超过了我的预期。他年纪挺大了，但我们提的意见他会视情况接受。科研任务必须要高质量地完成,做不好他虽然不会很严厉地批评你,但会循序渐进引导你。他对家庭、对朋友很重视,有些真心话也会对我们讲,你能感受到他那种积极的生活态度。他带我们认识很多业界的朋友,教我们如何与人打交道这件很重要的事。我很荣幸遇到导师,他在学术上给我树立了很好的榜样,在做人做事方面教会我很多,使我得到很多成长和提高。(N-经管-6)

从头到尾参与导师课题让我知道做课题是怎么回事,从中学到了很多,比如跟国外老师交际的方式比原来成熟多了,参加会议的注意事项、PPT怎么做老师都会告诉我。她不会教条式地灌输,而是带着你做,让我很有归属感、参与感,感觉太有意思了。长期跟她到处去开会,帮她拎包也觉得很快乐,但不是上级和下属那种等级制关系,而更像是朋友。她对自己要求非常严格,对学生比较宽容。她说话很温和,指导我文章时都说得很轻,但我回去一看纸质版的回复,那几乎是整篇文章都不行。(B-经管-4)

太过平等的师生关系有时也会令学生感到迷茫,尤其是需要导师做出决定的时候。

我的导师从不直接批评我,她总是会说"你若同意我的观念可以修改,但也可以不修改",我就很迷茫,那我到底要不要改,她就是太友善,太仁慈了,有时候我宁愿她语气坚决,替我做出决定。(D-人文-46)

朋友型的师生关系并不意味着师生之间完全是平等的,因为实际上导师作为教育者、博士生作为受教育者的客观事实是存在的,但是它基于的理念是通过交流建构知识而不是单向度地灌输知识,因此不容易给人压迫感。友情的基础是理解和信任,体系是开放的而非排他性,每个人可以有很多朋友,因此,朋友型师生关系不是基于一方对另一方的占有。朋友关系也不一定是亲密无间的,只要双方能够从关系中体会到满足就是恰当的,而学生认为中国文化中"君子之交淡如水"的距离感不是疏远而是满足,就很适合博士生和导师之间的关系。

（三）"老板—雇员"型

导师的第三种角色是企业文化影响下的"老板—雇员式"的支配者，这种角色是师生关系的一种异化。异化的产生主要是因为科研评价体制导致的利益冲突，常常出现在理工科尤其是横向课题较多的工科。导师的任务是拉项目养实验室，角色是"科研包工头"，只负责分配任务而没有具体指导；博士生的角色是"为老板打工"，认为导师对其存在一定程度的"剥削"或"控制"。在"老板—雇员式"师生关系中，导师的指导风格偏向专制型，指导过程较突出地表现为"总是批评"。

> 我们学科的氛围就是埋头做实验发文章，大家都挺拼的，压力也挺大。应该说我们电化学从软件硬件来看都跟国外条件差不多，实验室设备好、钱也多，关键是拼谁更努力先把东西做出来。师生关系就是老板跟员工的关系，因为实验条件是老板提供的，但我们组是正常的老板跟员工的关系。每周一次组会，先是做老师的课题入门，后来就自己想课题。结题要有文章，导师会帮忙改和投。导师不会逼得太紧，细节他不会抠，那么多学生管不过来，主要靠大家自觉。导师不要管太多，也不要不管，管太多太压抑，不管的话出成果就慢。我们现在这种"导师给一个大方向，科研基本靠自己"的状态就是正常的状态。（N-理学-13）

但研究也发现，在"PI（principal investigator）首席负责制"比较完备的实验室，如果有年轻老师和博士后人员作为科研主力军，博士生作为受教育者的角色就会凸显一些，导师更多地呈现自由探索型的指导风格，从指导内容上看也相对是把握方向型。越是在"单打独斗"的实验室，博士生被当作廉价劳动力的可能性就越大，导师更多地呈现出专制功利型的指导风格。

> 导师在美国也有一个实验室，现在回来属于引进人才。他平时两地跑非常辛苦，属于很拼命、很努力的人，组会一个星期要开两次，他人在美国的话就开视频会议。导师从美国那边又引进了两个教授，协助他把实验室建起来，现在他俩也有独立带学生，此外还招了一位副教授和一位博士后，相当于形成了一个团队。我导师在团队中就是

做决定的人，即大老板。他的定位明确，对课题价值以及创新性的理解远比我们高。老板对我的指导主要集中于科研思维，在实验设计、研究意义等方面影响很大。我比较了他和别人的文章，做出来的东西可能差不多，但在讨论的部分，你会发现他的水平确实高一个层次。具体实验方法我都是请教团队的其他老师，他们都非常愿意指导。但我们跟老板的交流大部分停留在工作和学习上，私人问题的沟通不会太多。我觉得是制度影响了氛围，国内博士生的压力比较大，功利心会更强一些。（N-医学-16）

我们学院的学术氛围不浓，真正有志于学术的人不是特别多。但我们师门的环境就很好，首先导师是个模范，你看他就知道一个好的学者应该是什么样的。他话不多，比较严肃，但学术之外又比较有亲和力，我们都很服他。他的指导就是给项目、开书单，然后给你一些研究思路、看问题的角度，告诉你哪些值得做哪些不值得做，细节问题不可能有具体的指导。他的两个博士后也是模范，特别敬业，能力也很强，带着我们往前走，像个大管家一样，课题下来以后给我们分工，告诉我们每一块可以怎样做，有哪些材料，应该从哪几个方面去研究。他们会仔细看你提交的东西，和你讨论哪些写得好，哪些有问题，会跟你合作发表文章，会给你提供你拿不到的数据。这样就挺好的，虽然说导师派课题好像雇主、老板一样，但他不是把学生作为劳动力或者所谓的学徒，他是从教育的角度来培养研究生。（B-社科-6）

人们一般认为"老板—雇员"型的师生关系是理工科的专利，但事实上，在社科甚至人文学科也会出现这类师生关系。人文社科的科研产出主要体现在论文发表上，因此，"老板"型的人文社科导师在指导论文上体现出一些共性特点：只关心学生在参与其课题时的指导或有导师署名发表的论文指导，而不会倾注心力于博士学位论文的指导；指导论文的主要是为了发表，而不是为了在论文写作中锻炼学生独立研究的能力；在与学生沟通时以拒绝性反应为主，不太考虑学生的困难和需求；当导师在指导能力上有所欠缺时，导师往往比较倾向于结果导向，重结果不重过程，指导只能停留在表面而无法深入解决问题。

你帮老师做课题的时候，他会对你很热心很好，但你在学术上有问题要跟他请教或者你的论文需要他帮忙修改的时候，他就不那么……比如我们的毕业论文，开题之后他基本上就不管了，一般就是在答辩前一两个月帮助加工一下，但他也从来不会告诉我们为什么要这么修改，就是没有反馈。(D-社科-22)

我们和导师之间的沟通就是他说得多我们很少说，他提了目标希望我们去实现，但是我们实现不了。他认为他说得已经很清楚了，但我们就是想不到老师的点。导师严格要求是好的，一直表扬你很好也不见得是一件好事，也需要有一些建设性的批评意见。但是我们导师是要求很高，指导方面却有一些欠缺的那种。他觉得他已经给你提出来了，解决不了是你自己的问题，所以没法沟通。导师有自己的问题，学生也有自己的问题，但如果一个师门的学生都对导师有意见的话，那可能还是导师的问题。(B-人文-1)

在访谈中，一些学生会把导师称作"老板"，但若继续对他们所建构的"老板"进行语境中的语义分析，会发现其内涵是不同的。有些学生并不认为"老板"是贬义词，意味着导师承担"找钱养实验室"的职责，与企业的老板有一定共性，但他们同时认为这样的"老板"在博士生培养中还是有教育性的存在。当然，也有一种"老板"确实是将博士生视作科研机器，甚至出于使用"廉价劳动力"的目的让学生延期毕业，这样的"老板—雇员"关系是学生不希望建立的。

（四）同事/合作伙伴型

导师的第四种角色是北美契约文化影响下的科研伙伴式的合作者，这种关系以平等为基础，认为导师的责任就是训练博士生成为独立的研究者，帮助他们走完从学徒到真正研究者的转型之路。把学生当作未来学者培养的导师，因控制度高低的不同在指导风格上既有自由探索型也有民主权威型，但共同特点是对博士生有较强的指导和接纳性。当一些博士生并不适合学术道路或有其他职业生涯规划的时候，导师也能因材施教，针对学生的不同目标、兴趣、性格特征等调整对其的要求和指导方式。这一类型的导师通常也愿意与他人合作，在资源共享、合作共赢方面的意识比较强。

导师是在美国获得的博士学位，并在那里任教了十年，她是长江学者。她的指导方式是：第一篇论文全程指导，老师帮你确定主题和方向，你的思路和方法都要向她汇报；第二篇论文导师和学生一起做，主题和方向经过交流后确定；第三篇论文学生自己做。她在学术上那么有影响力了，但和我们的交流却很平等，她会听我们的想法。她基本上一看就知道你文章的问题在哪里，怎么改进，反应速度特别快。改论文方面老师非常擅长，她只发最好的期刊，我们写不出像样的文章是不会给老师看的。虽然压力很大，但这就是最理想的导师。(D-经管-7)

导师在学术上的高度，决定了他和学生不会是平级的朋友，但也不是传统意义上的家长、严师。导师秉持大方向的引导，他以几十年的经验、学术积累给你指明方向，他的高度是优势而不是限制；但细节上的东西他不会干预，我们也有自己的自由度。他对博士生的管理很有艺术性，就是方向把得准，小事管得少。导师在你遇到问题时给你点拨，而不是催你做什么。我认为这就是优秀博士生导师的自我定位，培养博士生不是为了复制导师，学术和学习是在导师指导下的自由探讨，要发挥自己的能动性。(D-社科-24)

开始的时候他会手把手教你，包括论文的选题、思路、方法都会指导，看文献时从哪里寻找创新点，我们去采集数据时导师也会一起去，还会教我们怎么使用软件。指导的过程也是论文成型的过程，写作规范他也会教，论文写完后他给你改，一字一句地修改，连标点符号都改得很认真。当学生跟着他完成两篇论文，基本的素质和能力就有了，导师就慢慢放手，你独立了以后研究思路就要你自己找了。(N-理学-12)

导师是特聘教授，他气场强，很有权威，我们实际上是一个大组，下面有很多小分队和很多老师。每周开组会，他在美国的话就开视频会议，回国的话就直接面谈。导师气场强，很有权威，我们实际上是一个大组，下面有很多小分队和很多老师。导师是牵头人，在决策上起决定作用，下面还有副教授、助理教授、博士后、博士生，每个人都是这个科研团队的合作者，只是级别不一样。导师明确说在读博士期间要做三个课题，前两个课题由大组中负责这个课题的老师来指导我，第三个课题是我的毕业论文就要独立完成，通过这三个课题成长为有一定科研担当能力的研究者。(D-理学-26)

其实即使在工科这种以"项目制"为基础的环境中，也可以做到把"老板—雇员"型的师生关系转化为合作伙伴型，关键在于导师是从"人才培养"的角度去看待做项目的过程，是否能够把博士生作为平等的个体与其进行充分的沟通交流，给予信任和支持。一般来讲，在合作伙伴型师生关系中，存在一种隐形的契约关系，即读博就相当于签订指导关系的合同，来保障导师带着博士生走向学术职业社会化的过程。这种指导关系"合同"实际上保障了研究生不会成为导师的"私有财产"，同时也保障了一种资助关系。从这个意义上说，将招生指标往承担了高水平课题、有充足研究经费的导师倾斜是合理的，因为博士生的培养离不开研究和学术交流活动中必要的津贴补助，这对原创性成果的生产和学术能力的提升有着重要作用，这种正常的经济关系与将研究生当成廉价科研劳动力的关系是不同的。

> 导师四十岁左右，博士毕业后在国外待了十一年然后回国的。她会联合其他老师一起，以一个导师组的形式指导我们，三个老师，一共十几个学生。除了每周开一次组会，平时通过QQ、微信随时联系都可以。她虽然有行政职务，但她会避开工作日出差，利用寒暑假去交流，尽量保证对我们的指导。她和我们的交流比较多，而且会根据每个人的实际情况。我的第一篇文章她来回改了十遍，在计算方法上也有指导，会判断我的能力给我布置任务。现在她觉得我有独立的能力了，就更倾向于把握大方向，放手让我自己做。她非常鼓励我们有机会走出去进行学术交流，会提供资助。她为我们提供了一个愉快的研究环境，我们也非常尊重她。她会考虑我们的意见，我会和她谈心，她也愿意跟我聊。我们是非常平等的，我觉得这就是理想的师生关系。（X-工学-17）

> 导师招我的时候，恰好接了一个为期五年的基金项目，导师问我是否感兴趣，恰好和我的博士时间是一样的，正好读博期间做这个基金。我们就一边商量着基金五年要出什么成果，一边商量着我读博期间的规划，就像契约一样确定下来。开始阶段导师会要求我看文献，定期做总结再跟他交流。实验阶段，技术上的困难肯定要自己解决，他不会干预过程，但他在怎么评价仿真结果是真的这个方向上指导很多，不断质疑我采用的技术，从各个方面来提问，一旦有一点没有实现的话，他就要我解释为什么这个具有真实性。他会通过提问来帮我

论证我采用的方法。写文章上他很少对细节做具体指导，会从整体内容和结构上看。总体来说导师给了我足够的自由空间，我可以按照自己的进度来。我之前曾经期待过可以跟我沟通技术细节的导师，多督促一点我会走得更快，但现在我觉得我们这种师生关系超过了我之前想象的那种。（B-工学-17）

综上所述，以上对师生关系类型的划分依据的是导师扮演的不同角色与承担的责任，这种划分不是绝对的，也可能不能穷尽所有。在每一种类型下，导师具体的表现和博士生的反馈也可能不同，例如在"父母—子女"型或"师傅—徒弟"型师生关系中，家长可以是偏向专制的，也可以是民主权威式的。总体而言，在中国传统文化背景中，"父母—子女"/"师傅—徒弟"型师生关系是最普遍的，"老板—雇员"型师生关系也在一些学科中普遍存在着，朋友型师生关系和同事型/合作伙伴型师生关系相对较少，这说明在中国式博士生与导师师生关系中，还比较缺乏平等沟通、契约执行的基础。师生关系类型也没有绝对的好坏之分，即使在"老板—雇员"型师生关系中，也有一些学生认为称呼导师为"老板"并没有贬义，而是一种对学科指导生态的反映。除了把学生作为工具的"老板—雇员"型师生关系影响是负面的，其他类型都有适应的学生对象群体。因此，在选择导师的过程中，提高导师指导风格与博士生期望的匹配度是很重要的，在关注导师声望、学术水平等关键因素的同时，也要创造机会让学生了解导师的性格特征、指导风格特点，同时评量学生自己的职业发展需求、人格心理特点等。

第七章

在功利与放任之间：结论与反思

第一节　研究发现

一、博士生的读博动机

（一）为了学术而读博

从问卷调查的结果看，新生问卷和毕业生问卷的结果是高度一致的，即大多数博士生主要因为对学术研究感兴趣而选择读博，占总数的77.53%，以提高就业质量为主要读博目的的次之，新生问卷中占总数的18.55%，毕业生问卷中占19.50%。具体来看，以学术兴趣为主要读博原因的男生比例比女生高，以提高就业质量为主要读博目的的女生比例比男生高，看起来男生的读博动机比女生更"学术"一些。从年龄看，31-40岁年龄段的博士生读博的原因相比于其他年龄段更为丰富。

虽然读博动机日益多元化，但总体而言学术职业仍是博士生预期的主要就业方向。有81.02%的博士生表示希望以后从事与学术相关的职业，只有13.3%的博士生表示今后准备从事非学术职业。博士生职业期待存在性别、学科、年龄和工作经历带来的差异。女性博士生比男性博士生更倾向于毕业后从事学术职业；社科类博士生比理工类博士生更倾向于毕业后从事学术职业，这和前述读博动机中理工类博士生以提高就业质量为主要读博目的的人数比例相对更高是对应的；20-30岁的博士生相较于31岁及以上的博士生更倾向于从事学术职业；没有工作经历和有1-3年工作经历的博士生比工作了7年及以上的博士生更倾向于从事学术职业。

（二）基于工作层面的考虑、基于个人发展的追求、基于所处环境的影响

从质性访谈的结果来看，读博动机可以聚类为三种，即基于工作层面的考虑、基于个人发展的追求、基于所处环境的影响。第一，基于工作层面的考虑是最现实的，绝大部分学生都提及了这个动因，并可进一步细分为对未来就业的考量和暂时逃避就业压力。博士学位已经成为入职高校的门槛，读博成为为学术职业做准备的一种"常态"。大部分学生选择读博时就做好了从事学术职业的打算，喜欢学校的生活，对科研有一定的兴趣。即使不以学术职业为目标，学生也认为取得博士学位在进入其他行业时是加分项，获取更高学位以提高就业质量是其选择读博的重要动机。同时，读博也在研究生扩招的背景下发挥了对就业压力的缓冲作用。一些学生读博不是出于对科研感兴趣，而是暂时逃避就业，其对未来的职业规划并不清晰。还有一些学生认为读博是一种路径依赖，或者把读博看成是职业选择的一种。

第二，基于个人发展的追求是最符合内心需求的动机。首先，考虑个人的适合程度，确认自己做好了读博的准备，例如智力发展成熟、能够长期抗压、把学术职业当成志业。其次，考虑个人兴趣的结合，认为读博是顺着自己感兴趣的方向走的自然而然的选择。以此为读博动机的学生认为读博是一件非常有意思的事情，这对顺利完成学业是很有帮助的。但总体来说，访谈中以个人兴趣为主要读博动机的学生人数是很少的，出于就业实用目的的则更普遍，这和问卷调查中"对学术研究感兴趣"排名第一的结果并不一致。最后，考虑精神层面的追求，认为读书是一种精神享受，表现为对知识探索的热爱，或者将读书视为一种"自我挑战"。动机的功利导向和兴趣导向不一定是矛盾的，如果能在一开始就把两个因素有效地结合在一起，对提升培养质量就是有帮助的。

第三，基于所处环境的影响。首先，导师的影响。硕博连读和直博生的读博动机在很大程度上受到导师的影响，导师也出于"学术训练的系统完整性"，鼓励其读博并更愿意接受这些学生。对理工科的学生而言，本科时就积极参与实验室工作是一个很好的入门渠道。对人文社科的学生而言，通过修读课程建立起与老师的联系到愿意跟随老师接受学术研究训练，是一个容易形成和谐师生关系的途径。因此，事先创造条件加深了解对于选择导师是非常重要的。其次，学校氛围的影响。一些学生受到周围浓厚读博氛围的影响而选择"随大流"，学校的一些制度设计也有助于学生做出读博的决定，例如直博生奖励计划、灵活多样的硕博连读方案，通过减少获取博士学位所需的时间鼓励学生尽

早进入博士阶段，也给予相应的退出机制。再次，平台和条件。良好的平台不仅有更好的条件、更多的资助，并且能够对未来职业生涯发展提供重要的机会，通过保研留在好学校或者去更好的学校"镀金"就成了影响读博选择的因素。最后，家庭的影响。受过高等教育的家长对孩子选择读博有更为积极的影响，这些孩子对于从事有高学历准入门槛的职业更具倾向性。家庭影响也要通过孩子的性格和习惯养成发挥作用，家庭经济条件可能会影响学生的视野和抱负。社会经济地位不高、父母学历较低的家庭对于孩子读博的选择通常没有什么影响。

二、选择导师的影响因素

（一）最重要的是学术水平、兴趣和性格品质

从问卷调查的结果看，博士生选择导师时主要考虑的三个因素是导师的"学术水平""研究方向是否符合自己的兴趣"以及"性格品质"，这三个因素与其他因素，例如"名气""是否有充足的研究经费""是否担任行政职务"之间远远拉开了差距。"学术水平"及"研究方向是否符合自己的兴趣"反映博士生对导师在学术指导上的期待，"性格品质"则更多地反映博士生对师生关系的关注。具体而言，男性、年龄较小的以及理工类的博士生相较于其他群体，在选择导师时对导师研究经费充足与否的考虑会更多一些。

（二）选择导师时基于对导师自身条件和对外在条件的考虑

从质性访谈的结果看，博士生选择导师的影响因素可以归纳为两大类，即对导师自身条件的考虑和对外在条件的考虑。对导师自身条件的考虑包括四个方面。一是导师的性格与品行。导师的"人品"主要体现在是否替学生着想，是否会故意为难让学生延期毕业等。但提前了解导师的品行是比较难的，一般通过了解该导师的口碑来判断。此外，博士生期望导师的性格与自身性格有相似性，从而更有机会获得导师的认同和促进有效沟通。虽然把导师性格与品行作为选择导师第一要素的学生在数量上比较少，但其对导师人品的重要性均予以很高评价。二是导师的学术成就。博士生通常通过浏览导师个人主页或经他人介绍而对导师有所了解，会考虑导师的学术背景和发表情况，年长的、积累深厚的导师和年轻的导师各有优势。但多数情况下学生相对处于弱势地位，被动选择多过主动选择，优秀学生的选择主动权明显更高。三是对学生的指导。一些学生在选择导师时明确考虑导师是否有时间指导以及所期望的指导风格，

例如，有些博士生期待导师对学生严格要求，有些则不希望导师过多干涉。四是导师附带的资源。一般以威望即学术影响力来判断，基于导师的头衔及所任职务，因其能够带来研究资源和社会资源，对于博士生涯的发展较为有利。尤其是对于打算从事学术职业的博士生而言，导师是其进入学术圈最有效的名片。

对导师外在条件的考虑也包括四个方面。一是实验室硬件条件和氛围。尤其对理工科博士生而言，实验室条件和氛围是选择导师的最重要因素，甚至可能比导师指导更重要。实验室条件实际上也是与导师的学术能力、资源联系在一起的，通过氛围则可以在某种程度上判断导师的指导风格和人品，氛围决定了博士生学习生涯的愉悦程度。二是研究方向与自身兴趣。研究方向与兴趣是博士研究生涯的重要出发点，根据自身兴趣选择与导师一致的研究方向，有助于研究的顺利推进。研究方向和兴趣的吻合主要是通过院系层面为师生双向选择创造机会达成的，例如招生见面会等有参与度的活动是有效的方式。选择导师前就对导师有所了解有助于提高指导质量和促进和谐师生关系。对导师来说，吸引优秀学生的一个有效途径是通过给本科生授课，让学生对自己的研究方向、学术水平有所了解。三是他人的推荐。对于跨校报考的学生而言，信赖对象的推荐是其选择导师的重要因素。四是学校的招牌。一些学生对具体选择哪位导师无所谓，他们更看重的是学校的招牌，是通过读博"镀金"，或者是争取一个只要有导师接收就可以深造的宝贵机会。

三、对导师角色责任的看法和对师生关系的期待

（一）博士生对导师角色和责任的看法

博士生较为认同导师对于学生论文、学术工作等的质量和进度把控应当负主要责任，学生最期待导师把控论文质量、保障研究条件、定期会面指导、定期检查进展、不断给予反馈。同时，博士生期望自己在选题上有一定自由，由自己决定采用何种理论框架和研究方法，导师不要过分掌控学生的时间安排。也就是说，一方面博士生倾向于导师在学习和研究方面给予一定的自由，给学生发挥创造性和自主性的空间；另一方面他们倾向于与导师发展学术指导关系之外的更密切的关系，并认为更加密切的关系有助于导师指导的成功。

不同学科博士生在对导师角色和责任的看法上存在显著差异，理工科博士生对导师指导的依赖程度比人文类、社科类博士生更高，更倾向于导师负责。

（二）博士生对导师品格、指导方式和师生关系的期待

博士生期望在师生关系中得到平等的地位以及导师的尊重，期望导师能够

尊重自己的人格，帮助自己实现自身的价值。博士生理想中的导师应该在师德师风上具有良好的表现，拥有正直、敬业等美好道德品质的导师更受学生欢迎。博士生更期待导师通过鼓励、激励的教育方式进行指导，希望获得导师的肯定和赞许，并且倾向于性格平易近人的导师。博士生期待导师拥有较高的学术能力和指导能力，能提供对学生切实有效的帮助，愿意给学生提供科研、实习项目等机会的导师更受学生喜爱。博士生倾向于和导师发展适当亲密的师生关系，认为师生相处要把握好度，不太认同传统父子型师生关系。

与博士生对师生关系期待相关的因素很多，如性别、学科类型、年龄、过往工作经历。不同性别博士生对师生关系的期待存在显著差异，男生对于亲密师生关系的认同和期待程度高于女生。不同学科的博士生对师生关系的期待存在显著差异，理工类博士生比人文类博士生更为期待拥有较为亲密的师生关系。不同年龄段的博士生对师生关系的期待存在显著差异，20-30 岁的博士生相比31-40 岁的博士生对于亲密师生关系的期待程度更高。拥有不同工作经历的博士生对师生关系的期待存在显著差异，没有工作经历的博士生相比有 1-3 年和 7年及以上工作经历的博士生对亲密师生关系的期待程度更高。

四、导师指导的过程特点

（一）导师指导的制度与频率

从导师指导制度上看，超过半数仍然是传统的单一导师指导，占 58.66%，两位导师合作指导占 17.87%，导师组集体指导占 23.47%。导师平均每月指导次数为 1 次的占 24.91%，2-4 次的占 51.08%，4 次以上的占 15.07%，但仍有8.94%的博士生反馈其导师平均每月指导次数在 1 次以下。从召开例会的次数看，每月 4-6 次的占 47.02%（平均每周 1 次是常态），每月 1-3 次的占37.82%，平均每月例会次数在 1 次以下或没有例会制度的占 14.35%。67.51%的博士生表示导师曾资助其参加过国内外学术会议或交流访学。从访谈中对指导频率的了解看，两周会面一次的频率出现最多，理工科的组会召开时间比较固定和频繁，人文学科个别会面的时间则不太固定也不频繁。总体上实验学科导师指导的频率明显高于更加依赖个人学习和思考的人文社会学科。

（二）导师指导的形式：集体指导、个人指导与其他灵活指导形式

通过案例研究发现，导师指导的形式主要因学科不同而存在差异，也与导师的个性特点有关。一是集体指导。集体指导在需要团队合作科研的理工医科

非常普遍，以组会的形式固定举行，在社会科学的一些学科中也比较盛行。在博士生人数较多的情况下，集体指导是高效率的。集体指导常常与课题分工结合在一起，以团队合作的方式进行。做课题甚至被博士生称为"与导师维持关系的一个重要纽带"，也是博士生学术社会化的重要途径。在理工科和一些需要团队合作的社科领域，课题已经成为科研和人才培养共同依赖的载体，科学研究、导师指导、学生发展融合在一起。

二是个人指导。个人指导是指通过面对面交流的方式指导学生，有时也通过通信工具来进行。在理工科，个人指导一般作为集体指导的辅助，但在人文社科，尤其是人文学科，个人指导是主要的指导方式，这是因为博士生人数较少，个人的钻研方向不同，博士生参与导师课题相对少且课题组合作程度通常不高。个人指导较集体指导更灵活随意一些，而非严格固定频率，受导师风格差异的影响较大，也因博士生学业阶段不同而有所差异。虽然个人指导的效率没有集体指导那么高，缺乏相互讨论中受到的启发，但是个人指导更加个性化，虽然耗时更多，但成效也比较显著。

三是灵活指导。导师组制度的施行形成了一种根据需要寻找可用资源的灵活指导模式。同时，灵活指导形式也是建立在博士生培养模式改革的基础上，这些改革为博士生提供了多学科视野和与多导师交流的机会，从而能够达到更好的指导效果，例如实验室轮转、交叉学科领域的协同创新人才培养平台、中期考核制度设立的考核指导小组等。研究生课程上的一些改革，例如由多导师共同开设的、旨在分享研究前沿资讯的文献阅读课程，一些以课外活动形式开展的多导师轮流主持的午餐会等，实际上都增加了博士生与多导师交流的机会。灵活指导制度有助于打破"博士生是导师的私人财产"的狭隘思维。

总的来说，理工医科偏向集体指导，人文社科偏向个人指导，但这种划分不是绝对的。此外，在工科强势的院校中出现一种"基于课题组的指导"模式，它既不是完全的集体指导或个人指导，也不等于放任不指导。即使是在社科学科，也体现出这种受工科 PI 模式影响的形态方式。

（三）博士生对导师的知识水平和指导能力总体满意，导师指导最多的是完善学位论文选题和协助发表学术论文

从毕业生问卷的结果看，在指导过程维度上，得分均值最高的是"具备足够的知识水平和能力指导我的研究"（4.59）（非常认同占比70.40%），第二的是"在研究选题和完善上给予我良好的指导"（4.52）（非常认同占比65.16%），第三的是"鼓励并协助我发表学术论文"（4.47）（非常认同占比62.91%）。得分均值

相对比较低的三项是："会帮助我制定学习研究计划、做好时间安排"，"在我的学位论文写作中帮助我搭建框架"，"慷慨地与我分享他/她的人脉资源"。可见，导师关注最多的是学位论文选题而非具体的写作，导师也会帮助学生发表学术论文，但一般不会在具体的制定研究计划和时间安排上干预过多。

（四）导师指导的偏好：把握方向型、全程覆盖型、因材施教型和缺乏指导型

从导师指导的内容上看，导师指导可以大致划分为四种类型，即把握方向型、全程覆盖型、因材施教型和缺乏指导型。一是把握方向型。导师对研究选题的指导最多，不太关注具体的过程，对应理论框架中的引导导向。导师"抓大放小"不一定是指导不到位的体现，也可能是一种培养未来学者独立研究能力的策略，部分主动性强的学生喜欢这种自由度高的指导方式，但依赖性强的学生则认为过程指导的缺失使遇到的困难无法及时得到解决，这种挫折带来的打击可能是严重的。处于学术生涯发展阶段后期，已经取得较高身份地位的导师，更倾向于采用这种指导方式。指导不在于多和细，而在于能否切实有效地解决问题或指出一条"明路"。

二是全程覆盖型。这类导师的风格是事必躬亲，注重细节，在博士生学业的不同阶段可能会有所侧重，对应理论框架中的控制导向。处于生涯发展前期的导师更偏向于全程覆盖型，因其出于对取得更高学术成就的渴望通常会比较拼，指导的细致是为了提高实效性和更快出成果，也可能和导师的性格、学科有关。但全程覆盖型的指导也可能导致学生自主性的缺失，同时伴随着大量的时间投入，在沟通上需要双方做出较多协调的努力。这类导师在人格上偏向完美主义，指导风格上偏向专制型或民主权威型，尤其是专制型且指导上事无巨细的导师，比较容易导致师生关系上的不满和冲突。

三是因材施教型。这类导师能根据学生的特点调整指导内容，最受学生欢迎，但这对导师指导能力的要求也相当高。这类导师总体上能够尊重学生的意愿，给予学生选择的自由，但不排除有出于"改造"目的的"强迫性"存在。因材施教也有可能是导师在精力有限情况下有选择性地指导。总体来说导师不是全能的，给予过程指导并不意味着要面面俱到，分工合作、有所侧重可能是更有效的策略。因材施教型导师的指导不仅包括追踪学术前沿，也包括研究方法上的指导，提供学术交流、调查研究等的机会和经费支持，以及在博士生社会化上提供专业发展指导和人脉支持。

四是缺乏指导型。缺乏指导型导师对学生的态度大致可以分为两种，一种

是坚持自己的指导风格，不愿意听取学生的意见；另一种是承认自己指导的缺乏，但是因为太忙无法做出改变。缺乏指导的原因主要有三个：首先是导师从事行政工作太忙或指导的学生过多，精力有限顾及不过来，以至于采用"博士后带高年级博士、高年级博士带低年级博士、低年级博士带硕士"的"层层分工法"来解决，但很容易演变成博士生自我摸索的情形；其次是导师知识体系比较陈旧，无法适应国际化背景下论文发表的要求和主流研究方法的变化；最后是师生关系疏远造成学生对导师的惧怕，使指导隔着无法逾越的距离。

（五）导师关注重结果轻过程，重任务导向轻个人导向

总体上看，导师在指导内容上比较注重把控大方向而具体指导不足，关注点以学术为边界较少涉及其他方面，重结果而轻过程，重任务导向轻个人导向。任务导向的导师只关注研究，而个人导向的导师关注的是"关系"，关系既体现在学业指导中，也体现在生活中的联结。学生通常希望导师能够关心学业之外的个人成长，涉及人格发展、身体和心理健康、职业发展、价值观形成等多方面，但很多导师从理念上并不认同导师的指导应该涵盖学业之外的其他方面。导师不关注学生身心健康发展有可能出现极端的后果，加上其他辅助机制的介入不足，当学生出现心理问题时完全需要依靠自我调节，但不是每个学生都具备这样的能力，从而成为一种隐患。相反，导师关心学生身心健康发展具有显著的正面效果，在带来情感满足的同时也促进学术能力的发展。

指导形式和导师关注有直接、正向的关系。集体指导固然效率较高，但完全没有个人指导容易导致学生的不满，不仅是因为难有机会与导师深入探讨研究问题，更重要的是心理上被关爱重视的需求得不到满足。个人指导频率高的导师更有可能深入了解学生的个性，在导师关注上涉及学业之外的多个方面。如果个人指导频率比较低，学生就更需要学术共同体的支持。高效固然是衡量指导方式有效性的重要标准，但不能以单一化的思维去看待，导师积极和及时的回应、人性化的管理更容易得到学生的认同。任务导向和个人导向看似是导师关注的两端，但其实更应该思考如何将两者协调起来。科研和生活不是对立关系，应当探索一种形成合力、相互促进的可能，即热爱科研就是一种生活方式，而热爱生活也能够促进更好地科研。

导师关注与师生关系类型相关。在导师作为亦师亦友之引导者或科研合作伙伴的平等的师生关系中，导师关注侧重于个人导向，重视发展与博士生在个人层面的关系。而在导师作为家长式权威或老板式支配者的等级性师生关系中，

导师关注侧重于任务导向，缺乏对人的关怀，师德难以通过育人的过程体现出来。师生关系的异化状态一旦被越来越多学生接受，就会渐渐被固化下来，导致不可挽回的消极影响。导师指导缺乏"关心人"维度的原因是"忙"，一种"忙"是担任行政职务带来的对指导时间的剥夺，另一种是忙着开公司或接项目而把学生作为完成项目的工具。但功利化问题的板子不能完全打在导师的身上，而常常是制度给导师施加压力，导师则把压力传导到博士生身上。

五、导师指导的风格类型

（一）领导型、友善型、理解型、不满型、严厉型

量化研究的结果把导师指导风格划分为五种类型，即领导型、友善型、理解型、不满型、严厉型，而质性研究则在理论框架的基础上对一些类型做了合并。但指导风格类型的划分不是非此即彼的。

当导师指导风格为领导型时，得分均值最高的是"在研究选题和完善上给予我良好的指导"（4.52）（非常认同占比65.16%），第二的是"在对我的指导上表现得非常专业有自信"（4.40）（非常认同占比58.39%），第三的是"在我的研究进程中不断给我反馈意见"（4.36）（非常认同占比55.51%）。领导型的导师倾向于在博士生培养过程中给予持续性支持，会通过布置任务、反馈意见、解答疑惑、提出建议的方式对学生的研究进展实施较高程度的把控，体现出高结构、高控制的特点。

当导师指导风格为友善型时，得分均值最高的是"尊重学生的需要和兴趣并给予支持"（4.49）（非常认同占比63.27%），其他三个题项的得分非常接近。友善型的导师也倾向于在博士生培养过程中给予支持，但不是贯穿在特定的任务中，没有那么高程度的把控，而是一种"在那里"的感觉，学生有较高的创新自由度，当需要具体帮助的时候又能够"找得到人"。虽然友善型指导风格的结构性、控制度不如领导型那么高，但是师生间信任合作的程度可能比领导型更高一些，导师对学生想法的接纳程度也更高一些。

当导师指导风格为理解型时，得分均值最高的是"允许我有不同意见，鼓励我有自己的想法"（4.44）（非常认同占比59.57%），并列第二的是"对学生很体贴，能为学生着想"和"信任我"（4.42）（非常认同占比分别为61.64%和60.02%）。理解型的导师倾向于在博士生培养过程中不对学生做过多的控制，对学生是信任的，师生之间合作性较高。理解型的导师虽然尊重学生的意见，

通常较为体贴和关心学生，对学生的反应是接纳性的，但同时也带有放任自流的特点。理解型指导风格的培养质量如何应视与学生需求的匹配程度而定，与学生的自主性有很大关系。

当导师指导风格为不满型时，得分均值并列最低的三项是"对我创新性的想法不重视，常给予托词"（1.63）（完全不认同占比 64.35%），"回答我的问题常常模棱两可"（1.63）（完全不认同占比 60.74%），"看不到我的潜力"（1.63）（完全不认同占比 61.46%）。与学生的交流频率不高、交流内容不具体不明确，导师对学生的想法不重视、不支持也不满意，是不满型指导风格的主要特点，师生之间常常是不合作的对立状态。不满型题项整体均值大于 3 的有90 份样本，占比 8.12%。这种指导风格类型对培养质量的影响是负向的。

当导师指导风格为严厉型时，得分均值最低的是"当我不听从导师的意见时，导师会批评我，令我难堪"（1.44）（完全不认同占比 73.92%），其次是"常对我不耐烦"（1.49）（完全不认同占比 69.58%），再次是"不尊重我的意见"（1.59）（完全不认同占比 66.43%）。可见，导师对学生的不尊重、不耐烦、常常批评是严厉型指导风格的主要特点。严厉型题项整体均值大于 3 的有67 份样本，占比 6.05%；不满型和严厉型两个类型整体均值同时都大于 3 的有53 份样本，占比 4.78%。这两种指导风格类型对培养质量的影响是负向的。

（二）专制功利型、民主权威型、自由探索型、放任型

根据控制性高低、指导的强弱、交流互动中对学生的接纳性这三个维度，质性研究的结果把导师指导风格划分为四种类型，即高控制、弱指导、拒绝性的专制型/功利型，高控制、强指导、接受性的民主权威型，低控制、强指导、接受性的自由探索型，以及低控制、弱指导、忽视性的放任型。

第一，专制功利型以高压权力为特征，对学生控制很强、指导偏弱，交流以拒绝性的反应为主。其特点是导师评价学生重结果不重过程，学生以导师为中心，不敢提出异议，或做出迎合的回应。导师高高在上的姿态、功利性的态度、与学生缺乏平等交流、不考虑学生的利益或感受，常常是师生关系对立的原因。导师是行政领导可能对其专制型的指导风格有一定的影响，与学科类型也有一定关联，尤其容易出现在理工科等实验学科，这类导师的关注点只在研究成果产出，体现出指导的功利性。专制型指导风格形成的原因一方面与功利化的科研氛围有关，另一方面与传统文化中对"师"的地位的过度尊崇有关。

第二，民主权威型是师生之间有"权威与服从"的较高控制性，同时又有

较强指导，交流以接受性的反应为主。特点是导师在学术上非常权威，对学生学业起主导作用，同时能够尊重和理解学生，关心学生发展和为学生利益着想，学生的主体性能得到发挥，既不是以导师为中心也不是以学生为中心，导师与学生的关系总体上是比较平等的。民主权威型导师也可以是家长式的，但不同于前述专制型家长。他们在学术上扮演着权威角色，在生活中对学生也比较关心，把学生当成孩子、朋友或年轻的同事看待，能够尊重学生的意见，为博士生的未来职业发展着想，提供切实的资源支持和情感鼓励。

第三，风筝式自由探索型以师生双向交流为特征，导师对学生以接纳式反应为主，给学生以足够的自由度，但同时又把控方向，给予学生比较细致的指导。特点是导师以学生为中心，低控制，强指导，较为注重因材施教，从指导内容上看属于抓大放小的类型，当学生需要的时候能找得到导师。年轻的导师，有境外尤其是北美留学经历的导师比较容易形成平等型的指导风格。自由探索型的导师在学术研究上给学生的自由度较高，在指导过程中是把握方向型的，而不会过度关注细节。但师生之间的风格匹配很重要，如果学生的学习风格是依赖性的，这种指导可能就会变成"放任"。

第四，放羊式放任型以缺乏交流为特征，低控制，低指导，导师对学生以忽视性反应为主，学生只能自己摸索。造成这种状况的原因常常是因导师担任行政职务而没有时间，或是离开科研一线太久；也可能是导师缺乏指导条件或能力，例如在对跨学科学生的指导上因为导师自身跨学科能力不足，在对留学生的指导上还可能是因为语言障碍。导师放任型的指导也不一定会表现出师生关系上的冲突，要看学生的期待和性格特征，但它体现了师生关系中学生的弱势地位。放任型指导不干涉选题也不催促进程，看似是以学生为中心，但实际上没有外在的督促学生很容易丧失动力，无外在助力的"学生中心"是一种失焦。

六、指导风格的影响因素

（一）学科、年龄、导师指导的在校博士生数量影响导师指导风格

学科类型不同，导师的指导风格在领导型、友善型、理解型、不满型、严厉型上均存在显著差异。领导型、友善型、理解型的指导风格在人文类、社科类学科的导师群体中更突出，且都显著高于理工类导师；不满型、严厉型指导风格在理工类导师中表现得比人文类、社科类的导师更突出。

　　导师年龄不同，导师的指导风格在友善型、理解型、不满型、严厉型上存在显著差异。在 56 岁以上的导师群体中，理解型指导风格比 56 岁以下各年龄段的导师都更为突出；在 46-55 岁和 56 岁以上的导师群体中，友善型指导风格比 46 岁以下各年龄段的导师都更为突出；不满型指导风格则在 36-45 岁的导师群体中更为突出，且显著高于 46 岁以上各年龄段的导师；36-45 岁以及 46-55 岁的导师群体中严厉型指导风格更为突出，且显著高于 56 岁以上的导师。

　　导师是否在境外获得学位可能对导师的严厉型指导风格有影响。严厉型指导风格在"是否有境外学位"上存在显著性差异，相较于有境外学位的导师，严厉型指导风格在无境外学位导师群体中更加突出。

　　导师指导的在校博士生数量可能对导师的理解型指导风格有影响。理解型指导风格在"导师指导的在校博士生数量"上存在显著差异，指导 1-3 名在校博士生的导师，其理解型指导风格比指导 7-9 名在校博士生的导师更突出。

（二）导师人格影响指导风格

　　导师的正向人格特征主要包括"平易近人""认真敬业""乐观开朗""信任学生""善于交流""包容理解""愿意分享""不轻易打断"。学生一方面期待导师具有高学术水平，另一方面希望与导师发展较为亲密的个人关系。具备正向人格特征的导师在指导行为上的重要特点是体现出对学术的热爱和奉献精神，对学生循循善诱而不强迫，性格具有宜人性，与人交往随和，能够以自身言行为学生树立为学、为事、为人的榜样。受学生欢迎的导师通常在三个方面的关系上处理得较好：一是平等的师生关系，倾向于亦师亦友的引导者或民主平等的合作伙伴；二是任务导向和个人导向的兼顾，即导师在关心研究项目或学业目标完成的同时，也关注学生的个人发展；三是事业和家庭的关系，导师在工作和生活的平衡上做得好，使其有良好的心态对待学术，也更能够理解学生。

　　导师的负向人格特征主要包括"急躁缺乏耐心""不听学生意见""不鼓励讨论争辩""专制""功利""过于严厉""总是批评""没有反馈""不宽容""不信任""言行不一致"。具备负向人格特征的导师在指导行为上的重要特点是对学术的追求显得过分功利，对学生强制且交往不平等，性格具有神经质的特征，对学生苛求和不够关心，学生觉得这样的导师"不可接近"，从而也就无法为学生树立良好的榜样。不受学生欢迎的导师具有三个方面的特点：一是与学生的交流方式不当，或者缺乏反馈和指导，对学生倾向于高控制，但缺乏有效沟通；二是导师的关注点片面强调任务导向，追求功利化的目标，不关注学生个人发展的维度；三是师生关系倾向于具有明显上下级关系的"老板与雇员"或家长式权威，学生对导师有一种不满或畏惧的情绪，从而使专业社会化丧失了德育维度，也使个人发展受到限制。

七、师生关系的现状、类型及影响因素

（一）导师品格、伦理道德、关系与影响

从毕业生问卷的结果看，博士生对导师品格、伦理道德、师生关系及对自身影响的整体评价是很高的。

在导师品格维度上，得分均值最高的是"有敬业精神"（4.75），第二的是"能够以身作则，树立榜样"（4.67），第三的是"愿意与他人合作多过竞争"（4.63）。导师品格既包括其自身正直、诚实的品德，也包括导师作为学生效仿的模范时能否展示其德行和行为准则。整体而言，导师品格的状态是非常不错的，绝大部分导师是敬业且具有合作精神的，能够成为博士生在科研工作上的榜样。九成的博士生认为其导师是把他们当作"完整的人"来培养，而不是作为机器，但在中国文化背景中"博士生是年轻的同事"这种意识尚未普及。

在伦理道德维度上，得分均值最高的是"会对我提出学术道德和学术规范的要求"（4.57），第二的是"对研究生在合作研究成果中的贡献予以适当评价"（4.43），第三的是"只有真正参与了研究才会在学生的文章中署名"（4.41）。绝大部分导师在学术规范上做出了良好的表率，对学生提出了学术道德的要求，能够公正地评价博士生在研究中的贡献。但同时导师对博士生的职业生涯发展是不太关注的，也不一定认可学术职业之外的求职准备活动。在导师伦理道德维度，帮助博士生的职业生涯发展是一个相对被忽视的洼地。

在关系和影响维度上，得分均值最高的是"导师对我的治学态度和能力产生了积极的影响"（4.58），其次是"导师对我的为人处事产生了积极的影响"和"导师对我的道德修养产生了积极的影响"（4.52），然后是"导师对我的学术志趣产生了积极的影响"（4.51）。可见，学生对导师在"做人、做事、做学问"上体现出的影响作用是非常认可的，并且三者是关联在一起发挥作用的。在促进专业能力发展之外，导师对博士生学术社会化产生的影响很大，但导师不是学生解答疑惑的首要渠道，其在价值观影响上发挥的作用还有提升的空间。

（二）父母—子女型/师傅—徒弟型、朋友型、老板—雇员型、同事/合作伙伴型

第一，"父母—子女"型或"师傅—徒弟"型。导师的第一种角色是"师道尊严"文化下家长式的权威人物，学生将导师视为敬畏的长辈，有相当的疏离感，学生的主动性在某种程度上被压抑了，但也可能是一种敦促。作为"徒弟"的学生则对作为"师傅"的导师服从和适应，学习的内容侧重于掌握职业所需技能。这种师生关系类型如果与专制型指导风格结合在一起，很容易导致导师进一步"权威化"和学生进一步"顺从化"。学生在"权威化"的导师面前是缺乏话语权的，认为过于亲密的师生关系没有必要。

第二，朋友型。导师的第二种角色是"苏格拉底启发式"文化下亦师亦友的引导者，指导学生的过程就像是朋友间辩论式的对话。学生对导师有一种发自内心的敬佩感，师生关系也倾向于一种达成共识的合作，同时也有个人友谊的存在。导师对学生有控制性的要求，但不是通过强迫性的权力施压，而是通过影响学生的价值观和认同感使其主动行为来达成的。导师通过言传身教使学生认同其在学术上的理念和行为规范，从而发挥对博士生社会化过程的指引。博士生认为这种类型的师生关系是"不远不近""恰到好处"的。

第三，老板—雇员型。导师的第三种角色是企业文化影响下的"老板—雇员式"的支配者，这种角色是师生关系的一种异化。异化的产生主要是因为科研评价体制导致的利益冲突，常常出现在理工科尤其是横向课题较多的工科。导师的任务是拉项目养实验室，角色是"科研包工头"；博士生的角色是"为老板打工"，认为导师对其存在一定程度的"剥削"或"控制"。在 PI 制度相对比较完善的实验室，博士生作为受教育者的角色就会凸显一些，导师更多的呈现自由探索型的指导风格，越是在"单打独斗"的实验室，博士生被当作廉价劳动力的可能性就越大，导师更多地呈现出专制功利型的指导风格。

第四，合作伙伴型。导师的第四种角色是北美契约文化影响下的科研伙伴式的合作者，以平等为基础，导师的责任就是训练博士生成为独立的研究者。因控制度高低的不同在指导风格上既有自由探索型也有民主权威型，但共同特点是有较强的指导和接纳性，同时也能因材施教，针对学生的不同目标、兴趣、性格特征等调整要求和指导方式。这一类型的导师通常愿意与他人合作，资源共享、合作共赢的意识比较强。在合作伙伴型师生关系中存在一种隐形的契约关系，保障了研究生不会成为导师的"私有财产"，也保障了一种资助关系，这种正常的经济关系与将研究生当成廉价劳动力的剥削关系是不同的。

师生关系类型与导师扮演的不同角色与承担的责任有关。当导师扮演家长式权威人物的时候，师生关系常常是"父母—子女"型或"师傅—徒弟"型；当导师扮演的角色是亦师亦友的引导者，师生关系常常是朋友型；当导师扮演企业老板式的支配者角色，师生关系常常是"老板—雇员"型；当导师扮演科研伙伴式的合作者角色，师生关系常常是同事型/合作伙伴型。在朋友型和合作伙伴型师生关系中，导师和研究生双方的认可度和接纳度都是较高的。

（三）理想师生关系类型、实际经历的师生关系类型及影响因素

科研合作伙伴关系是学生心目中最理想的师生关系类型（占比84.84%），第二的是师傅和徒弟关系类型（占比79.51%），第三的是朋友关系类型（占比79.33%），最不理想的师生关系是老板和雇员关系（占比71.03%）。对于父母和子女型师生关系，博士生的意见是两极化的，53.52%的人认同，同时也有46.48%的人不认同。师傅和徒弟关系与学生实际经历的师生关系类型是最接近的（占比49.73%），然后依次接近的是科研合作伙伴关系（占比35.74%）、朋友关系（占比27.71%），最不接近的是老板和雇员关系（占比78.16%），其次是父母和子女关系（占比47.20%）。可见，由于传统文化的影响，我国研究生教育中的导师指导关系仍以师徒式关系为主，博士生最为期待的科研合作伙伴关系在现实中还有相当差距，朋友关系形成的土壤也比较不足。

学科类型对博士生实际经历的部分师生关系类型有显著影响。师傅和徒弟师生关系类型在学科类型上没有显著性差异。科研合作伙伴关系、朋友关系、老板和雇员师生关系、父母和子女师生关系在学科类型上存在显著性差异：社科类、理工类博士生比人文类博士生实际经历的师生关系更可能是科研合作伙伴关系；社科类博士生比理工类博士生经历的师生关系更有可能偏向于朋友关系；理工类博士生比人文类和社科类的博士生实际经历的师生关系更有可能偏向于老板和雇员关系；人文类比社科类、理工类，社科类比理工类实际经历的师生关系更可能偏向于父母和子女关系。

导师指导风格和实际经历的师生关系具有相关关系，可以在一定程度上预测师生关系类型。当导师指导风格为领导型或理解型时，师生关系最有可能是朋友关系，其次是师傅和徒弟关系，最不可能是老板和雇员关系。当导师指导风格为友善型时，师生关系最有可能是朋友关系，其次是科研合作伙伴关系，最不可能是老板和雇员关系。当导师指导风格为不满型或严厉型时，师生关系最有可能是老板和雇员关系，最不可能是朋友关系，其次不可能是科研合作伙

伴关系。友善型指导风格能够显著正向预测科研合作伙伴关系，能够显著正向预测父母和子女关系，并能够显著负向预测老板和雇员关系。友善型和理解型指导风格能够显著正向预测朋友关系。领导型和理解型指导风格能够共同显著正向预测师傅和徒弟关系。严厉型指导风格能够显著正向预测老板和雇员关系，并显著负向预测朋友关系。

八、博士生技能发展的状况和影响因素

（一）专业知识、逻辑思维能力得到较好提升，但沟通表达能力还需提高

从毕业生问卷看，在技能发展维度上，得分均值最高的是"我的专业基础知识在博士学习阶段得到了提升"（4.65）（非常认同占比71.57%），第二的是"研究训练增强了我的逻辑思维分析能力"（4.63）（非常认同占比69.04%），第三的是"研究训练提升了我的问题解决能力"（4.61）（非常认同占比67.33%）。可见，博士生对自身通过学术训练取得的能力发展是相当认可的。但其完全不认同比例最高的是"研究训练增强了我形成观点并将观点表达出来的能力"，沟通表达能力可能是博士生最需要进一步提高的一项可转移技能。

（二）与导师定期会面的次数、导师资助学生参加学术会议影响博士生技能发展

学生技能发展在不同的导师定期（每月）会面次数上存在显著差异。导师定期会面次数为1次、2-3次、4次以上的博士生在技能发展上的表现显著优于导师定期会面次数为1次以下的博士生；导师定期会面次数为4次以上的博士生在技能发展上的表现显著优于导师定期会面次数为1次的博士生。可见，一定的导师指导频率对于博士生技能发展是相当重要的保障。整体上讲，见面肯定比不见面要好，见面次数多比见面次数少要好。

学生技能发展在导师资助参加学术会议维度上存在显著差异。导师资助参加学术会议的学生在技能发展维度上的表现要显著优于导师不资助其参加学术会议的学生。可见，参加学术会议是博士生学术训练中不可忽视的一环，学校和导师应将其视为博士生技能发展的重要途径，尽可能提供资助。

（三）氛围和条件影响博士生技能发展

学术氛围和基础条件也会影响博士生技能发展。在氛围和条件维度上，得分均值最高的是"所在院系提供了丰富的学术活动如讲座、研讨会等"（4.52）

（非常认同占比 65.16%），第二的是"我能够顺利融入导师的学术团队中"（4.47）（非常认同占比 60.83%），第三的是"所在院系的研究氛围激励了我的研究工作"（4.44）（非常认同占比 60.92%）。可见，博士生对技能发展的氛围和条件总体上是相当认可的，但其不认同比例较高的是"院系会为不同方向的研究生提供交流的平台和机会"。院系乃至学校在提供跨方向、跨领域交流的机会上还需要加强，要从整体上提高学术活动的丰富性和质量，营造良好的学术氛围，并逐渐形成文化积淀。

第二节　研究结论

一、以"尊师"为特征的家长权威型师生关系文化强调师德影响

（一）我国对导师指导的定义非常强调师德，导师指导是在导师人格、道德品质和专业水准等条件的共同作用下产生的，通过促进社会化的方式对博士生产生潜移默化的影响

博士生导师的指导模式可能体现了一种深深植入的、根深蒂固的文化标准，例如美国契约式的博士生指导与其强调法治的文化传统有关，导师指导有客观行为准则却难有价值判断标准，较为强调专业关系而忽视个人关系；而我国师门式的博士生指导与德治的文化传统有关，重视个人关系，强调价值观渗入却缺乏明确的行为规范制约。价值观渗入是建立在"关系"基础上的，无论是契约式文化主张的科研合作伙伴型师生关系或师徒式师门文化主张的家长权威型师生关系，良好师生关系的本质应该是一种相互支持的互惠关系。为此，两种文化应取长补短：一方面导师要在专业关系上给予专业性、支持性的帮助以使学生达到特定的学术目标，顺利进入特定的专业研究领域，包括培养或塑造对学术的态度、价值观、思维方式和个人的社会特质等，这一涉及认知技能方面的指导关系具有优先性，也是可以衡量的；另一方面要在个人关系上建立关怀的、愉快和谐的氛围，为学生提供社会心理方面的支持和职业生涯发展的指导，这一指导关系是一种情感投入，例如树立榜样、设置为人处事的标准、帮助学生实现潜力，通常是自发的，难以衡量也较难通过制度规约来强制执行。

（二）引导导向和控制导向不仅受到导师指导风格的影响，导师并且会因博士生的基础和个性等不同而因材施教，此外，博士生对导师指导的需求在其博士生涯的不同阶段会发生变化

博士生的学业生涯可以划分为向博士生过渡、获得候选人资格和完成博士论文三个阶段，这三个阶段分别具有依赖、"断奶"、走向独立的不同特征，导师的指导策略应发生相应的变化。在初期适应调整阶段，导师需要指引方向，为学生设立短期目标，安排明确的任务并对学生完成任务的情况给予详细反馈。博士生通过中期考核取得博士候选人资格也意味着断奶期的到来，导师仍然可以布置任务，此时任务应当更有挑战性，过程中不再事无巨细地过问，而是扮演陪伴支持的角色，对于完成任务的期限与学生一起做出决定，当学生需要帮助时再给予指导，最后评价其工作完成的质量。从博士生开始撰写学位论文到毕业，导师的策略应是逐渐放手，训练其独立研究的能力，发展学生自我导向和批判分析的能力，导师作为一个咨询者，时常与学生交流看法，在他们走向学术职业生涯（蜕变为年轻学者）的过渡中，帮助他们建立学术网络。对于有经验的导师来说，这可能是一个自动的、无意识的转变过程。

（三）许多导师重任务导向而轻个人导向，原因是教师的考核评价体制重结果而不重过程，缺乏融入立德树人要求的职业道德规范

德治文化传统虽然强调师德，但却比较重视教师自我修身，忽视师德监督机制的建设。为此，我们应加强外部制度建设，使师德建设走向规范化、制度化、法治化。制度建设旨在保障底线师德，教师修身则以崇高师德为理想追求，两者应结合起来。应制定和完善研究生导师职业道德规范，健全完善研究生导师资格及准入制度，强化对导师职业道德的考察和评估。师德不好量化，但如果只靠自觉自律，不从制度层面进行约束，就会使通过违反师德而获利的导师有生存的空间并且"劣币驱逐良币"，挤压具备高尚师德之导师的生存空间。量化考核不易的领域，可以通过质性评价方式来弥补，例如建立师德考核档案，多渠道、多利益相关者搜集导师师德相关的资料，建立负面清单制度，对受到多起师德投诉、有相关证据的导师采取师德失范的惩处机制。一方面为作为弱势群体的学生设立反馈师德问题的畅通渠道，另一方面也要建立健全研究生导师权益保障机制，明确导师合法权益，全面、客观、公正地评价师德相关事件。

二、冲突最大可能来自"功利"和"放任"

（一）从指导风格来看，博士生对专制型和放任型导师满意度最低，冲突最大

但即使不满，大部分学生都会选择忍耐适应而不是沟通，因为学生在师生关系中处于弱势地位。造成情感淡漠和师生关系异化的主要原因有两个，一个是"功利"，一个是"放任"，二者构成了师生关系天平的两端。"功利"主要体现为师生在发表论文署名上存在利益冲突、导师指导方式太过严苛而缺乏信任和鼓励等。这可能是双方共同作用的结果，一方是想把学生科研成果占为己有、不能公正体现学生贡献的导师，或者把学生当作完成课题的工具却疏于指导；一方是把博士学位当成平台或跳板而非真正抱有学术追求的学生。"放任"则主要源于导师在履行指导责任上的缺失，存在的问题主要是太忙而没有时间指导、远离科研一线而无法指导，或者导师将研究生指导摆在其工作优先排序的末端。造成这种状态的原因本质上也是功利主义，博士生指导在导师评价制度中的重要性没有得到充分体现，使得导师不重视博士生培养质量；担任行政职务的导师即使疏于指导，也不乏大量学生报考，因为博士生在选择导师时体现出"期待其身份地位、资源给自身发展带来潜在好处"的功利性目的。

（二）导师在师生关系中扮演的角色是相当复杂的，需要了解不同学生的特点以因材施教

这些角色存在递进的层次，基本角色是每个导师都需要做到的，有些角色可以视情况而选择，达到的层次越丰富完整，构成的导师形象越理想。最重要和基本的角色是"问题解决者"和"引导者"，即要求导师在学生的研究遇到问题时能帮助解决，指引方向并给出具体的反馈。研究还发现，师生合作发表有助于促进博士生社会化，成长为独立研究者。进阶角色包括："教练或师傅"，即要求导师有丰富的经验和深厚的学识，当学生在某些知识或技能方面存在缺失时手把手地给予教导；"赞助者"，即导师能够为学生提供经费支持，或以其社会资本如人脉和影响力等帮助学生获取发展机会；"情感支持者"，即导师关心学生，能给予学生情感支持和精神鼓励。高层次的角色包括："聆听者和观察者"，即能够试图去了解、尊重、接受和鼓励学生的目标和兴趣，根据学生的个人表现因材施教；"楷模"，即通过身份认同形成学术上成功的榜样，以身教的方式让学生学会做人和做事。导师专业发展的过程，就是在这些角色扮演上越来越成熟，或者越来越有经验和资源能够扮演好这些角色，最后达至炉火纯青

的境界。

（三）"尊师重道"仍然是师生关系的底色，但尊师为父的内涵更应是"呵护"与"关照"而不是"专制"与"控制"

没有对所有人来说都有效的指导模式，对于某个博士生合适的指导模式对其他人来说就不一定合适；导师对不同特点或不同阶段的研究生可能采用不同的风格，但对于学生的不同需求不一定有能力提供所有帮助。然而，博士生较为认可的导师指导风格是民主权威型和自由探索型，最希望导师扮演的角色是亦师亦友的引导者和科研伙伴式的合作者。博士生最不希望导师成为"老板—雇员式"的支配者，虽然对于导师作为"家长式的权威人物"可以接受，但仍然期望师生之间能够有更趋平等的师生关系，这种关系与美国大学中强调的契约式关系还是有所区别。中国传统文化讲究"中庸之道"，师生关系不是越亲密越好，大部分博士生理想的师生关系是"不需要太亲近，也不要太难以接近"，导师就是导师，"师生之间有着天然的差距，是注定做不了朋友的"。既然朋友关系可遇不可求，将导师应尽的职责履行好才是最重要的。导师要在秩序中维持较高的地位，就要以更高标准规范自己的言行，遵守专业伦理，才能发挥模范的功能。导师和博士生之间天然存在权力关系不对等，这种"有责任的不对等"比完全的"契约式平等"可能更加有利于导师引导作用的发挥，有利于学生个人的成长。

三、导师的人格特征通过身教对博士生培养产生重要影响

（一）心理学中"人格"的概念和教育学中"身教"的概念是紧密联系在一起的，即身教是以导师的人格影响学生的成长

身教的前提是"修身"，也即导师自身的人格在社会道德底线的基础上朝"师者"的理想境界不断完善，同时教师以自身行为为学生提供示范，影响学生的人格养成和社会化过程。根据大五人格理论框架进行分析，外倾性和宜人性人格出现的频率最高，可信性和神经质次之，开放性出现的频率最低。学生谈及导师开放性人格的内容很少，这可能是因为开放性人格展现的是导师是否有能力指导学生，而学生认为自己没有资格评价这一点，唯有信任具备指导资格的博士生导师在专业水准上完全达标。外倾性包含"外倾"和"内倾"两个维度，从文本分析看，导师具有乐观、果断、善交流等"外倾"特征更有利于博士生培养。宜人性也包括"接受"和"拒绝"两个维度，显然导师具有信任、移情、利他等"接受"特质更有利于博士生培养。可信性涉及博士生认为导师

是否可信赖，即导师自身的认真敬业程度，文本分析中以正向表述为多，可见导师在自律与勤奋上基本无可挑剔。神经质主要出现在负向特征中，表现为情绪的不稳定，但本研究在情绪稳定性之上还有一个本土化的发现，即"言行一致性"也是神经质的重要判断标准，导师是否言行一致会影响博士生培养。

（二）"身教重于言教"，导师身教对博士生人格修正和社会化产生重要影响

"身正为范"要求导师做到知行合一，将做学问、为人和处世统一起来。正是因为研究生培养中师生关系的亲近程度远超本科生的师生关系，就使"身教重于言教"成为研究生指导的突出特点。从这个意义上说，研究生导师所教的知识不止局限于书本，而且体现在道德品格的培育和社会责任的担当，将做事、做人与做学问统一起来。"亲其师信其道"，导师首先要亲近学生，他的"传道"才能发挥最大化的功效使学生毕生追随导师，不只是靠学识和专业影响力，并且是靠人格魅力和以身作则。学生需要导师不仅在学术上指导，并且关心学生成长和身心健康发展。中国传统文化强调师德，这一概念因有师道的价值诉求和对个人内在品德的重视，含义比只强调准则规范的学术道德广泛（徐岚等，2010），导师通过身教的方式使博士生社会化具有了德育的维度。德育被明确地包含在导师指导任务之中，或者说指导中隐含的德育是一种扩大化了的教育教学过程。

导师身教发挥作用的途径主要有三种：一是规范，即引导学生遵守学术规范与学术道德；二是评价，即给予学生公正客观的评价、不滥用权力；三是塑型，即做出为人正直、处世有原则的榜样。这三个方面是交织在一起的，并有层次的递进，从而使身教被赋予了道德教育的意涵。导师在学术上严谨、遵守学术规范会对博士生的研究品质产生直接影响。相反，导师为了功利目的而不能秉持公正的态度会磨灭学生对于科研的热情和对师德的信仰。导师对学术道德的态度不仅影响其学术行为表现，更是导师人格和胸怀的体现。导师的人格与品德还体现在对毕业条件的把控上不滥用权力，对博士生在读期间的工作给予公正客观的评价，这是博士生指导非常特别的地方。导师在个人品格上为人正直、处世有原则也会对学生产生潜移默化的积极影响，塑造或修正学生的人格。体现在博士生师生关系中的重要一点就是不以导师身份使唤学生做私事，但又能够在与学生发展相关的活动中给予学生拓展人脉关系的机会。此外，导师对待金钱、工作和生活，以及对待人际关系的态度也会影响学生的世界观、人生观、价值观。

（三）师生关系影响博士生学业完成和个人成长

师生关系与导师的指导风格有关，在一定程度上也和学生的态度和特点有关。关于什么是恰当的师生关系并无定论。我们常将一个导师指导的研究生团队称为"师门"，这个词和英语中的"protege community"（Levinson, et al.，1978）类似，意味着被德高望重如家长一般的导师保护，视导师为负责任的、值得尊重的家长。在博士生教育阶段，师生之间个人指导的亲近关系更是决定了"师门信仰"的重要性，这也使得中国式"亦师亦友"的师生关系十分特别。同时，师生关系在博士生生涯的不同阶段可能是不断变化的：刚入学作为新手的时候，导师的家长式权威更为凸显；当学生慢慢积累了知识和技能，发展了自主性和建立起身份认同的时候，他所期待的师生关系可能更倾向于同事或朋友。部分学生期待与导师形成亲如父子般的关系，与中国文化"一日为师、终身为父"的传统有关，但父子关系容易将导师的责任无限扩大化，造成学生的心理落差和导师的负担。而美国的师生关系伦理原则不崇尚父母子女式的师生关系，认为导师扮演父母角色是不恰当的。导师需要协调作为学术人的专业化人格与私人化身份之间的张力，建立起师生交往的道德行为守则和指导行为界限，师生之间的个人关系不应当过分亲密，应保持一定距离不逾矩。为此，应当试图建立起导师和学生交往的道德行为守则，规定合适的指导行为界限。

第三节　启示与建议

一、加强导师指导过程中对"人"的关注

博士生指导需要同时兼顾促进专业知识发展和对人的关心这两个维度。然而现实中导师对科研产出和效率的强调与对人的教育和培养常常是冲突的。大部分导师对学生关心的缺失，使指导慢慢形成了一个"仅限于学术"的边界，在小部分情况下（放任型导师、不满型导师）甚至连基本的学术指导都缺失了，学生得出要"靠自己"的结论，其实是在导师指导缺位情况下无奈的结果。导师能履行学术指导的职责，学生觉得"这样已经很好了"，若导师还能关心学生、走进学生的生活，学生就觉得"完全超出预期"，"这样的好导师打着灯笼都难找"。但反过来说，预期和现实的强烈落差会产生许多问题，耐挫力强的学

生可能只是"对学术丧失兴趣"，或者在博士生社会化的过程中形成"学术圈就是如此功利、要适应规则"的想法，更严重的是承压力不足的学生容易产生精神障碍，或者在导师的"习惯性为难"中与导师完成为了获取学位的利益交换。导师指导忽视"关心人"的维度会使学生在心理情感和精神支持上的基本需要得不到满足，从而产生严重的后果。由于科学研究的特性，博士生的耐挫力对于顺利完成学业确实是重要的。尽管我们希望博士生在入学之前已经养成这种性格特质，但事实上却是博士生的心理健康问题在多种因素共同影响下被激化了。导师不必然要成为心理学专家，但知晓如何发现和应对学生的心理问题是导师职业素养和"关心人"的体现。

首先，高校要重视观念上的塑造，树立"过程主导"的高等教育质量观。质量归根到底是人的发展过程，要尊重人的价值，发挥人的主观能动性（刘振天，2013）。功利主义的氛围已经在很大程度上压缩了研究生自我决定的空间，因此要在一定程度上发展研究生对学习和研究的主动性，也在师生关系冲突中提升研究生权利保障的意识。其次，高校要注重制度上的建设，对导师行为规范提出底线要求。仅仅将师德师风作为一票否决的指标还不够，应该明确什么是不可逾越的红线。因为导师的身教涉及道德行为，特别需要制度规范的保障：一方面要提高物质待遇作为强化师德的支撑条件，另一方面要通过完善制度为师德不端行为、师生关系纠纷建立透明的争端处理机制，厘清相关部门的责任清单，不能使多部门齐抓共管变成无人主管。最后，导师的身教更重要的是把外在的道德规范内化为个体的道德品质，而研究生再通过模仿和内化承袭导师对其社会化的影响。因为"道"是具有历史性的概念，它在当前特定历史阶段指向社会主义核心价值观，所以导师除扮演学业上的"指导者"，还要扮演特别重要的"引路人"角色。学业指导常采用的是导师比较熟悉的教学型对话模式，主要是传授知识、方法和经验等显性知识；生活辅导常采用的是日常型对话模式，主要是为了满足情感交流和认同的需要，导师只要树立起指导的个人导向意识，还是容易胜任的；价值引导常采用的是思想型对话模式，主要作用是道德塑造和创新精神的培养，要靠教育者善于把握主题、掌握引导时机、言传与身教相结合来实现，也与导师自身的人格有关，比较需要通过专业发展来提升导师作为"引路人"的能力。

二、一方面完善导师培训体系，一方面加强对博士生选择导师的引导

博士生科研能力的提升与导师指导能力有很大的关系，因此，应该从导师

培训入手提高指导质量。完善导师培训体系不仅只是面向新导师做政策宣讲，而且要使导师对师德规范和如何指导研究生贯穿其职业生涯发展的全过程。根据本研究的发现，导师培训内容上至少应包含四个方面：学习师德与学术道德的相关规范，结合大数据分析本校研究生的特点，了解导师指导风格对研究生培养质量的影响及评测自身的指导风格，了解研究生心理健康问题及探讨导师可以在师生关系之个人关系维度上扮演的角色。从培训形式上说，将单一的讲座改为交流性高的沙龙、午餐会、工作坊、研习营等形式，或结合利用新的社交媒体来进行，构建导师之间交流指导经验的平台以及导师和研究生交流对话的平台。扩大师德培训的覆盖面，不仅关注青年教师，并且吸引职业高原期、生涯中后期的教师参与。这就要引入教师专业发展领域的专家，设计内容切近职业生涯发展实际、形式多样的培养方式，以提高效果为先非以增加频率为先。培训活动中应充分体现出对教师主体性的尊重、对实践智慧的看重，不是采取直接灌输，而要注重教师专业伦理培养的实践性和渐进性。一方面进行事先调查，了解教师工作中遇到的真实问题和实际需求；另一方面提供个性化的服务，促进道德反思，提升道德能力。在实践过程中，通过与导师共同探讨、解决由道德反思引起的问题，支持导师把道德冲突转化成积极影响，还可能由此推动学校相关规章制度的改进与完善。

通过优化选择导师的过程促进导师和博士生在指导风格、人格上的匹配非常重要。在选导师环节就应尽可能解决信息不对称的问题，使学生根据自己的特点和需要去匹配导师，尽可能减少因性格不合、预期不符等问题带来的冲突。但由于真正的双向选择并未实现，学生实际上很少有机会提前感知导师人格和指导风格，遇到学术佳、人品好、指导风格适合自己的导师只能靠"碰运气"，遇到德行不佳甚至有师德不端行为的导师也只能"调整自己""更认命"。博士生也提出一些有趣的辨别方法，例如看老师上课是否认真、感受其教学风格、打听口碑，看实验室按时毕业率等。但更重要的是完善转导师制度和导师组指导制度，使矛盾有化解的渠道或使权力分散制衡，通过制度对导师的权力有所制约。此外，研究也发现导师身教发生作用的途径与师生关系紧密相关，因此研究生可以努力在师生交往与对话中使导师改变自身的负向人格特征，提高指导质量。导师是否接受学生意见、指导方式以批评还是鼓励为主、在论文署名上是否公正地反映学生的贡献，是我们在师生关系中特别需要关注的。反过来看，读博也是对博士生人格的考验，有一些特质如"韧性/耐挫力""自我约束力""主动沟通""独立性""创造性"等是学术生涯特别需要的。到了博士生阶段才去养成这些人格不免为时已晚，在入学选拔中甄别具有适合从事学术职业之人格特征的学生就显得很重要，并且要通过中期考核机制为不适合读博的学生提供分流的途径。

三、宏观层面以整体视野推进师德建设，微观层面以完善人格塑造品德

师德问题从现象层面看是教师自身的职业道德问题，从根本上看却是一个深刻的社会问题。社会价值取向会引导高校师德发展的总体方向，价值观是通过制度所表达的伦理精神来实现的。教师的经济利益、评价制度、社会风气等都是高校教师道德生活的基础，这些因素都应被纳入高校师德建设的整体视野，同道德教化、人文关怀等德性伦理路径形成合力。学校应建立师德建设机制，形成由校党委直接领导、职能部门牵头、基层单位（学院）具体落实的"三位一体"师德建设管理体制，设立专项资金，加强保障力度。应关注教师的发展诉求，激发教师的使命感和责任感，在管理上柔性和刚性相结合，既形塑道德理想、学术职业认同，又通过外在约束形成教师道德自觉的习惯，增强其自我控制能力。在师德师风问题上，制度是需要的，但规范本身不构成高校师德建设的最终内容。对"师德失范"的判断要谨慎，规范化绝不等同于师德标准政治化，也不能被唯一化，而应放在具体情境中，比较适合以"判例法"的方式进行公序良俗的判断。

通过"修身"完善人格，通过完善人格塑造品德。人格虽然是比较稳定的特质，但它是后天形成的，可以通过"修身"来改变。人格具有道德意涵，品德是在个体社会化的过程中形成的。品德和人格属于德性伦理（或称美德伦理）的范畴，需要靠道德主体的自律来达成，因此适合采取"仰高"的策略，即发现师德模范的力量，通过各种渠道的宣传学习使导师认识到什么是"理想导师"的样子。只有先树立崇高师德导向，帮助导师形成"学术是一种志业"的价值追求，完成从经师到人师的角色定位转化，才能够使导师自觉完善品德和人格，履行全方位全过程培养人才的责任。但在树立师德典范的过程中，也要丰富评选方式，使教师充分参与进来，体现对教师专业伦理的坚守，体现教师对自身人格完善的努力，而非把师德典范塑造成难以企及的私德圣人。引导导师意识到人格特征对博士生指导的影响，可以帮助其自觉地反思。同时，导师对博士生精神世界的塑造不是简单粗暴的，而是通过外显或内隐的指导活动影响博士生的人格，它是理性的道德教育，即在多元情境下理性地思考、合乎道德地行

动，而不是具体道德规则的灌输。

四、从根源上改变功利化的评价考核制度

反思制度怎样使得导师和学生把功利化作为生存之道是十分必要的，改善博士生培养质量可以从以下三个方面着手。首先，改革导师的聘任与考核评价体系，明确导师职责，体现指导学生质量在评价体系中的重要性。对教师鞭笞太过、对"帽子"强调太甚的制度，可能让教师把科研压力转嫁到学生身上，而让教师更有尊严的人性化的制度，也会使教师在对待学生时更有温情，在专业之外提高对学生个人发展的关注。此外，在成果导向的科研评价制度无法完全改变的情况下，也可以通过完善"首席负责制"的方式，在实验室建立起以博士后为科研主力、导师组合作指导博士生的制度。当然，这也涉及我国博士后制度的完善。其次，从制度上推动导师和博士生之间的交流沟通。师生风格错配、期待与实际的不一致是影响指导效率和培养质量的重要原因。因此，要建立博士生培养质量的追踪调查机制，摸清博士生情况，建立数据库，了解博士生对培养过程的满意度，并通过导师培训等路径将信息及时反馈给导师，使导师认识到学生期待和导师期待的差距以及学习有效沟通的方式。对于控制型和放任型的导师，特别需要在管理上加以注意，适时地通过加强对培养环节的制度化要求来介入其中。最后，建立师生关系纠纷处理机制，努力做到透明、专业、高效，保障师生双方利益。应设立由多方利益相关者组成的委员会，使学生的权益通过公开、透明的投诉处理机制得到保护。当不端行为发生时，按照程序启动质询和调查程序，审理权和裁决权分离，被指控者也有权对调查人员的选择和最终结果提出异议。应增强对弱势群体的关怀，在师生冲突纠纷中妥善安排导师的变更、退出，保障师生双方的合法权益，部署相关部门安排受害者后续的学业、心理辅导等措施。对于指导缺失或在师生冲突中负有主要责任的导师采取约谈、限招等措施，同时也保障导师的合法权益。

应当从伦理规范角度进行具体化的评价指标设计，从履行学术责任的"应然"角度指导对"实然"的评价。应充分结合他律和自律，采用多元主体评价的方式进行，提供多维度的依据。优良道德是外在善和内在善共同作用的结果，但通过外在善，即强化考核结果对奖优惩劣的作用，有助于形成良好的校风、师风、学风，而形成良好的道德风气能够降低道德行为的成本，使人走向内在善。值得注意的是，导师是研究生指导的第一责任人，但不应该是无限责任，

使学生在师生之间发生纠纷时把责任完全推卸到导师身上。导师的正当利益也应该得到保护。在价值主体多元化的时代背景下，有限的道德责任成为道德主体的基本意识，导师逐渐形成一套自己对道德标准理解的意义系统。过分强调理想的师德标准，会使师德建设缺乏可操作性，从形成恰当的指导风格、构建良好的师生关系上着手则比较容易使师德落地。师生关系的形成是两方面共同作用的结果，导师作为师德主体，应允许其有选择的自由和因材施教的多样性，同时也需要使研究生通过入学指导来了解博士生涯的特点及师生交往中的注意事项。在完善监督处理机制上可以尝试建立师德档案袋制度，这种质性评价方式重视过程的积累而非终结性的量化评价，不容易给教师造成压迫感，也能够比较公正地维护师生双方的利益。

五、从专业伦理的视角建立研究生导师指导职责和伦理规范

为解决师德失范、学术不端等问题，健全高校师德评价制度、发挥制度规范约束作用已成为共识，但师德的考核评价成为推进中公认的难点。这可能是因为"师德"的概念停留在"弘扬高尚师德"的层面已久，形成了一种因抽象带来的飘浮感，在人才培养各环节对师德的要求不够具体，处理程序不够规范，评价较难落到实处，影响了师德建设效果的达成。从"专业伦理"视角重新理解高校教师师德，根据其角色和职责制定处理不端行为的相应做法，能够体现出明确性、规范性、专业性的特点，是使立德树人落地的重要途径。

首先，为研究生提供有效的指导及建议，是导师教学职责的重要组成部分。要求导师帮助学生发展期望的学术和专业技能，及时、定期和建设性地为学生提供反馈；协助学生有效利用大学资源并遵守大学的政策；鼓励学生参加学术会议，发表研究成果；为学生提供职业发展、心理辅导等支持。导师除了作为智力向导，还要适当肩负辅导咨询的角色。导师的一些角色是辅导员等其他教辅人员所不能取代的，例如为学生提供实习机会、拓展学术网络、给予职业选择的建议等。

其次，导师在研究生科研方面的指导，特别强调对研究生科研品味和学术规范的培养。一是导师应成为研究生学术上的榜样，秉持严格的学术标准，致力于追求真理、传播人类知识，持续地进行批判性思考。二是认真指导研究生的学位论文，并根据研究生的兴趣与优势来沟通确定研究选题，并且通过口头教育、身体力行的方式帮助学生形成负责任的研究行为。三是不侵犯研究生的权益，承认学生在论文成果、出版物或版权、专利申请中所做的贡献，共同维护学术自由。

再次，在导师进行为社会服务的"外部专业活动"时协调导生之间的利益冲突，保障研究生权益。与其"一刀切"地规定导师不得在校外企业兼职或开办公司，不如通过分类界定活动类型、提交年度报告等措施来降低利益冲突的风险。向美国高校学习通过详细报告的校外活动花费时间去判定是否"影响教育教学本职工作"，也通过利益再分配来调解冲突和避免过分趋利行为。导师校外兼职兼薪活动不仅要遵守学校有关政策，而且当其使用研究生用于获取外部利益时需要向有关部门报备。

最后，承认并尊重师生关系的机密性。由于导师和研究生之间存在特殊的不可避免的密切接触，因此特别要求导师恪守不得剥削、歧视、性骚扰研究生，不得与研究生建立不正当性关系的伦理规范，以相互尊重的态度进行师生交往。可以学习美国高校的做法，对出于自愿的师生恋应做出必要处理，例如把指导该研究生的职责转给其他导师或团队，该教师回避参与和该研究生相关的决策、评价、咨询等工作，或额外增加一个高层次监督者的角色。

第四节　未来研究展望

改完书稿的这一天，恰逢首次全国研究生教育会议召开，这注定是一个历史性的事件，意味着新一轮研究生教育改革将要启动。国家即将出台《关于加快新时代研究生教育改革发展的意见》，以及配套的《专业学位研究生教育发展方案（2020—2025）》《研究生导师指导行为准则》等一系列指导文件。由此可见，研究生导师尤其是博士生导师的指导被摆在提升研究生教育质量之首要位置，导师队伍建设仍然是未来一段时间研究生教育改革的工作重点。回首五年来为了这项研究而投注的心血，愈发觉得付出的努力都是值得的。这项研究正好处于我国研究生教育的关键性变革时期，前期研究开始于 2015 年，即"十二五"规划的收官之年，正式研究则横跨整个"十三五"，从 2016 年开始访谈，到书稿完成时已是 2020 年。研究团队也作为改革实践者积极地投身于改革的潮流之中，边研究边把一些成果应用于改革的实践，一边占据着"天时"（国家改革的红利），一边见证着历史（改革的艰辛努力在时间中开花结果），能够最终把这一切付诸文字无疑是十分幸运的事情。

虽然研究的切入点是师生关系，视角是明确的、问题是有针对性的，但我承认在整个研究的推进过程中，研究者的"野心"被一步步激发出来，试图围绕着整个培养过程来探讨研究型大学博士生质量的影响因素。因此，研究的内容从博士生的读博动机与准备、导师的指导过程与关注、导师的人格与身教，到导师的指导风格与师生关系类型，几乎涵盖了指导过程的全部要素。从研究方法上看，尽管工作量十分巨大，但研究者做到了量化研究与质性研究的有机融合，做了研究工具（问卷量表）的本土化发展和重新修订工作，并且为了追踪对比，把博士生新生预期和毕业生满意度都纳入了研究。可以说，研究按计划圆满完成，并且项目立项时预期的几个难点基本得到了克服。

首先，本研究充分梳理了相关文献，总结提出了可信赖的理论框架，并在理论框架的基础上对导师指导模式和师生关系进行了基于一手资料的经验性研究（empirical research），对于博士生指导过程要素做了全面探讨，界定导师的角色定位与职责、划分关系类型、了解学生对导师指导的满意度及其影响因素。其次，本研究通过量化研究和质性研究资料的相互补充、彼此验证，建立起了比较一致的、被普遍接受的导师指导风格和师生关系分类标准和特征总结，并对指导风格和师生关系类型之间的关系也做了研究，量化研究工具信效度高，质性研究分析严谨可靠。最后，本研究对一些相关的概念和实践工作也做了探究，主要包括"师德""人格""身教"的概念，以及导师培训、博士生中期考核等实践工作。研究者以深度访谈来克服师生关系研究因涉及"私密性""个人化"的经验而带来的困难，尤其是在导师身教如何在博士生培养中发挥育人功效的问题上取得创新性的进展。

今后还可以深入开展的研究包括：第一，一些概念需进一步进行理论研究。例如，本研究发现博士生的人格塑造与修正受到导师身教的重要影响，且这一群体的心理健康存在较突出的问题，是一个紧迫的、值得深入探究的领域，在今后的研究中可以将心理健康教育、思政素养教育与对研究生个人成长和育人规律的研究结合起来。第二，测量工具的使用范围可以进一步扩大。本研究修订的问卷主要针对导师指导风格和师生关系的测量，将来可以拓展到围绕立德树人如何衡量的问题建立评价指标体系，落实师德评价机制，围绕博士生培养全过程建立内部质量保障体系。不过，从测量到评价需要经过从学术目的到管理目的的转化，怎么把学术研究的发现和管理上的改进工作结合起来是值得探索的。第三，研究对象的侧重点从学术型向专业型转化。随着学术学位研究生培养制度的逐步完善，国家将下一步改革的焦点放在了专业学位研究生培养上，结构调整蓄势待发，专业博士教育的战略意义凸显。因此，亟须对专业学位研究生培养中的导师指导和师生关系开展研究，形成特色化的专业学位导师制和相应的培养模式。第四，从学术研究到为政策制定和改革实践服务。经验性研究的数据从田野中来，最终还应该回到实践中去。研究者已经对学制改革、博士生中期考核分流制度的实施成效进行了行动研究（徐岚等，2017，2018）。如何用行动研究的方法推动研究生教育改革仍是今后研究应当努力的目标。例如，通过导师培训建立专业发展体系和经验交流平台，通过始业教育加强对博士生选择导师的指导，通过淡化身份、实行岗位管理完善博士生导师资格遴选制度等，这些政策的实施可以在今后继续通过行动研究来评价和改进。

参考文献

一、中文参考文献

1. 包水梅，杨冰冰.基于内容分析法的研究生导师指导风格概念模型构建 [J].学位与研究生教育，2019（02）：12-18.

2. 陈洪捷，等.博士质量：概念、评价与趋势 [M].北京：北京大学出版社，2010.

3. 陈洪捷，赵世奎，沈文钦，等.中国博士培养质量：成就、问题与对策 [J].学位与研究生教育，2011（06）：40-45.

4. 陈晓梅.角色期待与呼应：新情况下研究生导师的角色变化 [J].研究生教育研究，2016（01）：70-74.

5. 范皑皑，沈文钦.什么是好的博士生学术指导模式？——基于中国博士质量调查数据的实证分析 [J].学位与研究生教育，2013（03）：45-51.

6. 冯晖.美国研究型高校教师教学发展机构的案例研究 [J].外国教育研究，2016，43（06）：95-104.

7. 高鹏，李媛，张伟倩.关于导师与研究生关系的调查和实证分析 [J].高教管理，2007（04）：144-147.

8. 巩亮，张万红，李卿，等.研究生科研能力影响因素实证研究 [J].学位与研究生教育，2014（12）：50-57.

9. 顾丽娜，刘家骥，蔡继红.研究生导师遴选体系构建与实践——天津大学基于学术自治的改革 [J].学位与研究生教育，2018（06）：27-32.

10. 郭丽君，胡何琼.自主与控制：研究生导师制度剖析 [J].学位与研究生教育，2015（09）：6-9.

11. 胡科，陈武元.高校学术不端行为治理的国际经验及其启示——以斯坦福大学、剑桥大学、东京大学为例 [J].东南学术，2020（06）：40-48.

12. 金薇吟，和天旭. 导师学院：生成因·功能质·机制群——以哲学视角观照苏州大学的实践探索 [J]. 学位与研究生教育，2015 (09)：20-24.

13. 老子. 道德经 [M]. 西安：陕西师范大学出版社，2018.

14. 李春根，陈文美. 导师与研究生命运共同体：理念与路径构建 [J]. 学位与研究生教育，2016 (04)：55-59.

15. 李海生. 导师指导中不当行为的主要表征及防范对策——基于对4521名研究生导师的问卷调查 [J]. 学位与研究生教育，2019 (04)：12-20.

16. 梁社红，刘艳，朱婉儿，等. 导学关系困扰类型分析及对策研究 [J]. 学位与研究生教育，2018 (05)：50-54.

17. 林杰. 美国大学校园反性骚扰的政策与个案研究 [J]. 高校教育管理，2015 (02)：66-71.

18. 林杰. 大学教师利益冲突的理论问题 [J]. 江苏高教，2019 (05)：22-27.

19. 林伟连，吴克象. 研究生教育中师生关系建设要突出"导学关系" [J]. 学位与研究生教育，2003 (05)：26-28.

20. 刘成竹，党永杰. 基于"标准、监管、评估、服务"的研究生导师队伍建设研究——以华中师范大学为例 [J]. 学位与研究生教育，2017 (04)：22-25.

21. 刘云杉. "人类灵魂工程师"考辨 [J]. 北京大学教育评论，2006 (01)：19-32.

22. 刘振天. 论"过程主导"的高等教育质量观 [J]. 北京大学教育评论，2013 (03)：171-180.

23. 刘志. 研究生导师师德建设难题如何破解？[J]. 学位与研究生教育，2019 (11)：26-32.

24. 罗向阳，支希哲. 以科研为主导的导师负责制和资助制的制度困境及其对策 [J]. 学位与研究生教育，2010 (02)：16-20.

25. 马永红，吴东姣，刘贤伟. 师生关系对博士生创新能力影响的路径分析：学术兴趣的中介作用 [J]. 清华大学教育研究，2019 (06)：117-125.

26. 侯志军，何文军，王正元. 导师指导风格对研究生知识共享及创新的影响研究 [J]. 学位与研究生教育，2016 (02)：62-67.

27. 蒙艺，罗长坤. 学术导师领导力与研究生创造力：直线相关还是曲线相关？[J]. 复旦教育论坛，2015 (03)：27-33.

28. 彭湃. 情境与互动的形塑：导师指导行为的分类与解释框架 [J]. 高等教育研究，2019（09）：61-67.

29. 申超，邢宇. 如何建设研究生导师队伍？——基于墨尔本大学的案例考察 [J]. 学位与研究生教育，2019（09）：72-77.

30. 宋晓平，梅红. 博士生培养过程中师生互动关系研究——基于博士研究生的视角 [J]. 中国高教研究，2012（08）：51-54.

31. 檀传宝. 教师的道德人格及其修养 [J]. 江苏高教，2001（03）：75-78.

32. 檀传宝. 学段特性与教师伦理的时间之维 [J]. 教育研究，2020（12）：14-17.

33. 田贤鹏. 研究生导师的动态管理机制研究 [J]. 学位与研究生教育，2016（05）：33-37.

34. 王东芳. 博士教育中师生科研合作的学科差异 [J]. 高等教育研究，2014（02）：48-53.

35. 王东芳. 博士教育中的师生关系：学科文化视角的解读 [J]. 比较教育研究，2015a（06）：57-63.

36. 王东芳. 培养学科看护者？——博士教育目标的学科差异 [J]. 复旦教育论坛，2015b（02）：18-24.

37. 王建梁，魏体丽，覃丽君. 我国研究生导师培训制度研究 [J]. 学位与研究生教育研究，2012（08）：23-25.

38. 王茜，古继宝，吴剑琳. 导师指导风格对研究生创造力培养的影响研究——学生个人主动性的调节作用 [J]. 学位与研究生教育，2013（05）：14-17.

39. 王雅静，田庆锋，蔡建峰. 导师自主性支持对博士生科研产出的影响机制研究 [J]. 学位与研究生教育，2016（04）：60-64.

40. 王轶玮. 英国顶尖研究型大学研究生导师制度及其启示——以牛津大学为例 [J]. 学位与研究生教育，2018（10）：71-77.

41. 王战军，李明磊. 研究生质量评估：模型与框架 [J]. 高等教育研究，2012（03）：54-58.

42. 吴杨，韦艳玲，施永孝，等. 主动性不同条件下导师指导风格对研究生创新能力差异性影响研究——基于九所大学的数据调查 [J]. 复旦教育论坛，2018（03）：74-79.

43. 许克毅，叶城，唐玲. 导师与研究生关系透视 [J]. 学位与研究生教育, 2000 (02): 59-62.

44. 徐长福. 实践智慧: 是什么与为什么——对亚里士多德"实践智慧"概念的阐释 [J]. 哲学动态, 2005 (04): 9-14.

45. 徐岚, 卢乃桂. 研究型大学师德建设的途径 [J]. 教育研究, 2010 (07): 88-94.

46. 徐岚. 师父、师傅还是老板? ——从教师角色看研究型大学师生关系 [J]. 高校教育管理, 2013 (03): 33-40.

47. 徐岚, 陶涛, 吴圣芳. 以学制改革为切入点的研究生培养方案修订——厦门大学的行动研究 [J]. 高等教育研究, 2017 (01): 37-47.

48. 徐岚, 陶涛. 督促还是淘汰: 博士生中期考核机制形成及其实施效果研究 [J]. 高等教育研究, 2018 (05): 74-81.

49. 徐水晶, 龙耀. 中国研究生教育中导师与研究生关系问题研究 [J]. 现代大学教育, 2016 (05): 80-87.

50. 杨国荣. 论实践智慧 [J]. 中国社会科学, 2012 (04): 4-22.

51. 姚林, 王建梁. 研究生导师"专业化"如何实现? ——澳大利亚高校研究生导师专业发展项目研究 [J]. 学位与研究生教育, 2018 (08): 7-12.

52. 姚琳琳. 研究生导师职责的探讨 [J]. 高教探索, 2018 (02): 84-90.

53. 袁康, 王颖, 缪园, 等. 导师科研活跃度和学术地位对博士生科研绩效的影响 [J]. 学位与研究生教育, 2016 (07): 66-71.

54. 张静. 导师与研究生之间的和谐关系研究 [J]. 中国高教研究, 2007 (09): 19-22.

55. 张伟, 段世飞. 美国大学校园性骚扰行为及其应对机制研究 [J]. 比较教育研究, 2017 (04): 91-98.

56. 赵汀阳. 伦理的困惑与伦理学的困惑 [J]. 道德与文明, 2020 (03): 5-16.

57. 郑爱平, 张栋梁. 立德树人根本任务指引下研究生导师师德建设研究——基于 12 所高校 1496 名师生的调查分析 [J]. 研究生教育研究, 2017 (04): 30-35.

58. 雅克·蒂洛, 基思·克拉斯曼. 伦理学与生活 [M]. 程立显, 刘建, 等译. 北京: 世界图书出版公司, 2008.

59. 亚里士多德. 尼各马克伦理学 [M]. 廖申白, 译. 北京: 商务印书馆, 2017.

60. 中国博士质量分析课题组. 中国博士质量报告［M］. 北京：北京大学出版社，2010.

61. 周光礼，等. 中国博士质量调查——基于 U/H 大学的案例分析［M］. 北京：社会科学文献出版社，2010.

62. 朱熹. 论语集注［M］. 北京：中国社会出版社，2013.

63. 许慎，段玉裁. 说文解字注［M］. 上海：上海古籍出版社，1988.

64. 屈守元，常思春. 韩愈全集校注［M］. 成都：四川大学出版社，1996.

65. 孙希旦. 礼记集解［M］. 北京：中华书局，1989.

66. 朱贻庭. "伦理"与"道德"之辨——关于"再写中国伦理学"的一点思考［J］. 华东师范大学学报（哲学社会科学版），2018（01）：1-8.

二、英文参考文献

1. ACKER S, HILL T, BLACK E. Thesis supervision in the social sciences：managed or negotiated? ［J］. Higher Education，1994，28：483-498.

2. ALLPORT F G, ALLPORT G W. Personality traits：their classification and measurement［J］. The Journal of Abnormal Psychology and Social Psychology，1921，16（1）：6-40.

3. ANDERSON E M, SHANNON A L. Toward a conceptualization of mentoring［J］. Journal of Teacher Education，1988，39（1）：38-42.

4. AUSTIN A E. Preparing the next generation of faculty：graduate school as socialization to the academic career［J］. The Journal of Higher Education，2002，73（1）：94-122.

5. BARNES B J, AUSTIN A E. The role of doctoral advisors：a look at advising from the advisor's perspective［J］. Innovative Higher Education，2009，33：297-315.

6. BARNES B J, WILLIAMS E A, ARCHER S A. Characteristics that matter most：doctoral students' perceptions of positive and negative advisor attributes［J］. NACADA Journal，2010，30（1）：34-46.

7. BARNES B J, WILLIAMS E A, STASSEN M L A. Dissecting doctoral advising：a comparison of students' experiences across disciplines［J］. Journal of Further and Higher Education，2012，36（3）：309-331.

8. CLEGG S. A case study of accredited training for research awards supervisors

through reflective practice [J]. Higher Education, 1997, 34: 483-498.

9. DENICOLI P. Doctoral supervision of colleagues: Peeling off the veneer of satisfaction and competence [J]. Studies in Higher Education, 2004, 29 (6): 693-707.

10. ELLIS M V, DELL D M. Dimensionality of supervisor roles: supervisors' perceptions of supervision [J]. Journal of Counseling Psychology, 1986, 33 (3): 282-291.

11. EMILSSON U M, JHONSSON E. Supervision of supervisors: on developing supervision in postgraduate education [J]. Higher Education Research & Development, 2007, 26 (2): 163-179.

12. ERKUT S, MOKROS J R. Professors as models and mentors for college students [J]. American Educational Research Journal, 1984, 21 (2): 399-417.

13. FOSSФY I, HAARA F O. Training Master's thesis supervisors within a professional learning community [J]. International Journal of Higher Education, 2016, 5 (4): 184-193.

14. FRANKE A, ARVIDSSON B. Research supervisors' different ways of experiencing supervision of doctoral students [J]. Studies in Higher Education, 2011, 36 (1): 7-19.

15. GARDNER S K, JANSUJWICZ J, HUTCHINS K, et al. Interdisciplinary doctoral student socialization [J]. International Journal of Doctoral Studies, 2012, 7: 377-394.

16. GATFIELD T. An investigation into PhDsupervisory management styles: development of a dynamic conceptual model and its managerial implications [J]. Journal of Higher Education Policy and Management, 2005, 27 (3): 311-325.

17. GOLDE C M. Should I stay or should I go? Student descriptions of the doctoral attrition process [J]. The review of Higher Education, 2000, 23 (2): 199-227.

18. BARTLETT A, MERCER G. Reconceptualising discourses of power in postgraduate pedagogies [J]. Teaching in Higher Education, 2000, 5 (2): 195-204.

19. GURR G M. Negotiating the "rackety bridge" —a dynamic model for aligning supervisory style with research student development [J]. Higher Education Research & Development, 2001, 20 (1): 81-92.

20. HEATH T. A quantitative analysis of PhD students' views of supervision [J]. Higher Education Research & Development, 2002, 21: 41-53.

21. HEMER S R. Informality, power and relationships in postgraduate supervision: supervising PhD candidates over coffee [J]. Higher Education Research & Development, 2012, 31 (6): 827-839.

22. HOCKEY J. Establishing boundaries: problems and solutions in managing the PhD supervisor's role [J]. Cambridge Journal of Education, 1994, 24 (2): 293-305.

23. IVES G, ROWLEY G. Supervisor selection or allocation and continuity of supervision: PhDstudents' progress and outcomes [J]. Studies in Higher Education, 2005, 30 (5): 535-555.

24. JOHNSON W B, NELSON N. Mentor-Protégé relationships in graduatetraining: some ethical concerns [J]. Ethics & Behavior, 1999, 9 (3): 189-210.

25. JOHNSTON S. Professional development for postgraduate supervision [J]. Australian Universities' Review, 1995 (2): 16-19.

26. JOSEPH P B. Ethical reflections on becoming teachers [J]. Journal of Moral Education, 2016, 45 (6): 31-45.

27. KAM B H. Style and quality in research supervision: the supervisor dependency factor [J]. Higher Education, 1997, 34 (1): 81-103.

28. KILEY M. Developments in research supervisor training: causes and responses [J]. Studies in Higher Education, 2011, 36 (5): 585-599.

29. LECHUGA V M. Faculty-graduate student mentoring relationships: mentors' perceived roles and responsibilities [J]. Higher Education, 2011, 62: 757-771.

30. LEE A. How are doctoral students supervised? Concepts of doctoral research supervision [J]. Studies in Higher Education, 2008, 33 (3): 267-281.

31. LI S, SEALE C. Managing criticism in Ph. D. supervision: a qualitative case study [J]. Studies in Higher Education, 2007, 32 (4): 511-526.

32. LUNA G, CULLEN D. Do graduate students need mentoring? [J]. College Student Journal, 1998, 32 (3): 322-330.

33. MAINHARD T, VAN DER RIJST R, VAN TARTWIJK J, et al. A model for the supervisor—Doctoral student relationship [J]. Higher Education, 2009, 58: 359-373.

34. MANATHUNGA C. Supervision as a contested space: a response [J]. Teaching in Higher Education, 2009, 14 (3): 341-345.

35. MARSH H W, ROWE K J, MARTIN A. PhD students' evaluations of research supervision: issues, complexities, and challenges in a nationwide Australian experiment in benchmarking universities [J]. The Journal of Higher Education, 2002, 73 (3): 313-348.

36. MCALPINE L, NORTON J. Reframing our approach to doctoral program: an integrative framework for action and research [J]. Higher Education Research & Development, 2006, 25 (1): 3-17.

37. MCCORMACK C, PAMPHILON B. More than a confessional: postmodern groupwork to support postgraduate supervisors' professional development [J]. Innovations in Education and Teaching International, 2004, 41 (1): 23-37.

38. MURPHY N, BAIN J D, CONRAD L. Orientations to research higher degree supervision [J]. Higher Education, 2007, 53 (2): 209-234.

39. O'MEARA K, KNUDSEN K, JONES J. The role of emotional competencies in faculty - doctoral student relationships [J]. The Review of Higher Education, 2013, 36 (3): 315-347.

40. ORELLANA M L, DARDER A, PEREZ A, et al. Improving doctoral success by matching PhD students with supervisors [J]. International Journal of Doctoral Studies, 2016, 11: 87-103.

41. PAGLIS L L, GREEN S, BAUER T. Does advisor mentoring add value? A longitudinal study of mentoring and doctoral student outcomes [J]. Research in Higher Education, 2006, 47 (4): 451-476.

42. PEARSON M, BREW A. Research training and supervision development [J]. Studies in Higher Education, 2002, 27 (2): 135-150.

43. ROSE G L. Enhancement of mentor selection using the ideal mentor scale [J]. Research in Higher Education, 2003, 44 (4), 473-494.

44. ROSE G L. Group differences in graduate students' concepts of the ideal mentor [J]. Research in Higher Education, 2005, 46 (1), 53-80.

45. WILDE J B, SCHAU C G. Mentoring in graduate schools of education: mentees' perceptions [J]. The Journal of Experimental Education, 1991, 59 (2): 165-179.

46. SCHROEDER D S, MYNATT C R. Female graduate students' perceptions of their interactions with male and female major professors [J]. The Journal of Higher Education, 1993, 64 (5): 555–573.

47. STOLTENBERG C. Approaching supervision from a developmental perspective: the counselor complexity model [J]. Journal of Counseling Psychology, 1981, 28 (1): 59–65.

48. SULLIVAN L E, OGLOFF J R P. Appropriate supervisor–graduate student relationships [J]. Ethics & Behaviour, 1998, 8: 229–248.

49. VANSTONE M, HIBBERT K, KINSELLA E A, et al. Interdisciplinarydoctoral research supervision: a scoping review [J]. Canadian Journal of Higher Education, 2013, 43 (2): 42–67.

50. ALLPORT G W. Personality: A Psychological Interpretation [M]. New York: Holt, Rinehart & Winston, 1937.

51. ANDERSON J. The Supervisory Process in Speech Language Pathology and Audiology [M]. Boston: College Hill Press and Little Brown, 1988.

52. BANDURA A. Social Foundations of Thought and Action: A Social Cognitive Theory [M]. Englewood Cliffs, NJ: Prentice Hall, 1986.

53. BECHER T. Academic Tribes and Territories: Intellectual Enquiry and the Cultures of Disciplines [M]. Bristol, Pa.: Society for Research into Higher Education: Open University Press, 1989.

54. BOWEN W G, RUDENSTINE N L. In Pursuit of the Ph. D [M]. Princeton, NJ: Princeton University Press, 1992.

55. BURGESS E W, BOGUE D J. Urban Sociology [M]. Chicago: University of Chicago Press, 1967.

56. CLARK B R. Places of Inquiry: Research and Advanced Education in Modern Universities [M]. Berkeley: University of California Press, 1995.

57. COLLINS N W. Professional Women and Their Mentors: A Practical Guide to Mentoring for the Woman Who Wants to Get Ahead [M]. Englewood Cliffs: Prentice Hall, 1983.

58. DENZIN N K, LINCOLN Y S. Handbook of Qualitative Research [M]. 2 nd ed. Thousand Oaks, CA: Sage, 2000.

59. DERLEGA V J, WINSTEAD B A, JONES W H. Personality: Contemporary

Theory and Research [M]. Chicago: Nelson-Hall Publishers, 1991.

60. ELLIS A, ABRAMS M, ABRAMS L D. Personality Theories: Critical Perspectives [M]. Thousand Oaks, CA: Sage, 2009.

61. KENNEDY D. Academic Duty [M]. Cambridge, Mass: Harvard University Press, 1997.

62. LARSEN R J, BUSS D M. Personality Psychology: Domains of Knowledge about Human Nature [M]. 2nd ed. New York: McGraw-Hill, 2005.

63. LEVINSON D J, DARROW C N, KLEIN E B, et al. The Season's of a Man's Life [M]. New York: Ballantine Books, 1978.

64. TAYLOR S, BEASLEY N. A handbook for doctoral supervisors [M]. London: Rutledge, 2005.

65. WISKER G. The Good Supervisor: Supervising Postgraduate and Undergraduate Research for Doctoral Theses and Dissertations [M]. New York: Palgrave MacMillan, 2005. 66. AUSTIN A E, MCDANIELS M. Preparing the professoriate of the future: graduate student socialization for faculty roles [C] //SMART J C. Higher Education: handbook of theory and research. Dordrecht: Springer, 2006.

67. GALLAGHER M. The challenges facing higher education research training [C] //KILEY M, MULLINS G Quality in Postgraduate Research: Making ends meet Adelaide: Advisory Centre for University Education, University of Adelaide, 2000.

68. GOLDBERG L R. Language and individual differences: the search for universals in personality lexicons [C] //Wheeler, L. Review of personality and social psychology. Beverly Hills, CA: Sage, 1981.

69. CGS. Ph. D. completion and attrition: analysis of baseline program data from the Ph. D. completion project [R]. Washington, DC: Council of Graduate Schools, 2008.

70. GAMSE B C, ESPINOSA L L, ROY R. Essential competencies for interdisciplinary graduate training in IGERT [R]. Arlington, VA: Abt Associates Inc., 2013.

71. WEIDMAN J C, TWALE D J, STEIN E L. Socialization of graduate and professional students in higher education: a perilous passage? [R]. ASHE-ERIC Higher Education Report, 2001, 28 (3). San Francisco: Jossey-Bass.

72. O'BARA C C. Why Some Finish and Why Some Don't: Factors Affecting PhD Completion [D]. California: The Claremont Graduate University, 1993.

后 记

2014 年，我感觉自己对大学教师学术职业的研究陷入瓶颈，从做博士论文的研究开始，接触这一领域八年了，也不是说"累觉不爱"，而是觉得不知道再往哪一块深挖更有意义。这个问题困扰了我很久，我一度往大学教师专业发展的方向摸索，但又觉得"教学学术"更多地把我导向了教学法，这和我当初学习教育行政与政策学专业的初衷实际是有较大偏差的。还有一阵我沉迷于读经典著作，对核心文本通识教育产生兴趣。阅读固然让人身心愉快，但充实自身的心灵与履行研究的本职工作，这两件事还没办法很好地融合。

也是在 2014 年，针对人文社科研究生在做学位论文时研究经费的匮乏，校研究生院计划为其提供专门的田野调查资助。恰好我教授"高等教育研究方法"这门课程多年，因而作为专家之一被邀请至研究生院参加座谈。我还记得当时座谈会上，身为生物学教授的研究生院院长问，到底什么是"田野"？我回答说："田野不一定是下农村，我做博士论文的时候，就曾经两次申请'田野基金'，如果没有香港中文大学研究院的资助，我不可能完成博士论文，因为没有一手资料的调查数据是毕不了业的。"院长说："我明白了，人文社科的'田野'就是理工科的实验室啊，所以'田野'可谓是人文社科博士生做出原创性研究成果的'希望之田野'！那你可否为研究生院起草一个田野调查基金实施方案？"

就这样，我与研究生院结下了不解之缘。恰逢厦门大学研究生院从 2014 年起开启博士生教育综合改革的序幕，在陶涛院长的"启蒙"下，我对许多研究生教育实践领域中的问题有了新的认识，并产生了浓厚的研究兴趣。至于怎么从大学教师学术职业研究领域转到研究生教育研究领域，我认为对博士生培养质量的研究就是一个极好的切入点。博士生不就是在导师的指导下开展科研工作、走上学术社会化的历程，而博士生导师不就是我熟悉的研究对象，他们的指导职责不就是我一直关注的大学教师学术责任的组成部分嘛！因此，《在功利与放任之间：基于师生关系视角的博士生培养质量》，这个题目就确定了下来。说干就干，2015年暑假，我在香港中文大学图书馆闭关一个多月，如同当年读博时准备资格考试那样，阅读了大量相关文献，对"师生关系"这个主题像着了魔一般，在沉醉中写完了社科基金申请书。

要特别感谢全国教育科学规划项目的资助。评审专家选择相信我，我便不能辜负这份信任。此后便是四年的研究工作。感谢陶涛院长给予我在研究生院挂职锻炼的机会，理论研究与实务工作的结合，使我的小宇宙能量好像迸发了。在研究生院工作的期间，我设计了毕业生问卷、导师问卷、课程评价问卷，经常往返于各个校区、各个学院，好像每一天都在找老师和学生访谈，好像每一天都在努力生长、努力发芽。也要感谢方颖院长继续支持我，感谢余自中副院长，感谢研究生院的诸多同事们。感谢其他几所案例学校的熟识的（或从陌生到熟识的）老师们，他们为课题组在其他学校寻找研究对象提供了帮助。更要感谢曾经填答过问卷、接受过访谈的每一位博士生，没有你们的信任和支持，就没有如今的这个成果。

我所在的教育研究院也给予我的研究以很大的支持。学院这些年不遗余力支持青年教师发展，我在培育计划中受益良多。因此也要感谢别敦荣院长和刘振天书记，你们像稳稳的立柱，撑起了一个好的研究平台，而平台对学者的成长是不可或缺的重要资源。

要特别感谢潘先生。当我请他为本书写序时，他欣然应允，但我其实不知先生那段时间恰好因感冒入院了，但他却嘱托博士生助理王亚克尽快把序交给我，说不要耽误了书的出版。我看见先生手写的密密麻麻的字，想象102岁的他坐在书桌前的身影，眼泪便要滴落下来，心中责怪自己鲁莽。事实上，我在写作书中的一节时也曾请教了先生，先生手写改文的那份稿件我还放在案头，时刻激励自己莫要懈怠。

感谢我的博士导师卢乃桂教授。镜头又回到2005年，他和钟宇平教授来南京，我从杭州坐车去南京参加面试。就是那一场面试，把已然准备硕士毕业留校做学生工作的我，挽留在了学术的轨道上。正如我在本书的研究缘起中所说，我为什么决定做师生关系的研究，因为我自己对读博期间的经历感慨良多。卢先生是我人生的引路人！当年我在研究选题中徘徊时，是他指引了我正确的方向，是他手把手带我做访谈，是他一直批评我又一直鼓励我，到现在。疫情后他一直在美国，每一封越洋的邮件都会在第二天收到回复，毕业12年后，还能在研究中得到导师的指点，谁说不是最幸福的事。

　　也要感谢我的同学张侨平、师姐陈霜叶、师妹黄小瑞等，他们不仅时常与我探讨研究问题，也探讨人生。感谢我的研究生胡维芳、谢子娣、周笑南、朱瑶丽、王佳兴、郭静、李琳，她们帮助我搜集和整理资料，做出了重要的贡献。最后，感谢我的家人，感谢在完成这个课题、写作这本书期间诞生的我的小女儿，你们是我向前的澎湃动力。

　　由于水平有限，书的写作中还有很多不足之处，恳请专家、读者批评指正。同时我必须告诉自己，不做完美主义者，而要做能够容忍失败、曲折前进、享受过程的最优主义者，期待下一本书会更好。再出发，为我们心系的未来，为我们热爱的研究生教育事业。

徐岚

2020 年 8 月于厦园